# 店塔镇志

*LOCAL RECORDS OF DIANTA*

陕西省神木市店塔镇志编纂委员会 编

图书在版编目（CIP）数据

店塔镇志 / 陕西省神木市店塔镇志编纂委员会编
.-- 北京：方志出版社，2019.11
（中国名镇志丛书）
ISBN 978-7-5144-3934-2

Ⅰ.①店… Ⅱ.①陕… Ⅲ.①乡镇—地方志—神木
Ⅳ.①K294.15

中国版本图书馆 CIP 数据核字（2019）第 251302 号

·中国名镇志丛书·

店塔镇志

编　　者：陕西省神木市店塔镇志编纂委员会
责任编辑：刘　珊

出 版 者：方志出版社
地址　北京市朝阳区潘家园东里 9 号（国家方志馆 4 层）
邮编　100021
网址　http://www.fzph.org
发　　行：方志出版社图书经销中心
电话　（010）67110500
经　　销：各地新华书店
排　　版：北京纺印图文设计制作有限公司
印　　刷：北京中科印刷有限公司

开　　本：787×1092　　1/16
印　　张：19
字　　数：374 千字
版　　次：2019 年 11 月第 1 版　　2019 年 11 月第 1 次印刷

ISBN 978-7-5144-3934-2　　定价：149.00 元

# 序一

习近平总书记指出："不忘历史才能开辟未来，善于继承才能善于创新……只有坚持从历史走向未来，从延续民族文化血脉中开拓前进，我们才能做好今天的事业。"中国优秀传统文化是在漫长的历史长河中历经无数次涤荡和沉淀而形成的思想精髓，蕴藏着无穷的宝藏和无尽的力量。发掘和继承优秀传统文化，是延续中华文明"根"与"魂"的必由之路。与时俱进，推动传统文化不断开拓创新，是中华文明常葆勃勃生机的重要保证。

"国有史，邑有志。"编修地方志是中国特有的文化现象，是中华民族的优秀文化传统。数千年来，连绵不断的志书编修为保护中华民族根脉，传承中华文明发挥了不可替代的作用。中国现存古志有 8000 余种，占现存古籍的十分之一。中华人民共和国成立以来，编修完成数万种省、市、县三级综合性行政区域志、部门志、行业志、专志等，编纂数万种地方综合年鉴、行业年鉴和专门年鉴等，整理出版数千种历代方志及相关研究成果，发表相当数量的方志理论与年鉴理论研究成果。这既是对我国国情、地情持续开展的大规模普遍调查，也是对各地自然与社会发展状况进行的综合研究，其成果构成了一座丰富的文化资源宝藏，为各级领导科学决策提供了重要参考，为推动经济社会发展和文化建设发挥了重要作用。

当前，中国特色社会主义进入新时代，全国地方志事业也进入新时代。如今的地方志事业围绕党和国家利益、经济社会发展，以人民为中心开拓创新，志、鉴、馆、史"四驾马车"并驾齐驱，志、鉴、馆、网、库、用、会、刊、研、史"十业并举"，加快实现在全国范围内全面推进地方志从一项工作向一项事业转型升级。在党中央、国务院的亲切关怀和各级地方志工作者的共同努力下，一批紧密结合社会发展需求、具有独特创造性的工作逐步开展，涵盖中国名镇志、中国名村志、中国名山志、中国名水志、中国名街志等"名志"系列文化工程是其中代表。作为首个"名志"系列文化工程的中国名镇志文化工程，启动于 2015 年，至今已是第三个年头。中国名镇志丛书在记述主体上，选择中国历史文化名镇、经济强镇、特色镇等在全国具有影响力和代表性的乡镇，旨在全面展示中国名镇的文化精髓；在内容题材选择上，重在突出不同名镇的“名”和“特”，力求集中体现不同名镇最精彩的部分，增强可读性；在志书编纂程序设置方面，志书申报、篇目设计、专家审读、专家组验收等流程环环相扣，紧密结合，力争把每一部志书都打造成精品佳志。

习近平总书记指出：“历史和现实都表明，一个抛弃了或者背叛了自己历史文化的民族，不仅不可能发展起来，而且很可能上演一场历史悲剧。”2018 年是改革开放 40 周年，40 年来中华大地发生了翻天覆地的变化，乡镇发生了极为深刻的改变，从粗茶淡饭到有机食品，从粗布衣裙到精美时装，从土屋平房到高楼大厦，人民生活水平大大提高，城乡差距不断缩小。然而，在感受辉煌成就的同时，我们也应该看到，许多精巧的古建、精湛的工艺、亲切的乡音、独特的乡俗也在快节奏的发展中与我们渐行渐远，曾经的家乡正逐渐变为记忆中的故园。

党的十九大报告提出乡村振兴战略，此后党中央、国务院又推出一系列重大举措。实施乡村振兴战略，必须全面加强乡村文化建设，培养乡村文化自信，培植文化之“根”，铸牢文化之“魂”。没有乡村文化的高度自信，没有乡村文化的繁荣发展，就难以实现乡村振兴的伟大使命。振兴乡村文化，既要塑形，更要铸魂，必须遵循乡村发展的客观规律，在发展中把文化的精髓保留下来，把乡土味道、乡村风貌的“魂”传承下去。在保留优秀乡村文化内核的基础上，用现代表现方式，把反映时代精神、先进理念的内容通过群众喜闻乐见的文化产品表达出来，才能够让乡土文化具有更强大的生命力。用创新性的模式书写乡镇志，传承和抢救乡土历史文化，激发爱国爱乡情怀，为探索中国特色新型城镇化发展经验、发展模式、发展道路提供历史智慧和现实借鉴，正是实施中国名镇志文化工程的目的和意义所在。

“月是故乡明”。中国人素有“家国情怀”，家乡的山水是最为美丽的，家乡的风俗是充满温暖的，一声亲切的乡音，一口熟悉的家乡菜，都能拨动游子的心弦，让其魂牵梦萦。中国名镇志丛书是一套全面梳理中国名镇历史人文，挖掘文化特色，突出“名”和“特”的镇志。它能让人民群众深刻感受到本土本乡自然的优美、历史的醇厚、人物的杰出、艺文的风雅等，有助于培养人民群众对家乡文化的自信，激发起人民群众浓烈的爱乡爱国情怀，助力国家新型城镇化建设和乡村振兴战略的实施。

是为序。

中国社会科学院院长<br>中国地方志指导小组组长　谢伏瞻

# 序二

连绵不断地编修地方志是我国特有的文化传统，为传承中华文明作出了巨大的贡献。在党中央、国务院的高度重视和支持下，这一古老的文化传统焕发勃勃生机，展现新的活力，成为保存、继承、发扬光大中华优秀传统文化的重要依托，培育和践行社会主义核心价值观的重要媒介，社会主义先进文化建设的重要组成部分，发展中国特色社会主义，增强道路自信、制度自信、理论自信的重要载体，在实现“两个一百年”奋斗目标和中华民族伟大复兴中国梦进程中具有不可替代的地位和作用。

事物总是在不断发展中前进。经过改革开放以来30余年的发展，中国特色地方志事业与传统的编修地方志已不可同日而语，形成了志（志书）、鉴（年鉴）、库（地情数据库）、馆（方志馆）、网（地情网站）、刊（期刊）、会（学会）、研（理论研究）、用（开发利用）等多业并举的新格局。截至2015年10月底，全国编纂完成首轮、二轮省、市、县志书8000多种，编修部门志、行业志、专业志、乡镇村志27000多种，编纂地方综合年鉴2300多种，累计整理旧志2500多种，还编纂出版了大量的地情书，字数以百亿计，形成以反映国情、地情为主要内容，全面系统、持续不断、卷帙浩繁的社会科学成果群。另外，还开通了27个省级网站、230个市级网站、816个县级网站；建成国家方志馆1个、省级方志馆16个、市级方志馆86个、县级方志馆近300个。这些成果，成为国家极为重要的文化资源，是国家文化软实力和公共文化服务体系的重要组成部分。

最近几年，地方志工作的触角在不断延伸，部门志、行业志、专业志、特色志、乡镇村志编纂方兴未艾，成为当前地方志事业发展新的增长点和亮点。特别是乡镇志，兴起了编纂热潮，从自发的民间行为逐渐过渡为政府组织的文化行为，有的省份以政府令形式将其纳入地方志编修范畴，像河南省还以省政府办公厅名义要求全省普修乡镇志。乡镇志并不是一个新生事物，据现有资料可考，宋代常棠所撰《澉水志》是现存最早的一部乡镇志。与省、市、县三级志书相比，乡镇志虽属小志，但意义却不小，特别是在当前国家全力推进新型城镇化建设的背景下，乡镇志的作用更显重要。

启动中国名镇志文化工程，是适应当前新型城镇化建设形势发展需要、地方志事业发展形势需要的重要举措，也是充分发挥地方志存史、资政、育人功能的重要手段。作为最基层行政组织的志书，镇志是最接近中国社会发展变迁的国情、地情记录文本，具有重要的历史文献价值。而作为充分反映本区域自然、政治、经济、文化和社会的历史与现状的资料性文献，镇志又能全面展示发展脉络，摸索发展经验，为探索中国乡镇未来发展方向提供借鉴和参考。当然，对于祖祖辈辈生于斯长于斯的中国人来说，故乡就是一个魂牵梦萦的地方，故乡的情怀终生难忘。留得住乡愁，记得住乡思，充分展示名镇文化魅力，激发爱乡、爱国情怀，正是中国名镇志文化工程题中应有之义。

是为序。

中国社会科学院原院长
中国地方志指导小组原组长 王伟光

# 序三

“国有史，邑有志”，中国自古就有注重编史修志的传统。按照我国目前地方志行政法规，国家各级地方志机构的法定职责是编纂省、市、县三级志书，并不包括县以下的乡镇志和村志。这种规定，一方面可能因为全国有数百万自然村落和数万乡镇，全部实行官修很难实现；另一方面可能因为我国历史上就有“皇权止于县”的说法，县以下的民间社会历来是一个以自治为主的领域。然而，改革开放几十年来，我国社会正在发生巨变，这种巨变在基层社会的乡镇、村落、家庭领域更为深刻。作为“乡之首，城之尾”的镇，逐渐被日益崛起的大都市淹没了光彩，村落在快速的城镇化过程中每天都在大量消失，农村家庭的小型化、空巢化趋势非常突出。在这种情况下，我一直在思考，如何留得住历史文化记忆和乡愁，如何把修志的工作向基层社会延伸？

中国人的“家国情怀”，是从“诚意、正心、修身”开始，到实现“齐家、治国、平天下”。所以从国家一统志，省、市、县三级志，到乡镇志、村志、家谱，也是一个完整的系统。

正是在这种背景下，我们决定启动中国名镇志文化工程。乡镇是无数中国人生命的底色和成长的摇篮。如何在城镇化进程中，留得住乡愁，记得住乡音，忘不了乡思，事关城镇化进程的人文关怀和文化保护，事关文化血脉的传承。同时，科学记录城镇化进程，反映城镇化成就，也为今后探索城镇化发展规律、积累经验提供了基本素材。作为全面系统记述一定行政区域的自然、政治、经济、文化和社会的资料性文献，志书是以上功能最好的载体。

我国目前有 4 万多个乡镇，全部修乡镇志还不具备条件。中国名镇志丛书选择的是传统文化名镇、历史军事重镇、革命历史名镇、民族特色名镇、特色经济名镇、旅游景观名镇等类型的乡镇，应该是最具代表性的，在中国乡镇文化传承和社会发展中具有标杆意义。

编纂中国名镇志丛书是对乡土历史文化的保护。随着城镇化进程加快，有不少乡镇被撤并，有些还是在历史上有重要意义的历史文化名镇、特色镇等。如不及时对其历史进行整理、记录，这些重要的历史资料将散佚殆尽。因此，中国名镇志丛书的编纂是对宝贵历史资料的抢救。

编纂中国名镇志丛书是对乡土意识的传承。什么东西有魅力？故乡的山水，乡音乡情的记忆，乡土的气息和家乡菜的味道，不管走到哪里，总是触动心弦。中国名镇志丛书记录的是家乡的山山水水，家乡的历史文化，家乡的风土人情，留住的是乡愁。这些最能激发远方游子和本地民众的爱乡情怀、爱国情怀。

编纂中国名镇志丛书是一种学术探索。镇志的编纂，实质也是一次深入的社会调查研究。“麻雀虽小五脏俱全”，相比省、市、县，乡镇第一手资料的获得需要付出更大的努力。我们也希望在志书编纂上有所创新，使中国名镇志丛书成为一套图文并茂、雅俗共赏的新型志书。

中国社会科学院原副院长
中国地方志指导小组原常务副组长

## 中国名镇志丛书编纂委员会



## 中国名镇志丛书编纂委员会办公室

## 中国名镇志文化工程陕西工作协作组

**组　长**　雷　湛

**副组长**　武　军　吴玉莲　史天社　李保国　张世民　姜冯俊

**成　员**　潘　斌　王　莹　李洪林　鲁　文　郑茂良　袁欣昌　姚敏杰　纪志远　杜健儒　岳　宁　张智谋　霍志宏　韩风杰　马世明　柯晓明　杨建国

## 陕西省神木市店塔镇志编纂委员会

**主　任**　杨　剑

**副主任**　王成刚

**委　员**　贺晓东　杨　平　刘宝英　刘建雄

## 陕西省神木市店塔镇志编修小组

主　　编　范林虎

编写人员　赵　雄　刘宝英　罗喜林　张亚军　曹　斌
王小刚　贺　园　孙致远　黄晓龙　刘建雄
倪志林　兰　静　黄　蓉　李盼盼　焦彩艳
方　明　范佩琛

图片提供　店塔镇人民政府　神木市博物馆
神木市若谷文化传媒公司
神朔铁路公司等单位

主要拍摄者　刘忠雄　兰　静

# 中国名镇志丛书凡例

一、以马克思列宁主义、毛泽东思想、邓小平理论、“三个代表”重要思想、科学发展观、习近平新时代中国特色社会主义思想为指导，坚持辩证唯物主义和历史唯物主义的立场、观点和方法，存真求实，全面、客观、系统记述中国名镇城镇化进程和改革开放成果，传承和抢救乡土历史文化，激发爱国爱乡情怀，留住乡愁，为探索中国特色新型城镇化建设、服务乡村振兴战略提供历史智慧和现实借鉴。

二、为全面反映入志事物发展脉络，各志上限追溯至事物发端，下限一般断至各镇志启动编修年份，个别重大事项可延至搁笔。详今明古，着重反映时代特色和地方特点，重点体现各镇的“名”与“特”。

三、记述地域范围以下限年份的行政辖区为主。为体现名镇在更大区域内的意义，可以从更开阔的区域视野记述与该镇相关的内容。

四、统一采用纲目体，设类目、分目、条目三个层次。横排门类，纵述史实，述而不论。

五、综合运用述、记、志、传、图、表、录等各种体裁，以志体为主。体裁运用适当创新，篇目设置不求面面俱到，一般意义上的乡镇级内容略去不载。

六、除引用文字和附录文献资料外，统一使用规范的现代语体文记述，行文力求朴实、严谨、简洁、流畅、优美，具有较强可读性。

七、人物部类遵循“生不立传”原则，人物传主按生年排序，只选录对本镇发展有重大影响的人物，不面面俱到。

八、各项数据一般采用国家统计部门数据。数据缺乏的，采用主管部门或主办单位正式提供的数据。

九、数字用法、标点符号、计量单位分别执行国家标准《出版物上数字用法》（GB/T 15835—2011）、《标点符号用法》（GB/T 15834—2011）、《国际单位制及其应用》（GB 3100—1993）和《有关量、单位、符号的一般原则》（GB 3101—1993）。历史上使用的计量单位，如斗、石、里、尺、磅、华氏度等，在引文时可照录。考虑到社会使用习惯，全书中亩不统一换算。

十、中华民国成立前的纪年，使用朝代年号纪年，括注公元年份；中华民国成立后的纪年，均使用公元纪年。志中所称“解放前（后）”，以该镇解放日为界；“新中国成立前（后）”，以中华人民共和国成立日 1949 年 10 月 1 日为界；“改革开放前（后）”，以 1978 年 12 月中共十一届三中全会召开为界。本志“×× 年代”，凡未加世纪者，均指 20 世纪。

十一、为节省篇幅，避免重复，本志采用条目互见法。参见条目的表示形式为：参见本志“×× 类目 · ×× 分目 · ×× 条目”。

十二、对旧志、古籍中的繁体字、冷僻字一般用简化字或通用字替换，易引起误解的则保留。

十三、记述各个历史时期的党派、机构、职务、地名等，均以当时的名称为准。对频繁使用的名称，首次用全称并括注简称，其后用简称。

十四、各镇志需要单独说明的事项，均在各自编纂始末中记述。

## 店塔镇在中国的位置

店塔镇
神木
北京
呼和浩特
乌鲁木齐
哈尔滨
长春
沈阳
天津
石家庄
太原
济南
银川
西宁
兰州
郑州
西安
南京
合肥
上海
杭州
武汉
成都
重庆
长沙
南昌
福州
台北
贵阳
昆明
南宁
广州
香港
澳门
海口
拉萨
新疆维吾尔自治区
西藏自治区
青海省
甘肃省
内蒙古自治区
宁夏回族自治区
陕西省
山西省
河北省
北京市
天津市
辽宁省
吉林省
黑龙江省
山东省
河南省
江苏省
安徽省
上海市
浙江省
湖北省
四川省
重庆市
湖南省
江西省
福建省
台湾省
贵州省
云南省
广西壮族自治区
广东省
海南省
香港
澳门
渤海
黄海
东海
南海
黄河
长江
钓鱼岛
赤尾屿
台湾岛
东沙群岛
海南岛
西沙群岛
永兴岛
中沙群岛
黄岩岛
南沙群岛
曾母暗沙
图 例
北京 首都
天津 省级行政中心
未定 国界
省、自治区、直辖市界
特别行政区界
名镇(乡)所在区域
名镇(乡)
1：32 000 000
审图号：GS（2019）4425号

# 店塔镇在陕西省的位置

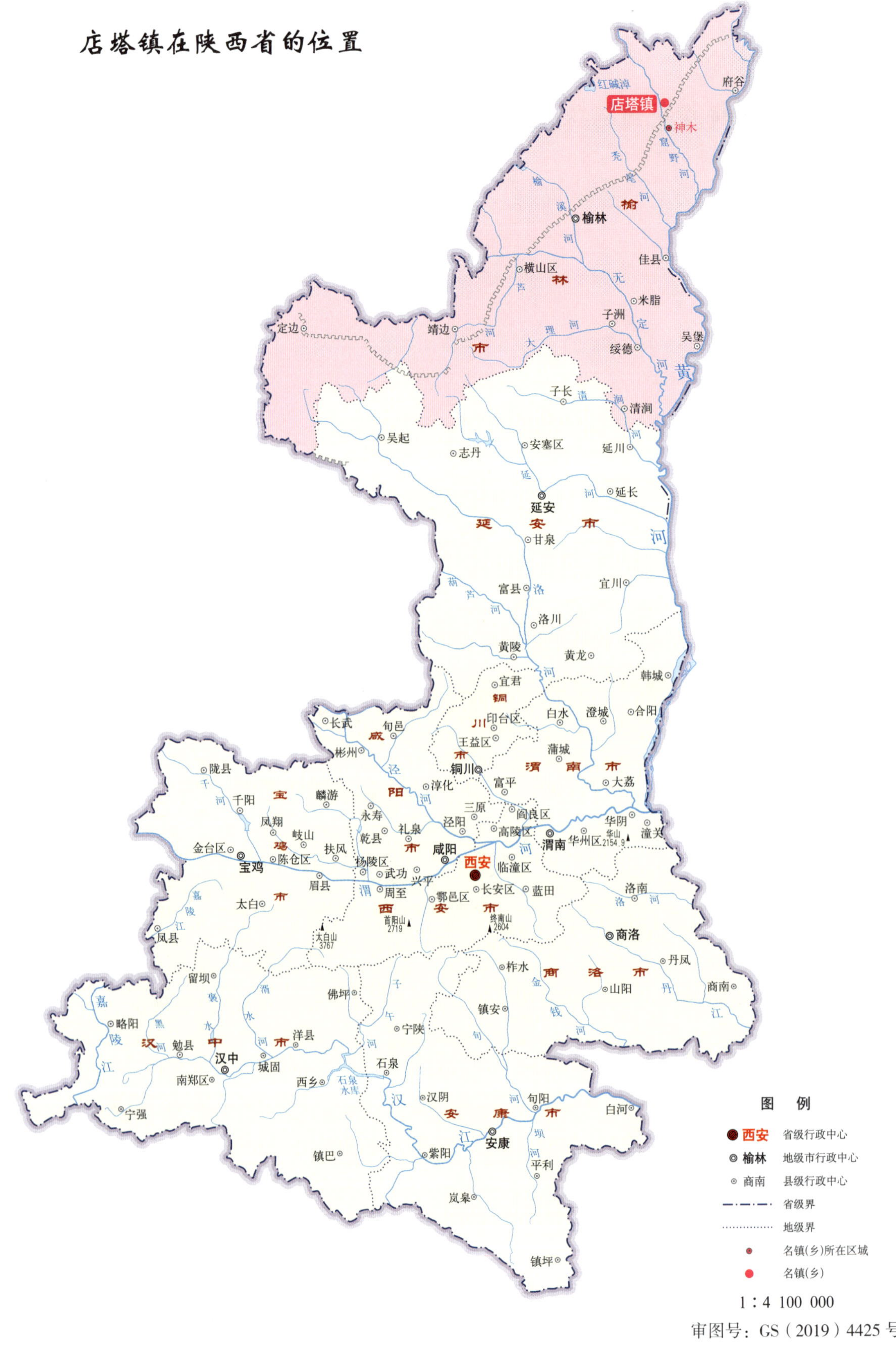

# 店塔镇地图

审图号：GS（2019）4425号

麟州故城全景（2017 年）

夕阳下的长城（2018 年）

寨峁遗址（2019 年）

水头沟敌台（2018 年）

店塔工业园区（2018 年）

榆家梁煤矿（2018 年）

神木北站新区全景图（2019 年）

陕煤化集团张家峁煤矿（2018 年）

杨家将戏曲表演（2014年）

# 目录

长城雪景（2019 年）

# 英雄杨家将故里
# 煤田大开发热土

店塔，英雄杨家将故里，历史悠久而厚重。镇域内新石器时代以来的历史遗迹与遗存星罗棋布，由于长期为民族纷争的边关要塞，历代长城纵横交错。始建于唐代的麟州故城，因北宋“杨家将”世守而被称为“杨家城”。

店塔，煤田大开发热土，年轻且充满活力。这个 1984 年才有了乡级建置的陕北小镇，地处国家级陕北能源化工基地的核心区域，是神府矿区的交通枢纽，西煤东运和北电南输的重要起点，神府煤田大开发中应运而生的能源工业城镇。

农耕文明与游牧文明曾在这里碰撞与交融，传统农业文明向现代工业文明嬗变提升，物质文明与精神文明交相辉映。在店塔这片古老而神奇的土地上，时光交错，文明演进，千百年来发生了许许多多精彩动人的传奇故事。

## 一

神木市地处陕西省最北端，发源于内蒙古自治区的乌兰木伦河与牸牛川进入神木市内流经 30 余千米汇合后继续南流，东纳黄羊城沟、西纳考考乌素沟两条支流，形成黄河一级支流窟野河。店塔镇区就处在这几条河流交汇的窟野河东岸一级阶地上。全镇山川相间，沟壑纵横，镇域面积 325 平方千米，均在窟野河流域范围内。

镇域蕴藏着丰富的煤炭、天然气和石英砂等矿产资源，煤炭资源尤为丰富。牸牛川两岸山脊上横亘着战国时期秦长城，其中一段墙体的夯层中夹杂着煤炭和炉渣，证明 2000 多年前镇域先民已经将煤炭作为燃料使用。神府煤田开发以前，窟野河发洪水时，往往将沿河沟岸边的裸煤成块冲推逐浪，由此诞生了下游曾盛极一时的“捞河炭”现象。直至 20 世纪 80 年代初期，该区域的人们仍习惯于自给自足采集煤炭，平时并不储积，只有在生火做饭前才到山崖边掏些炭块回来。建院墙、修厕所、盖猪圈、垒火塔，一应建筑材料总是选用煤块。然而，当时人们并不知道，这片贫瘠荒凉的土地，是世界级的大煤海——神府东胜煤田的重要区域。神府东胜煤田形成于 1.4 亿万年前的侏罗纪

神朔铁路万吨重载列车

时期，预测储量 6690 亿吨、探明储量 2300 亿吨的煤田，范围广达陕西省西北部和内蒙古自治区南部，面积 22860 平方千米，是中国目前已探明的最大煤田。邻近神木市区的店塔镇，就位于地属陕西省的神府煤田南端。

## 二

1984 年 10 月 19 日，新华社发表电讯《陕北有煤海，质优易开采》，向世界宣告了神府特大型煤田的发现。这个在新中国煤田地质史上堪称里程碑意义的重大成果，创造了中国煤田地质勘探发现资源量的最高纪录，改变了中国已探明煤炭资源的区域布局，确立了陕西能源大省的地位，也为国家煤炭工业战略布局西移奠定了基础。

是年金秋十月，店塔乡挂牌成立。这是神木县为配合神府煤田开发，审时度势，从永兴、大柳塔、孙家岔、麻家塔4个乡析出34个行政村而新设置的乡。当时的店塔是一个名不见经传的小村庄，与神木县城只通一条长约22千米的简易公路，交通极不方便。新成立的乡党委和乡政府，因陋就简，在店塔村的集体窑洞里开始办公。1986年6月，国务院出台《关于加速神府煤田开发的决定》，煤田大规模开发正式启动。店塔，地处煤田腹地，是通达矿区的咽喉之地，迎来了千载难逢的发展机遇。1990年，店塔撤乡设镇。

20世纪80年代，按照煤田开发之初“国家修路，群众办矿，国家、集体、个人一起上”的指导方针，镇域内小煤矿遍地开花。此后，经过多次资源整合，煤矿关小上大，转型升级。到2018年年底，镇域共有13家现代化的煤炭企业。其中，具有千万吨级产能的国家能源集团神东榆家梁煤矿、陕煤化集团张家峁煤矿，均是煤炭行业的标杆矿井；榆林市杨伙盘煤矿、神木市石瑶店煤矿等国有煤矿和部分成规模的民营煤矿，也是同类煤炭企业中的佼佼者。镇域内煤矿开采方式从手工到半机械化、全机械化、全自动化逐步提升，煤矿产能从几万吨到几十万吨、几百万吨到千万吨级不断增加，引领着中国煤炭工业由粗放式向集约化、规模化、自动化和信息化的发展方向。

经过三十余年的煤田大开发，镇域内交通运输高质量发展，公路、铁路建设成效显著。1996年7月1日，承担中国第二条“西煤东运”重任的神（木）朔（州）干线铁路开通运营，其起点站即位于店塔镇石拉沟村的神木北站。神（木）延（安）、红（柳林）柠（条塔）、准（格尔）神（木）、冯（家川）红（柳林）等铁路先后进入镇域。府（谷）店（塔）、杨（士塔）陈（家沟岔）、店（塔）红（碱淖）三条一级公路，榆（林）神（木）高速公路也相继在镇域建成通过，通达煤矿与村庄的道路更是畅通无阻。神府优质煤炭从店塔东出南下，源源不断地运往全国各地，销往海外。

煤田开发初期，店塔即为重要的煤电产业基地。1989年，榆林地区第一家大型火电厂——神华集团的自备电厂，在店塔破土动工，建设坑口电厂，将原煤就地转化，拉开陕西省实施“煤向电力转化，煤电向载能转化，煤油气盐电向化工产品转化”战略的序幕。国家能源集团国神店塔电厂、中电国华神木发电公司、陕煤化集团神木电化发展有限公司等电力企业在镇域内集群发展，店塔可谓名副其实的“电塔”。发电企业在为国家能源供应体系发挥作用的同时，致力发展循环经济，为神木市区和店塔镇区冬季供热提供热力。

1993 年，陕北第一个省级经济开发区——神府经济开发区在店塔工业园蹒跚起步。经过艰苦创业，2009 年，开发区工作重心转移至神木市锦界工业园区，成为引领榆林能源化工基地发展的现代化工业园区。

## 三

汉彩绘雁鱼铜灯

1985 年，店塔镇区出土了一盏造型精美、设计科学的西汉彩绘雁鱼铜灯。后为陕西历史博物馆珍藏，被誉为“镇馆之宝”。雁鱼灯的奇妙之处在于，照明灯燃烧形成的烟雾，经烟管进入雁腹后即被水溶解，可以有效防止油烟对室内空气的污染。这件实用功能与审美功能完美结合的珍贵文物，向世人表明 2000 年前的镇域古人已经具有环境保护意识。

神木是兰炭产业的发源地。20 世纪 80 年代末，为了促销煤炭，店塔经历了兰炭产业的初创阶段，镇域内盛行“土法炼焦”，几乎“村村点火，户户冒烟”。其后，随着国家推行绿色发展，生产规模小、工艺落后、布局分散、高能耗、高污染的小企业逐渐被淘汰出局。一部分兰炭企业，通过资源置换、整合提升，进入神木市的工业园区，转型为大型兰炭企业。店塔的能源经济发展，由粗放型不断向节约集约型转变，资源开采基本实现清洁高效利用。

煤田大开发使穷乡僻壤的店塔镇发生了天翻地覆的变化。镇区高楼鳞次栉比，广场街道干净整洁，商贸市场繁荣活跃，交通物流顺畅便捷，集中供水、供热、供气等公共设施完备。神木北站新区现代化气息浓郁，移民搬迁的美丽村庄整洁靓丽，新型农村社区功能齐全，城乡一体化的环卫保洁机制已经形成。2018 年，店塔顺利通过国家卫生镇创建工作验收。

三十余年高强度的煤炭资源开发，在为店塔释放红利的同时，也产生了诸多生态环境问题。大面积采煤沉陷区需要治理，部分缺乏产业支撑的村庄仍然处于落后状态。店塔设乡之初，雁鱼灯的出土只是一个巧合，但其传递的生态文明理念，在新时期店塔人的心中再次点燃。既要金山银山，也要绿水青山。多年来，政府通过煤炭资源整合、整治污染企业，引导企业转型升级；通过退耕还林、封山禁牧、河道治污，促进人居生态环境改善；通过解决各类发展中存在的不平衡、不充分问题与矛盾，推进新型城镇化和乡村振兴战略的贯彻实施。

## 四

神木，古称麟州。麟州故城即今店塔镇杨家城。唐宋时期，杨家城一直都是麟州的政治、经济、文化中心，也就是说麟州的主要区域即在店塔镇域。麟州城在历史上以易守难攻的军事战略地位而著称，西夏李继迁、李元昊多次亲率大军攻占而不克。

麟州始建于唐开元十二年（724），是唐宋时期西北边防大镇。北宋庆历初年，麟州孤悬河西，处于北宋、辽、西夏三大政权交界地带，驻防代价甚大，是存是废，朝廷曾有过激烈的争论。司马光、文彦博、欧阳修、范仲淹等名臣，专程前往巡察，最终达成共识，认为固守麟州可保河东路安全，麟州万不可废。这些带着政治任务而来的文豪，留下了极其珍贵的文献资料和文学作品，其中知名的有欧阳修的《论麟州事宜札子》、范仲淹的《渔家傲 · 麟州秋词》。

神木自古多豪杰，著名莫过杨家将。杨弘信趁五代十国混乱之际，果断割据麟州，自立为刺史。杨弘信生子杨重贵、杨重勋，由此，麟州杨家将分为两支。杨重贵即杨业，能征善战，人称“杨无敌”。杨业生杨延昭，杨延昭生杨文广，祖孙三人都是《宋史》有传、名垂千秋的英杰，“杨家将”这一将门荣誉，主要由他们奠定。杨重勋在父亲杨弘信去世后，因兄长杨重贵远在太原，便继任麟州刺史。杨重勋生杨广㞩，杨广㞩生杨琪，杨琪生杨畋。这四代人中，以将门进士杨畋最为知名。杨畋在当时的政坛与文坛均有一席之地，对“杨家将”的宣传发挥了很大作用。麟州城，也因杨弘信、杨重勋、杨广㞩祖孙三代世守而被老百姓习称为“杨家城”。

神木，顾名思义，神奇之木，此神木就在店塔杨家城内。据明《（嘉靖）陕西通志》记载，“神松在县西十五里杨家城内，松有三株”，神木由此得名。而早在天宝四载（745）春，任侍御史之职的诗人王维，奉命出使新秦郡（治今杨城村），就曾被山上的松树所吸引：“青青山上松，数里不见今更逢。不见君，心相忆，此心向君君应识。为君颜色高且闲，亭亭迥出浮云间。”

岁月沧桑，改朝换代，麟州故城屡经兵燹风雨，终成颓垣断壁。元至元六年（1269），废麟州，改设神木县，治所在今神木老县城东山。明正统五年（1440），神木县治又移驻杨家城。正统八年（1443），在窟野河河口修筑神木堡，即今神木老城。今天，当游客站在麟州故城远眺，昔日窟野河西的漠漠明沙早已不见，取而代之的是神木滨河新区日新月异、欣欣向荣的城市新貌，店塔镇区与神木市区的一体化发展正在加速推进。

店塔镇域的历代长城和宋代堡寨，是重要文物遗存和历史文化景观。战国时期秦长城跨越㹀牛川、窟野河，墩台在山脊上遥遥相望。成化年间（1465—1487）所修边墙，沿草地沟延伸，绕麟州故城西侧，顺窟野河东岸南下。千百年过去，长城依然屹立在崇山峻岭之上，连绵起伏，气势如虹。

2006 年 3 月 25 日，黄羊城遗址被公布为陕西省重点文物保护单位。2006 年 6 月，麟州故城被公布为全国重点文物保护单位。2017 年 4 月，陕西省人民政府将包括店塔镇段在内的战国秦长城遗址、明长城遗址确定为省级文物保护单位。麟州故城、“杨家将”和历代长城，是店塔镇重要的历史人文资源，地方政府高度重视文旅事业，奋力打造特色文化名镇。

# 五

在窟野河与考考乌素河交汇处的三角形阶地上，有一处陕西省文物保护单位——寨峁遗址。沿着历史的长河上溯，新石器时代的寨峁先民，在距今 4800 年前已经点燃店塔区域龙山文化时期的文明火炬。

此后的 3000 余年间，镇域内民族杂居，征战杀伐，长期处于农业文明与草原文明冲突交融的前沿。清代，战事平息，镇域成为神木县与鄂尔多斯郡王旗之间的“黑界地”。康熙三十六年（1697），朝廷允许汉族农民到长城口外租种鄂尔多斯各旗土地。起先，被称为“雁行人”的农民春出秋归，在这片久为战场的贫瘠土地上辛勤耕耘，唱响二人台和信天游。后来，移民逐渐定居，镇域便形成大量以伙盘地命名的村庄。

神府煤田发现后，成千上万来自五湖四海的建设者，满怀激情，筚路蓝缕，投身店塔的开发建设，一部分人在奉献青春和汗水后离开了店塔，另外一部分人则选择定居，成为新店塔人。开放包容，艰苦创业，求实奋进，开拓创新，正在塑造着新时代店塔的精神特质。

文明之火，代代传承。抓住煤田大开发机遇的店塔，融合历史传统文化与现代工业文明，推动物质文明与精神文明协调发展。镇域企业普遍重视企业文化建设，村组广泛开展新民风建设，村庄与驻地企业积极开展村企共建活动，构建和谐地企关系。全镇机关、学校、企事业单位和村庄积极开展群众性精神文明创建活动，育新风，改旧俗，行善事，做好人，涌现出一大批精神文明建设先进单位和先进个人。2017 年 11 月，店塔镇被评为全国文明镇。

店塔，神木大地上的神奇之地。寨峁先民在这里生活，开拓新石器时代农耕文明；杨业从这里出发，铸就“杨家将”千古荣光；杨重勋在这里驻守，保卫“杨家城”固若金汤；煤田开发者在这里创业，推动陕北能源化工基地转型发展；神府煤炭从这里输出，为世界源源不断提供光明与热力。

列车经过镇区（2019 年）

# 基本镇情

1984年店塔设乡，1990年改为镇。伴随着神府煤田开发，店塔经过三十余年的发展，由一个陕北落后乡镇发展成为西部能源工业强镇，文化、教育、卫生等社会事业不断发展，精神文明建设成果丰硕，2017年成功创建为全国文明镇。

# 建置区划

**镇名由来** 1933年，黄羊城畔的村民连全在位于黄羊城川与窟野河交汇处的滩地开办小旅店和糖坊、缸坊（酒坊），因地近窟野河畔，陕北方言将河边坂平之地称为“塔”，故小村庄得名“店塔”。中华人民共和国成立后，店塔村属永兴人民公社草垛山生产大队管辖，生产大队仍然在此开设有五六间土坯房的小旅店。1976年，草垛山生产大队更名为店塔大队。1984年，店塔乡设立，即以此地名为乡名。1990年由乡改设为镇，镇名未变，一直沿用。

**建置沿革** 新石器时代，镇域已有先民在窟野河流域定居；仰韶文化时期，形成牸牛川左岸的榆树峁聚落；4800年前的龙山文化时期，形成窟野河与考考乌素沟交汇处的寨峁聚落。

春秋战国时期，镇域为秦与白狄、林胡、匈奴等古代少数民族争战之地。

秦汉时期，镇域属新秦地或新秦中。

三国、两晋、南北朝时期，镇域为民族杂居之地，先后为后赵、前秦、后秦、夏、北魏、西魏、北周等政权属地。

隋代，镇域属银城县。唐开元十二年（724），镇域置麟州（治所在今杨城村）。天宝元年（742），改为新秦郡。乾元元年（758），再改为麟州，领属新秦（治所在今杨城村）、连谷（治所在今黄羊城）、银城（治所在今神木市迎宾街道一带）三县。

五代时，镇域先后属后唐、后晋、后汉、后周、北汉地域，仍置麟州。

宋，镇域仍置麟州，属河东路，领新秦、连谷、银城三县。乾德五年（967），麟州升为建宁军，后复还旧制。端拱二年（989），又改麟州为镇西军。政和四年（1114），废银城、连谷两县，并入新秦县。

辽、金、夏时期，镇域为镇西军属地，后镇西军撤销，改为神木寨（治所仍在今杨家城）。

元至元六年（1269），设置神木县，县城迁往麟州故城南 20 千米处（今神木市麟州街道旧城村）。

明代，镇域为长城边界地带，大部分为永兴堡口外。正统五年（1440）至正统八年（1443），神木县城治所设在麟州故城。

清代，镇域分属永兴堡口外、县城东路三塘口外、县城东中路口外的牌甲（俗称草牌）。

1929 年实行区制，镇域属神木县第七区。1934 年实行联保制，镇域分属永兴草牌和三堂草牌联保。1938 年，镇域分属民族乡和忠孝乡。1946 年乡镇合并，主要区域属民族乡。

中华人民共和国成立后，先后属神木县八区、十区。1956 年，镇域分属永兴区杨伙盘乡、石窑店乡。1958 年 9 月撤区并乡，镇域分属永兴、上石拉沟、孙家岔、麻家塔等乡。同年 12 月，改为分属各公社。1961 年 9 月，镇域改属永兴、三塘、石窑店等公社。1966 年，公社合并，镇域分属永兴、孙家岔、麻家塔、大柳塔等公社。

1984 年 10 月，神木县各公社改为乡（镇），并增设店塔乡。原永兴人民公社所辖

店塔镇党委政府机关大楼（2019 年）

的杨城、官地、樊庄、丰台山、连家峁、大路峁、辛伙盘、红墩、前梁、红旗、水头、板墩焉、燕峁、杨伙盘、草垛山、木瓜山、石岩沟、石佛沟、上石拉沟、下石拉沟、马家梁，大柳塔人民公社所辖的乔家沟、倪家沟、许家沟、张家寨、冯家山、李家山、梁家塔、石窑店，孙家岔人民公社所辖的马家盖沟、板定梁，麻家塔人民公社所辖的碾房湾、陈家沟岔、白家石畔共 34 个行政村划归店塔乡管辖。

1990 年 3 月 15 日，店塔乡由乡建置改设为镇建置，之后未变。

**村庄社区**

店塔在设乡之前，村庄交通闭塞、经济落后，均为传统村落。神府煤田开发后，多条干线公路形成，村民逐路而居。大型工矿企业建成后，其所在村庄规模随之扩大，部分村庄因企业集中、外来人口较多，常住人口与企业人员、外来经商务工人员在传统村组为基础的社区内共同生活，形成新型社区。

**村庄**　4800 年前，镇域寨峁等遗址处已有先民定居。唐宋时期，麟州治所设在今杨城村，属于民族杂居之地。明代，镇域成为边塞征战之地，除长城驻军外，荒无人烟。清代初期，镇域东南长城内侧有少量村庄，长城外侧属神木县与郡王旗傍界地。康熙三十六年（1697）后，放垦边地，汉族农民到长城口外垦种伙盘地，逐渐形成村落。

镇域大部分村庄地处山地，少数村庄分布在河川沟畔。部分村庄名称由村民姓氏与地形地貌组合而成，如倪家沟、梁家塔、樊庄、连家峁、马家梁、乔家沟、许家沟、张家寨、冯家山、李家山、陈家沟岔、白家石畔等；部分村庄以地形地貌命名，如水头、前梁、草垛山、木瓜山、石岩沟等；部分村庄属清中期放垦边地后随移民逐渐形成，取名含有长城或伙盘地元素，如红墩、土墩、板墩焉、辛伙盘、杨伙盘等。石佛沟因沟道山崖石头塌落，石壁上隐约显现数尊佛像而得名。

1984 年 10 月店塔乡成立时，全乡有 34 个行政村。经过 1999 年、2002 年和 2015 年三次村庄撤并，整合为店塔、碾房湾、板定梁、石窑店、倪家沟、梁家塔、杨伙盘、红旗、水头、辛伙盘、杨城、石拉沟 12 个行政村，包括 114 个自然村。

店塔村　为镇政府所在地，土地面积约 28 平方千米。1970 年由草垛山大队和黄羊城大队合并形成，先名草垛山大队，1976 年更名为店塔大队，1984 年改名为店塔村。村民收入以务农、务工、经商以及出租土地、房屋为主。村委会驻在山蛮梁小组。2018 年，村内驻有国神集团店塔电厂、神华阳光神木发电有限责任公司、中电国华神木发电有限公司、陕煤神木电化公司等企业。

碾房湾村　位于窟野河西、考考乌素河北，东距镇区 2 千米，土地面积约 20 平方千米。1984 年，碾房湾村、白石畔村、陈沟岔村从麻家塔乡划至店塔乡。2000 年，碾房湾村、白石畔村、陈沟岔村合并为碾房湾村。村民收入以务农、务工、经商、房屋出租以及运输为主。村委会驻在陈家沟岔小组。2018 年，村内驻有陕西煤业化工集团神木张家峁矿业有限公司等企业。

板定梁村　位于乌兰木伦河与考考乌素沟间的山地，东南距镇区 7 千米。1999 年，脑峁山、马家概沟、板定梁合并为板定梁村，土地面积约 18 平方千米。村民收入以务农、运输、煤矿开采塌陷补偿为主。村委会驻在刘二墕小组。2018 年，村内驻有板定梁煤矿等企业。

石窑店村　位于特牛川下游西岸，南距镇区 11 千米，土地面积约 25 平方千米。石窑店设村已有 300 多年历史，1952—1962 年，在石窑店村设石窑店人民公社。2015 年，乔家沟与石窑店合并为石窑店村。村民收入以务农、务工、煤矿塌陷补偿、污染补助等为主。村委会驻地孙营岔组黑拉畔煤矿。2018 年，村内驻有孙营岔一矿、黑拉畔煤矿、石窑店物流有限公司等企业。

倪家沟村　位于特牛川下游西岸，准神铁路穿村而过，南距镇区 15 千米，土地面积约 27 平方千米。2002 年 7 月，许家沟、倪家沟合并为倪家沟村。村民收入以务农、务工、餐饮服务为主。村委会设在石窑店社区。2018 年，村内驻有民营企业 3 家。

梁家塔村　南距镇区 20 千米，东与府谷县老高川镇接壤。村内有大、小板兔川，地形山川相间，土地面积约 48 平方千米。1984 年以前，梁家塔村隶属于大柳塔人民公社，木瓜山村隶属于永兴人民公社。2015 年，梁家塔和木瓜山合并为梁家塔村。村委会设在麻家沟小组。村民收入以务农、务工、采煤沉陷区塌陷补偿为主。2018 年，村内驻有石岩沟煤矿、王塔煤矿等企业。

杨伙盘村　位于黄羊城川北岸，西南距镇区 7.5 千米，土地面积约 24 平方千米，全部为山地。1953—1956 年隶属永兴人民公社，1957—1965 年隶属石窑店人民公社，1966—1983 年为永兴人民公社辖区，1984 年划入店塔乡辖区。村民收入主要以务农、务工、煤矿开采塌陷补偿为主。村委会设在杨伙盘村一组。2018 年，村内驻有榆家梁煤矿、杨伙盘煤矿等企业。

红旗村　位于黄羊城川南山地区，西距镇区 12 千米，神朔铁路和府店公路穿村而过，土地面积约 16 平方千米，全部为山地。原名前梁大队，1984 年以前为永兴人民公社所辖。1999 年，前梁与上石岩沟合并为前梁村。2015 年，前梁与红旗合并为红旗村。村民收入以务工、经商、餐饮业、养殖业、煤矿开采塌陷补偿为主。村委会设在前梁小组。2018 年，驻地有石岩沟煤矿等 3 家煤矿。

水头村　位于黄羊城川南山地区，西距镇区 6 千米，与永兴街道接壤，土地面积约 23 平方千米，全部为山地。2002 年，水头和板墩墕合并为水头村。村民收入以务农、运输、房屋租赁和煤矿开采塌陷补偿为主。村委会设在板墩墕小组。2018 年，村内驻有板墩墕煤矿、打井沟煤矿等企业。

辛伙盘村　位于草地沟北山地区，西北距镇区 7 千米，土地面积约 17 平方千米。1984 年，有石皮峁一组、石皮峁二组、辛伙盘组、黄草梁组 4 个小组。2002 年，并入前大路峁组、后大路峁组、红墩组、燕沟组。2015 年，燕峁与辛伙盘合并为辛伙盘村。村民收入以务农、务工、运输为主。村委会驻在辛伙盘小组。2018 年，村内驻有黄羊城集装站等企业。

杨城村　位于窟野河东岸，北距镇区 8 千米，麟州故城所在地，土地面积约 36 平方千米，全部为山地。1984 年以前，杨城和连家峁均为永兴乡所辖。1989 年，丰台山和凡庄合并为丰台山村。2002 年，丰台山和连家峁合并为连家峁村。2015 年，杨城和连家峁合并为杨城村。村民收入以种植、养殖为主。村委会驻在杨城一组。

石拉沟村　位于悖牛川下游西岸，南距镇区 5 千米处，土地面积 43 平方千米。2014 年 12 月，下石拉沟、上石拉沟、马家梁 3 个村合并为石拉沟村。村民收入主要以劳务输出和第三产业为主。村委会驻在下石拉沟组。2018 年，村内驻有神华集团神朔铁路分公司（以下简称神朔铁路分公司）、老张沟煤矿等企业。

**社区**　2014 年，为解决采煤沉陷区村民安置问题，改善村民人居条件，依托传统村落，结合驻地工矿企业，通过政府主导、群众自愿、社会参与方式，将全镇村庄规划整合为6个新型社区。2009 年 4 月，店塔社区成立。2017 年 6 月，石窑店、碾房湾、石拉沟、杨伙盘等社区成立。

店塔社区　以店塔村为基础，2016 年合并辛伙盘村，面积约 61 平方千米。2018 年，社区内有企事业单位 23 个，居住人口 6657 人，为全镇办公及人居核心区，社区各项功能基本完备。社区办公场所设在店塔村委会，设置便民服务大厅、警务室、图书室、社会保障和救助工作站、卫生计生服务站、文体活动指导站等便民服务机构。

石拉沟社区　南距镇区 5 千米，以神朔铁路分公司生活区为依托，整合石拉沟、梁

石拉沟社区（2017 年）

家塔村，面积约 87 平方千米，居住人口 18600 人，为全镇的次核心区。社区设置便民服务大厅、警务室、图书室、社会保障和救助工作站、卫生计生服务站、文体活动指导站等便民服务机构。依托神朔铁路分公司生活区，各项功能基本完备。

石窑店社区　南距镇区 29 千米，以石窑店工业园区为依托，整合倪家沟、石窑店村，面积 52 平方千米，居住人口 2622 人。社区设置党群服务中心、便民服务站、医务室、警务室、民事调解中心、老年人活动中心、图书室、广播室和老年人“爱心灶”等便民服务机构。

碾房湾社区　西距镇区 2 千米，以碾房湾村为基础，依托干线公路，形成以 301 省道大互通为中心，纳入板定梁村，面积 38 平方千米，人口 6903 人。社区设置便民服务大厅、警务室、图书室、社会保障和救助工作站、卫生计生服务站、文体活动指导站等便民服务机构。

杨伙盘社区　西南距镇区 7.9 千米，以杨伙盘村为中心，整合红旗、水头村，面积 63 平方千米，人口 3315 人。社区于 2016 年 7 月建成便民服务站，设置民事调解中心、警务室和医务室等便民服务机构。

杨城社区　北距镇区 8 千米，以杨城村杨城组为基础，依托规划中的杨城文化产业园，规划建成宜居宜业宜旅的社区，面积约 48 平方千米，人口 1378 人。2016 年 8 月，新建杨城社区党群活动中心，建筑面积 520 多平方米，设社区党支部、居民委员会办公室、党员活动室、杨城文化展览室、图书室、卫生计生服务室和便民服务室等便民服务机构。社区初具雏形，功能正在逐渐完善。

# 自然地理

**地理位置** 店塔镇地处神府煤田腹地，属神木矿区镇。北靠大柳塔镇和孙家岔镇，东接府谷县新民镇，东南与神木市永兴街道为邻，西南连接神木市西滨河新区街道。店塔镇南北狭长约 30 千米，东西最宽不足 8 千米，总土地面积 325 平方千米。镇政府所在地地理坐标为北纬 38° 59′ 51.52″，东经 110° 27′ 0.53″。

店塔镇中心广场距离神木市区人民广场 18.8 千米，距离神木市滨河新区和谐广场 14.7 千米；距离国家能源集团神华神东煤炭集团有限责任公司所在地——大柳塔镇 39 千米，距离鄂尔多斯市伊金霍洛国际机场 85 千米，距离鄂尔多斯市 100 千米，距离榆林市榆阳机场 126 千米，距离榆林市 121 千米，距离西安市 664 千米，距离北京市 697 千米，均有高等级公路通达。

店塔镇周边旅游资源丰富，镇中心广场至周边各主要景区距离为：南距神木市二郎山 23 千米，西北距红碱淖 53 千米，西南距神木市高家堡古城、石峁遗址 85 千米，西南距榆林市红石峡、镇北台 115 千米，南距佳县白云山 157 千米，北距内蒙古自治区成吉思汗陵 82 千米。

**地质地貌**

*地质* 镇域位于鄂尔多斯台向斜东翼陕北斜坡上，基底为震旦纪地层，经吕梁运动，低槽抬升，形成地台基底。基底是坚固的前震旦纪结晶岩系。中生代以来，地史（地壳的发展历史）上历次构造运动对区域影响甚微，表现为以垂向运动为主，仅形成一系列沉积间断的假整合面，构造简单，未见大的断裂及褶曲构造，基本构造形态为西南倾斜的单斜构造，倾角 1 度左右大单斜岩层。中生代沉积主要为砂岩和页岩，地层出露年代依次为三叠纪、侏罗纪、白垩纪、第三纪。镇域地台较为稳定，地震烈度为6度，没有发现岩浆岩侵入，地质构造复杂程度属简单类型。地表大部分被第四系所覆盖，仅

在镇域部分沟谷中出露有延安组第四段（$J_{1-2Y4}$）。地层从老到新依次为：侏罗系中下统延安组（$J_{1-2Y4}$）、新生界新近系红土（MN2）及第四系松散层（Q）。

**地貌**　镇域地处毛乌素沙漠与黄土高原丘陵沟壑区过渡地带。镇域梁峁交错，沟壑纵横，支离破碎，起伏不平。黄土层覆盖较厚，水土流失严重。牸牛川、乌兰木伦河及考考乌素河汇成窟野河后，由北向南从镇域西侧流过，东部的上石拉沟、杨伙盘沟等支流由东向西注入窟野河，将镇域分割为“两川三沟五道梁”的地形格局。

丘陵沟壑区　基本在杨伙盘沟以南。区域海拔 901 ~ 1337 米不等。梁多峁少，梁面宽 100 ~ 200 米不等，呈鱼脊形，以 10 ~ 20 度角向两侧沟谷倾斜，沟边缘线以下谷坡陡峻。梁峁两侧沟谷切割深度不等，一般 50 ~ 150 米，少数超过 250 米。分水岭地带多未切到基岩，断面呈“U”字形。中下游一般切至基岩 10 余米至 100 米以上，断面多呈“U”字形。局部地段形成巷口，两岸谷坡形成基岩陡崖。窟野河两岸较为宽阔平展，河缘一般高出河水面 3 ~ 10 米，宽度 400 ~ 500 米，局部地带可达 800 ~ 1000 米，滩面向河床倾斜，沿河两岸带状分布。支沟众多，密集成树枝状。区域内土壤类型主要

山地地貌（2017 年）

是黄土性土壤，土层深厚疏松，透水、透气性好，适耕期长，宜种植糜谷、豆类等小杂粮。沟道地区为淤土，宜种植玉米、高粱。区域内乔木以榆树、杨树、杏树为主，灌木以柠条、沙柳为主，地面多生长沙生草本植物。

沙盖梁峁区　大多在杨伙盘沟以北。区域内地势较为高亢，海拔在 987 ~ 1449.4 米之间。基底为侵蚀残留的黄土梁峁地形，表面沙化严重。土壤类型主要是风沙土，土壤贫瘠，有机质含量低，土质疏松，保温、保水性能差。植物以灌木为主，治沙品种有沙柳、沙蒿、柠条、沙打旺等，2010 年后栽植樟子松较多。农作物品种有穄子（俗称糜子）、荞麦、马铃薯、沙芥等。

**河流**　镇域河流属窟野河水系，窟野河主要支流有乌兰木伦河、牸牛川、考考乌素河、黄羊城川。

窟野河　宋代称为屈野河，黄河右岸一级支流，由北向南从镇区西侧流过。乌兰木伦河、牸牛川在房塔（古称沙河岔）汇合后始称窟野河。主河长 168 千米，其中镇域内流长约 20 千米。平均比降 3.44‰，平均宽 200 ~ 400 米，多年平均径流量 3.096 亿立方米，径流量变化与降水规律一致，地表降水形成洪水排泄，枯丰期流量悬殊。7—9 月易发暴雨，洪峰猛涨陡落，极易形成洪灾。1976 年 8 月 12 日，出现有水文记录以来最大洪峰，为 1.38 万立方米 / 秒。神府煤田开发前，洪水常将沟道中出露的煤炭冲至下游。

乌兰木伦河　发源于内蒙古自治区鄂尔多斯市南部沙漠地区，镇域内在房塔以上河段称为乌兰木伦河，蒙古语意为“紫河”。神木市内河长 36.5 千米，流域面积 770 平方千米，平均比降为 2.83‰。其中镇域内流长 5 千米，流经镇域板定梁、碾房湾村。其支流石拉沟沟长 11.9 千米，比降 1.1‰，流域面积 47.6 平方千米。

牸牛川　发源于内蒙古自治区鄂尔多斯市准格尔旗。神木市内河长 36.7 千米，流域面积 721 平方千米，其中镇域内流长 20 余千米，流经镇域倪家沟、石窑店、石拉沟村。其支流有许家沟（沟长 8.9 千米，比降 2.92‰，流域面积 9.4 平方千米）、倪家沟（沟长 7 千米，比降 2.78‰，流域面积 10.5 平方千米）、大板兔川（沟长 12.5 千米，比降 3.57‰，流域面积 68 平方千米）、前朱太沟（沟长 2.7 千米，比降 2.89‰，流域面积 2.7 平方千米）、小板兔川（沟长 7.3 千米，比降 1.51‰，流域面积 30.4 平方千米）、上石拉沟（沟长 7.3 千米，比降 2.74‰，流域面积 11.4 平方千米）、中石拉沟（沟长 6 千米，比降 4‰，流域面积 10.4 平方千米）、下石拉沟（沟长 4.3 千米，比降 3.16‰，流域面积 6.5 平方千米）。

窟野河冬景（2019年）

考考乌素河　蒙古语意为“清水河”。发源于神木市中鸡镇，全河长 39 千米，比降 1.1‰，流域面积 259.5 平方千米。流经镇域板定梁、碾房湾村，流长约 7 千米。

黄羊城川　又名杨伙盘沟、黄羊城沟，发源于府谷县小子沟，其支流有下老虎梁沟（河长 6.5 千米，比降 2.21‰，流域面积 15.5 平方千米）、池家沟（沟长 9.5 千米，比降 2.05‰，流域面积 16.5 平方千米），流经红旗、杨伙盘、水头、辛伙盘、店塔村，其中镇域内流长 13 千米。

**气候物候**

镇域属温带半干旱大陆性季风气候区，四季分明，冷暖有序。

气候　全年日照丰富，冷热变化剧烈，年平均日照时数 2715.8 小时，日照百分率为 62%。多年平均气温 9.2℃，气温最高的 7 月月平均气温 24.2℃，气温最低的 1 月月平均气温 −8.6℃；年极端最高气温 41.2℃，年极端最低气温 −29.0℃。最大冻土深度 1.46 米。年平均相对湿度 54%。

年平均降水量 410.3 毫米，主要集中在 7—9 月。镇域属冰雹易发地段，冰雹多出现在 9 月下午的雷雨天气中，冰雹直径和强度大，持续时间长，“雹打一条线，不走新路走老路”，易造成局部农业严重灾害。秋季雨水多，河道易发洪水，俗语云“下雨就过不了河”。年平均蒸发量 911.9 毫米。

年平均无霜期 169 天，早霜始于 9 月 15 日，晚霜终于 5 月 16 日。农谚云“四月八（指农历），冻死黑豆荚”。

风向季节性强，冬季盛行西北风或偏北风，夏季盛行东南风或偏南风，最大风速达 25 米/秒，年平均风速 1.6 米/秒。旧时，春季风沙大，刮大风时人睁不开眼，耕种入不了籽，旱灾频繁发生。2000 年以后，风沙减弱。

店塔春景（2019 年）

杨城秋景（2016年）

乔志强　摄

草地沟雪景（2019年）

**物候** 春季惊蛰过后升温快，日温差较大。清明前后杏花开放，柳枝变绿。夏季干燥较热，立夏前后海红果开花，时适种谷子、黑豆。小暑、大暑时节，多降暴雨。立秋过后降水渐少，天气晴朗，凉爽宜人，随后“一场秋雨一场寒”。冬季漫长且干燥寒冷。2000年后，降雪渐少。2018年冬季未降雪，2019年春节后始有初雪。

## 自然资源

**野生动植物** 镇域蕴藏的煤炭资源和出土的古生物化石，可证远古时代店塔地区植物繁茂，原始动物成群栖息。黄土高原形成后，动植物生长旺盛。唐代时，镇域松柏成

林。后因战乱和垦殖，植被遭到毁灭性破坏，群山秃秃，流沙漫漫，物种逐渐减少。20 世纪 70 年代之前，镇域常有狼、狐狸、黄鼬、獾等野生动物出没，时有狼到村庄叼羊。1999 年封山禁牧后，生态环境改善，山上狐狸、獾、草兔、雉鸡（又称山鸡）等野生动物增多。据神木市林业局 2016 年调查，镇域保存的古树名木种类有侧柏、油松、白杜（俗称月牙树）、小叶杨（俗称水桐），主要分布在杨城村、辛伙盘村、店塔村。杨城村庙石畔达到保护级别的 7 株侧柏中，实施一级保护的 1 株，树龄 1000 余年；二级保护的 6 株，树龄 300 ～ 500 年。辛伙盘村东梁峁庙旁达到保护级别的 5 株侧柏中，实施一级保护的 2 株；二级保护的 3 株，树龄 300 ~ 550 年。辛伙盘、丰台山等村有白杜 3 株，树龄 150 ~ 360 年。红墩村四亩地塌有树龄 300 年油松 1 株。燕峁、官地村各有树龄 100 余年小叶杨 1 株。辛伙盘村的大西沟与东沟的古柏树群落尤为集中，两条沟各长约 3 千米，两侧山崖上的古柏树分布密集，形状各异，郁郁葱葱，犹如黄土地上的一块绿

红墩古树群落（2019 年）

辛伙盘村西大沟柏树群落（2019 年）

翡翠。镇域还有黄芩、远志、知母、茵陈、麻黄、薄荷、车前子、蒲公英等 20 余种常见野生中草药。

*矿产资源* 镇域地处神府煤田腹地，蕴藏着丰富的煤炭、天然气和石英砂等矿产资源，煤炭赋存具体参见本志“煤电产业 · 煤炭工业 · 资源赋存”。

镇域具备良好的天然气勘探前景，是优质的天然气建产区。2005 年，中国石油天然气股份有限公司长庆油田分公司在石拉沟村打出第一口井。从 2013 年起，先后在大路峁、杨伙盘、杨城、梁家塔、前梁、碾房湾、店塔、沙渠村打探井 8 口，完成钻井 1.95 万米，其中 6 口井获得工业气流，探井成功率 66.6%，初步探明三级储量 900 亿立方米。

石英砂主要分布在石拉沟、碾房湾等村的考考乌素河和牸牛川流域沟谷。镇域有少量窝状埋藏的铁矿矿点，铁矿石主要分布于杨城、店塔、辛伙盘等村，品位较低。

# 人口 姓氏

镇域村庄多为聚族而居的自然村，村内一般由单一姓氏或数个姓氏聚族而居。1984年店塔乡成立时，人口密度31人/平方千米。神府煤田开发后，全国各地的建设者参与开发建设，镇域人口数量逐渐增加，外来人口数量更是大幅增加。其中，有长期工作、生活在镇域内企事业单位的干部职工、外来客商，也有数量庞大的短期务工、经商流动人员。2010年第六次全国人口普查，全镇常住人口28581人，其中汉族28463人，蒙古族48人，回族23人，苗族7人，彝族9人，满族16人，土家族13人，傣族1人，土族1人。

**户籍人口** 1984年，店塔乡总人口10091人，其中男5323人，女4768人。1990年第四次全国人口普查，店塔镇户籍人口11811人，其中男6429人，女5382人。2000年第五次全国人口普查，店塔镇户籍人口13084人，其中男6873人，女6211人。2010年第六次全国人口普查，店塔镇户籍人口15611人，其中男8507人，女7104人。2018年，全镇户籍人口17239人，其中男8784人，女8455人。

2018年，户籍人口在1000人以上的行政村有店塔、碾房湾、石窑店、倪家沟、梁家塔、红旗、辛伙盘、杨城、石拉沟9个村，其中石拉沟村2515人。

由于镇域遍布工矿企业，就业机会较多，户籍人口多不从事农业生产，部分地处山区的村组青壮年农民多到镇区或企业务工。

2018 年店塔镇村庄人口、姓氏基本情况一览表

表 1

| 行政村 | 村民小组 | 总户数（户） | 人口数（人） | 主要姓氏 |
|---|---|---|---|---|
| 店塔 | 草地沟 | 31 | 216 | 王、张 |
| | 草垛山下 | 40 | 291 | 白、郭、杨、夏、倪、武、杜 |
| | 草垛山上 | 30 | 205 | 白、郭、崔、马、王 |
| | 山蛮梁 | 27 | 174 | 高、王、刘、周 |
| | 店塔前 | 25 | 152 | 连、倪、杨、马、孟、贾 |
| | 店塔后 | 38 | 232 | 麻、连、杨、倪、白、高 |
| | 阳塔 | 46 | 297 | 倪、杨、连、贾、白、尹、王、冯、邱、宋、武 |
| | 黄娘城 | 29 | 159 | 邱、奥、张 |
| 碾房湾 | 碾房湾组 | 125 | 399 | 宋、李、贾、张 |
| | 寨峁组 | 102 | 385 | 白、何、武、崔、杜、杨、冯、郭、高、李 |
| | 陈家沟岔组 | 48 | 193 | 陈、贾、马 |
| | 塔峁组 | 41 | 162 | 白、杨、折、王、刘、杜 |
| | 榆树林组 | 41 | 120 | 乔、杨、高、李、白、马、孟、刘、郭、张 |
| | 白石畔 | 26 | 91 | 白、党 |
| 板定梁 | 马家概沟组 | 132 | 388 | 高、李、刘、王、宋、贺、杨、张、马 |
| | 板定梁组 | 51 | 161 | 李、刘、王 |
| | 二道峁组 | 18 | 58 | 刘、王、李、乔 |
| | 刘二墕组 | 63 | 180 | 刘、苏、马、杨、武 |
| | 脑峁山组 | 62 | 179 | 白、折、梁、黄、沈、吴 |
| 石窑店 | 石窑店组 | 83 | 256 | 张、王、苏 |
| | 孙营岔组 | 40 | 168 | 张、韩、云、翟 |
| | 石砭组 | 25 | 79 | 李 |
| | 龙达梁组 | 27 | 78 | 张、郭、刘 |
| | 乔家沟一组 | 62 | 152 | 乔、张、薛、郭、李 |
| | 乔家沟二组 | 67 | 154 | 乔、郭、李、贺、解、张、连 |
| | 乔家沟三组 | 44 | 125 | 史、井、张、宋、康、乔、刘 |
| | 乔家沟四组 | 22 | 72 | 史、乔 |
| | 乔家沟五组 | 28 | 82 | 张 |
| | 乔家沟六组 | 12 | 54 | 郝、薛、张 |
| 倪家沟 | 倪家沟组 | 97 | 268 | 屈、王、贾、苏、常 |
| | 阿兰召组 | 71 | 204 | 乔、井、樊、韩、陈、张 |
| | 韩家墕组 | 65 | 187 | 刘、张、李 |
| | 王家店组 | 39 | 115 | 韩、乔、王、张、何 |
| | 许家沟组 | 71 | 214 | 刘、王、张、连 |
| | 郝二伙盘组 | 22 | 80 | 张 |
| | 康伙盘组 | 16 | 41 | 康 |

续表 1

| 行政村 | 村民小组 | 总户数（户） | 人口数（人） | 主要姓氏 |
|---|---|---|---|---|
| 倪家沟 | 张伙盘组 | 56 | 161 | 刘、张、方 |
| | 宋家山组 | 43 | 132 | 宋 |
| 梁家塔 | 木瓜山 | 29 | 96 | 武、王 |
| | 阴则梁 | 26 | 77 | 张、苏、折 |
| | 折家梁 | 32 | 90 | 折、武 |
| | 石佛沟 | 55 | 166 | 杨、白、连 |
| | 石炮沟 | 36 | 100 | 张 |
| | 黑圪垯岔 | 19 | 53 | 张 |
| | 白伙盘 | 58 | 156 | 张、刘、庞、杨、尚 |
| | 沙渠 | 36 | 103 | 王、韩、李 |
| | 冯家山 | 48 | 125 | 张、杨、庞 |
| | 曹家梁 | 44 | 133 | 苏 |
| | 朱太沟 | 20 | 49 | 李、杨 |
| | 吴安塔 | 25 | 75 | 杨、吴、苏、韩 |
| | 赵氏梁 | 33 | 93 | 方 |
| | 李家山 | 45 | 120 | 李、焦、苏 |
| | 麻家沟 | 43 | 114 | 麻 |
| | 梁家塔 | 50 | 144 | 梁、訾、白 |
| | 李六伙盘 | 41 | 109 | 方、贾、史 |
| | 那木克梁 | 21 | 55 | 武、李 |
| 杨伙盘 | 一组 | 53 | 160 | 高、王、杨、连 |
| | 二组 | 34 | 120 | 王、高、杨 |
| | 三组 | 38 | 107 | 郭、王、武、杨 |
| | 阳塔组 | 50 | 145 | 高、武 |
| | 阴塔组 | 31 | 110 | 高 |
| | 沙坡组 | 39 | 124 | 王、杜 |
| 红旗 | 石岩沟组 | 76 | 247 | 杨、李、王、薛 |
| | 范家沟组 | 91 | 269 | 王、范、刘、贾、苏、国、李 |
| | 前梁组 | 93 | 220 | 苏、张、白 |
| | 大伙盘组 | 117 | 341 | 苏、李、魏 |
| | 张明沟一组 | 49 | 172 | 张、刘、甄 |
| | 张明沟二组 | 52 | 156 | 张、刘 |
| | 秦家燕湾组 | 56 | 157 | 武、秦、郭 |
| 水头 | 老虎梁组 | 25 | 159 | 郭、白、高 |
| | 打井沟组 | 40 | 121 | 高、折 |
| | 任伙盘组 | 19 | 59 | 任 |
| | 苏伙盘组 | 30 | 89 | 苏、高、奥、郭、王、刘 |
| | 水头组 | 23 | 81 | 贾 |
| | 海则梁组 | 16 | 55 | 折 |

续表 1

| 行政村 | 村民小组 | 总户数（户） | 人口数（人） | 主要姓氏 |
|---|---|---|---|---|
| 水头 | 火烧沟组 | 35 | 111 | 刘、温、奥、折 |
| | 奥板墩焉组 | 46 | 145 | 奥、赵、李 |
| | 贾板墩焉组 | 31 | 110 | 贾、折、杨 |
| | 南梁组 | 21 | 57 | 李、陈、郭 |
| 辛伙盘 | 燕沟 | 44 | 156 | 温、王 |
| | 红墩 | 30 | 151 | 白、郝 |
| | 前大路峁 | 50 | 178 | 宋 |
| | 后大路峁 | 67 | 183 | 宋、王、倪、贺 |
| | 黄草梁 | 29 | 80 | 白、乔 |
| | 辛伙盘 | 26 | 75 | 张、乔 |
| | 石皮峁一组 | 28 | 75 | 张、冯 |
| | 石皮峁二组 | 20 | 70 | 张 |
| | 下石岩沟 | 21 | 132 | 李、刘、郭 |
| | 西村 | 42 | 124 | 郝、乔 |
| | 前渠 | 28 | 101 | 贾、高 |
| | 东村 | 15 | 85 | 杨、贾、胡、李、奥 |
| | 当中伙盘 | 31 | 102 | 刘 |
| 杨城 | 杨城小组 | 118 | 390 | 杨、高、白、李、段、冯、倪 |
| | 官地组 | 45 | 110 | 刘、张 |
| | 凡庄组 | 32 | 128 | 高、孟 |
| | 丰台山组 | 23 | 83 | 王、高 |
| | 小庙组 | 27 | 72 | 高、乔 |
| | 前沟组 | 29 | 96 | 高 |
| | 走马梁组 | 36 | 95 | 郝、张、徐、乔、王 |
| | 井路组 | 31 | 125 | 高、宋、王 |
| | 土墩组 | 28 | 108 | 高、王、冯 |
| | 连家峁 | 14 | 52 | 王、白、冯、武 |
| | 石子塄组 | 15 | 48 | 杨 |
| | 地墩组 | 22 | 68 | 胡、折、张 |
| 石拉沟 | 下石拉沟组 | 286 | 851 | 刘、高、张、奥、贾、呼、赵、李、杨 |
| | 凉水井组 | 168 | 342 | 高、马、乔 |
| | 阳圪塄组 | 82 | 246 | 贾、闫 |
| | 后沟组 | 103 | 248 | 贾、王、高、沈、闫 |
| | 李家渠组 | 42 | 98 | 李 |
| | 李胡山组 | 98 | 276 | 杨、张、苏 |
| | 马家梁组 | 62 | 162 | 马 |
| | 周家梁组 | 68 | 178 | 周 |
| | 磨石湾组 | 46 | 114 | 马、白 |

**外来人口** 2000年第五次全国人口普查，店塔镇共有外来人口7010人，其中男4616人，女2394人；神木县其他乡镇2891人，榆林市县外368人，陕西省其他县市1267人，省外2484人。2010年第六次全国人口普查，店塔镇共有外来人口18805人，其中男13315人，女5490人；县内其他乡镇6479人，省内其他县市5495人，省外6831人。

2018年12月，非店塔镇户籍外来人口27700余人，占全镇总人口61.7%。其中，工作在镇域工矿企业，下班返回神木市区居住的人口14179人，主要集中在榆家梁、石窑店、石拉沟、陈家沟岔等工矿企业集中区。镇域工作不固定的流动人口13000余人，主要集中在煤炭、商贸服务和建筑等行业，多为企业短期务工人员、小商贩和餐饮从业人员。流动人口数量随项目建设变化较大，参与公路、铁路等大型基础设施建设的从业人员，一般在工程结束后整体撤离。1990年6月至1995年12月，约有3600名外来劳动者参与神朔铁路建设。

# 镇域经济

20世纪80年代神府煤田开发前，镇域交通封闭，经济落后，为半农半牧的经济业态。煤田开发后，凭借丰富的煤炭资源，便捷的交通，多家大型国有煤电企业进驻店塔，乡镇企业和民营企业更是蓬勃发展，镇域经济突飞猛进。政府加大对农业扶持力度，工业化步伐加快，商贸、交通运输等服务业水平提升，二、三产业融合发展。2018年，镇域共有企业2195家，个体工商户3281户，地区生产总值100亿元，全社会固定资产投资完成8.6亿元，完成税收23.23亿元，农民人均纯收入27200元。

## 农业

受气候、地形、土壤等自然条件限制，农业以种植为主，养殖为辅，产业规模小而散。神府煤田开发后，农业产值在镇域经济中占比较低，政府加大农业补贴，鼓励发展农民专业合作社与家庭农场，农牧产业结构有所调整。

**耕作规模** 1984 年店塔设乡时，全乡总耕地面积 8.4 万亩，占总土地面积 17.1%，人均耕地 8.4 亩；粮食播种面积 4.6 万亩，人均口粮 300 余千克。2018 年年底，全镇耕地面积 13.1 万亩，其中水地面积 1.5 万亩，旱地面积 11.6 万亩，实际种植面积 2.875 万亩，粮食总产量 8883 吨。2008 年 8 月，全镇第一个农民专业合作社——玉翠养殖专业合作社成立。2015 年 6 月，全镇第一个家庭农场——丰色家庭农场成立。截至 2018 年年底，全镇共有种养专业大户 2 户、家庭农场 16 家、农民专业合作社 13 家、农业龙头企业 6 家。

2018 年店塔镇耕作规模及粮食产量一览表

表 2

| 行政村 | 耕地总面积（亩） | 水地面积（亩） | 旱地面积（亩） | 实际种植面积（亩） | 粮食总产量（吨） |
|---|---|---|---|---|---|
| 店塔村 | 1470 | 280 | 1190 | 630 | 432 |
| 碾房湾村 | 6770 | 750 | 6020 | 1610 | 950 |
| 板定梁村 | 669 | 669 | 0 | 610 | 110 |
| 石窑店村 | 5803 | 1280 | 4523 | 1386 | 750 |
| 倪家沟村 | 15344 | 4354 | 10990 | 3000 | 1625 |
| 梁家塔村 | 20164 | 980 | 19184 | 9450 | 1925 |
| 杨伙盘村 | 4510 | 10 | 4500 | 1100 | 625 |
| 红旗村 | 8890 | 90 | 8800 | 591 | 420 |
| 水头村 | 42220 | 1580 | 40640 | 1271 | 472 |
| 辛伙盘村 | 11700 | 352 | 11348 | 2323 | 1024 |
| 杨城村 | 8009 | 119 | 7890 | 5680 | 1054.5 |
| 石拉沟村 | 5506 | 4686 | 820 | 1100 | 550 |
| 总　计 | 131055 | 15150 | 115905 | 28750 | 8883 |

**作物品种** 镇域属一季作秋杂粮区，传统农业产品品种少。20 世纪 70 年代，黄土丘陵沟壑区农作物品种以糜子（糜子）、谷子、黑豆、荞麦、黄芥、扁豆、马铃薯为主，川地农作物品种以玉米、高粱为主，沙漠草滩区农作物品种以糜子、马铃薯和黄芥为主。20 世纪 80 年代

荞麦地（2018 年）

以后，因耕作简便，产量较高，玉米逐渐成为主要农作物。

**水利设施** 中华人民共和国成立后，农田水利设施逐步完善。20 世纪 60 年代，建成杨伙盘渠和碾房湾渠。20 世纪 70 年代，建成国营石瑶店渠、陈家沟岔渠、店塔渠。1977 年建成的杨城电灌站使用不久即废弃。

### 工业

煤田开发之初，乡村集体开始创办小型煤矿和建材企业。随着华能精煤公司神木自备电厂、神木县属企业榆家梁煤矿、榆林地区所属杨伙盘煤矿、神府经济开发区店塔电厂等国有企业先后建成，为煤电工业格局初步形成奠定基础。其时，镇域煤炭、建材乡镇企业继续发展。2000—2010 年的十年间，神华神东煤炭集团、陕西煤业化工集团以及榆林市、神木市所属大型国有煤矿先后建成，店塔工业园火电企业集群发展，电石等高耗能企业逐渐增多，陕西省第一条浮法玻璃生产线建成投产，小煤矿经过资源整合，小兰炭企业经过治理整顿，镇域工业形成规模。2010 年以后，店塔工业园和石窑店工业集中区配套设施完善，煤炭、电力工业企业经过整合，进一步扩能提升。

**煤炭** 20 世纪 80 年代，镇域开始创办年产能 3 万吨以下的集体小煤矿。1984 年，杨伙盘煤矿开办。1985 年，马家盖沟乡办煤矿、县供销社神树沟煤矿、老虎梁村办煤矿相继开办。1987 年，打井沟村办煤矿开办。1988 年，任伙盘村办煤矿开办。1989 年，乡办二道峁煤矿、杨伙盘村朝阳煤矿开办。1990 年，板定梁煤矿开办。1994 年，店塔村办炭窑峁、小蒜沟煤矿开办。1991 年，为扶持神木县南部乡镇企业发展，马镇、万镇、乔岔滩乡和太和寨乡分别在红旗村开办集体煤矿。1995 年，榆林地区杨伙盘煤矿开办。1996 年，联办神广煤矿、后水头沟村办煤矿、任伙盘阴渠民营煤矿开办。1998 年，黄土湾煤矿开办。2001 年，闹泥渠、丈房阳塔、秦燕湾煤矿开办。此后，因小煤矿资源枯竭和 2002 年榆家梁煤矿扩建，大部分小煤矿关闭，2004 年共有 24 个煤矿。2006 年，张家峁煤矿开办。2008 年，神木县石窑店煤矿开办。2012 年，老张沟煤矿、黑拉畔煤矿、孙营岔煤矿、石岩沟煤矿、前梁镇办煤矿、打井沟二煤矿、板敦塬煤矿、板定梁煤矿等民营煤矿通过矿井整合、技术改造，实现规模化生产。2018 年，镇域共有国有煤矿企业 4 家，民营煤矿 9 家，通化、桂鑫荣、发达等洗选煤企业 12 家，形成以国有骨干煤矿为主体，民营煤矿为补充的煤炭工业格局。

**兰炭** 煤田开发初期，受交通条件制约，煤炭市场销售不畅，小煤矿通过土法炼焦生产兰炭。2004—2008 年，神木县开展“五小企业”[①] 清理整顿，镇域内的三江、龙达梁、福利、联发、通化、宏远、前梁、板定梁、明化、打井沟、百川等 16 家焦化企业年产 5 万吨的小兰炭炉全部拆除，大部分小焦化厂重组为年产 60 万吨的兰炭企业，进入神木市兰炭工业园区发展。2018 年 8 月，东腾型煤公司、盛旺煤焦运销公司、金隅热解洁净型焦公司等企业全部停产。

**电力** 煤田开发初期，矿区电力短缺。1986 年，华能精煤公司在店塔村建设自备电厂，为镇域首家且规模最大的国有企业。1995 年，神府经济开发区神木发电有限责任公司成立。1999 年，自备电厂二期项目开始建设。此后，淘汰落后产能，升级电力产业，店塔工业园区 2 家电厂发展成为从事电力、供热、电石生产与销售的大型电力企业，形成“电—化—热”一体的资源综合利用产业链。

**电石** 从 1994 年起，随着镇域电厂发电能力增强，电石等高耗能企业陆续建设投产。2004 年，镇域有神华神东电力公司电石厂一分厂、二分厂和神木电化、神华阳光电化、榆电阳光电石企业共 5 家。2008 年，5 家电石企业通过验收。随后实施能源企业“关小上大”政策。2012 年，神华神东电力公司 60 万吨电石炉建成。2013 年，陕煤神木电化公司 60 万吨电石一体化项目进入试运行。2015 年，榆电阳光化工公司迁入锦界工业园区。2018 年，总投资 20 亿元的远兴煤业化工有限公司煤电一体化项目，建成年产 60 万吨洁净型煤热解 2×1.5 兆瓦发电机组，后续建年产 10 万吨再生铝、180 万吨兰炭和 6×2.5 兆瓦发电机组；杨伙盘煤矿建设 2×660 兆瓦煤电一体化项目。

**建材** 煤田开发建设需要大量建筑材料，1986 年，碾房湾乡办砖厂，店塔村办石料厂、砖厂和水泥预制厂等小型建材企业应运而生。20 世纪 90 年代，神府经济开发区和店塔村联合开办的科兴水泥厂、马家梁村办机砖厂、杨伙盘村机砖厂相继建成。2001 年，晶牛公司浮法玻璃项目在店塔工业园建成，后改为德林玻璃公司，时为陕西省最大的浮法玻璃生产企业。此后，因市场变化，产业结构调整，玻璃厂、水泥厂均关闭停业，建材产业在镇域经济中不再占主导地位。2018 年，镇域有马家梁、利农、浩宇、浩源等机制砖厂 11 家，混凝土拌和站 6 家。

**其他** 2001 年，神府经济开发区和店塔村联合开办年生产 1.5 万吨玉米淀粉的青叶

① “五小企业”：浪费资源、技术落后、质量低劣、污染严重的小煤矿、小炼油、小水泥、小玻璃、小火电企业。

淀粉公司，后停产。2018 年，镇域有机械加工制造企业 7 家、废弃资源和废旧材料回收加工企业 76 家、木材加工企业 4 家。

### 商贸服务业

店塔设乡前，镇域鲜有商贸活动，村民多到永兴等公社赶集，进行粮食、牲畜交易。20 世纪 70 年代，店塔、石窑店、杨伙盘等村设有供销社代销点，神木县铁厂在草垛山大队设铁矿石收购点。1983 年在草垛山村山蛮梁组设立集市，农历每月逢八日赶集。1987 年 1 月，乡供销社成立，在店塔桥头设转角门市部并正式营业，周围个体工商户的简易门市沿公路两侧排列，个体经营的商店、饭馆、旅店随之增多，成为神木县煤田开发后兴起的重要集镇。1986 年，集市迁至店塔村阳塔组三岔路口。1997 年，集市再迁至阳塔组榆树林川农贸市场，改为农历逢三、八日赶集。

随着镇域工矿企业增多，商贸服务业发展迅速。镇区经营主体规模扩大，经营范围增加，经营环境改善，形成多个专业市场和大中型商场。石拉沟神木北站新区、石瑶店工业集中区、杨伙盘、碾房湾等区域主要经营日用百货、农副产品、餐饮住宿、客货运输、车辆维修等，矿用机械设备经营则主要集中在镇区。

从 1985 年起，邮政机构、通信运营商和多个金融机构先后进驻店塔。店塔的交通枢纽地位形成后，物流运输也成为重要产业。2018 年年底，全镇有金融机构 4 个，通信运营商分支机构 3 个，商贸企业 2195 家，餐饮住宿企业 633 家，物流运输企业 206 家，个体工商户达 3281 户，从业人员 15055 人。

**市场商店**　1996 年，店塔工业品市场建成。1997 年，店塔农贸市场建成。2018 年，镇域共有商店、超市、粮油门市 129 个，专业市场 4 个，成交额达 2.9 亿元。

店塔村营办楼（1997 年）

阳塔综合市场（1998年）

店塔集市（2000年）

店塔工业品市场（2005年）

**餐饮住宿**　2001年5月23日，神朔铁路宾馆开业，为镇域最早的餐饮住宿规模企业。2012年，川龙商务大酒店开业，为镇域当时规模最大的酒店。2018年，镇域共有餐饮经营企业27家，门店430个，从业人员968人。有高、中档宾馆23个，普通招待所180个。

**金融机构**　1985年，店塔信用社成立，2005年改为神木农村合作银行店塔支行，2009年改为神木农村商业银行店塔支行，至2018年年底，各项存款余额31亿元。1986年，中国农业银行店塔营业所成立，1992年更名为中国农业银行店塔分理处，2012年更名为中国农业银行店塔分行，至2018年年底，存款余额达7亿元。1990年，中国建设银行陕西省神府煤炭铁道专业支行店塔办事处成立，2003年更名为中国建设银行店塔支行，至2018年年底，存款余额达14.97亿元。1998年，店塔邮政支局开办储蓄业务，2018年6月更名为中国邮政集团公司陕西省神木市分公司店塔支局，至2018年年底，存款余额2亿元。2019年，长安银行神木支行店塔代理点成立。

**运输物流** 镇域除煤炭铁路运输外，公路运输物流业较为发达。煤田开发以来，多有村民从事个体运输，2010年，碾房湾建成物流集散园区。2018年，全镇从事物流信息运输服务业206户，从业人员732人。圆通、申通、韵达、中通、邮政、顺丰、百世等物流、快递公司在镇内设点经营。

**邮政通信** 1990年，店塔邮政所成立，1997年更名为店塔邮政支局，2018年更名为中国邮政集团公司陕西省神木市分公司店塔支局。2002年，石拉沟邮政所成立。2018年，邮政业务总量85万元，报纸、杂志累计发行3.2万份。1991年，中国移动神木分公司设立店塔营销分部，2018年用户3万户。2011年，中国联通神木分公司店塔分部成立，2017年店塔分部撤点。2012年邮电分营，中国电信店塔营业部成立，2018年用户6600户。镇域于2010年开通3G移动网络服务，2014年开通4G移动网络服务。

# 社会发展

## 社会事业

**学校教育** 中华人民共和国成立前，镇域仅有黄羊城畔、下石拉沟、脑峁山3个私塾，居民大多为文盲或半文盲。1953年，杨伙盘小学成立，镇域始有第一所公办小学。1962年，黄羊城畔、下石拉沟、脑峁山开办3所公办小学。此后，各村庄逐渐开办小学。20世纪70年代，草垛山、杨伙盘开办七年制学校，但办学条件普遍简陋。1984年店塔设乡，全乡有店塔、下石拉沟、刘二墕、杨伙盘4所公办小学，燕峁等31所村级布点小学和公办草垛山中学，均采取复式教学法。

20世纪90年代，六年义务教育和九年义务教育先后普及，店塔镇顺利通过验收。2000年前后，大部分学生陆续到镇或县城的中小学读书。2016年，全镇最后一所布点学校杨伙盘小学关停，通过撤点并校，村庄小学撤并完成，店塔中学也因学生减少而停

1978 年草垛山中学毕业生合影

止办学。2018 年，镇域共有小学 2 所、幼儿园 9 所，新设立神木市第十二中学。

2005 年，神木县在陕西省率先实施农村义务教育免除义务教育阶段学生的学杂费，对农村义务教育阶段学生免费提供教科书，对农村家庭经济困难的寄宿生补助生活费。2007 年免除杂费、食宿管理费、电教教材代办费、课本费、作业本费，学生上学实现零负担，并补贴伙食费。2008 年开始实施十二年免费教育，2011 年开始实施含三年学前教育的十五年免费教育，镇域学生普遍受益。2010 年第六次全国人口普查统计，镇域 6 岁以上常住人口 26928 人，其中小学学历 4774 人，初中学历 9383 人，高中学历 6355 人，大学专科学历 3159 人，大学本科学历 1091 人，研究生学历 24 人。

中学教育　1970 年 12 月，草垛山中学成立。1985 年 7 月，学校迁至店塔村山蛮梁小组，更名为店塔中学。学校最大规模时学生达 1000 余人。2017 年，因学生减少而停止办学。2018 年 10 月，在店塔第一小学东侧重建中学，更名为神木市第十二中学，计划 2019 年下半年招生。

小学教育　1985 年，店塔初级小学成立，1987 年更名为乡中心小学。1993 年迁址，更名为镇中心小学。2008 年更名为店塔第一小学。2018 年有教学班 30 个、教师 97 人、学生 1463 人。2012 年设少年宫。2000 年 9 月，神朔铁路公司开办的神华铁路小学在石

店塔第一小学（2019年）

拉沟村成立。2008年移交地方管理，更名为店塔第二小学。2018年有教学班10个、教职工32人、学生273人。

幼儿教育　2000年，公办神朔铁路幼儿园成立。2013年，公办店塔第一幼儿园成立。2012年以后，先后开办清华、亲亲宝贝、向日葵等民办幼儿园。

**群众文化**　店塔是二人台之乡，群众喜爱观看二人台节目，有广泛的群众基础。中华人民共和国成立前就有群众自发组织的二人台演艺班子；中华人民共和国成立后，政府经常组织二人台艺人参加文娱表演和比赛活动。1984年，乡文化站成立，主要组织开展秧歌表演、文艺宣传、电影放映等活动，站内设有图书室、阅览室、录像厅和文体娱乐室等。2007年，投资29万元重新选址建设文化站，建筑物为二层框架结构，建筑面积335平方米，设图书室、阅览室、文娱活动室、多功能教室和室外文体活动场所。2018年，镇政府将机关大院建筑面积1120平方米的东二楼改造为镇文化活动中心。镇文化站组织开展春节秧歌、文艺晚会等各类活动，管理各村农家书屋。镇域大型企业文化设施比较齐全，每逢重大节日，各企业举办文艺晚会、文体竞赛等丰富多彩的群众文化活动。神朔铁路公司建有工人文化宫。2018年，镇老年大学成立，为神木市老年大学分校。

**医疗卫生** 中华人民共和国成立前，镇域少数中医仅能治疗普通常见病。群众生病或求神拜佛，或请巫神跳神祈禳。20 世纪 50 年代，各生产大队均设有 2 ~ 4 名“半农半医”卫生员，1968 年改称“赤脚医生”。1972 年，有 9 名赤脚医生获得省卫生厅颁发的证书。1984 年店塔设乡时，从永兴医院调 2 名医生到草垛山村委会设医疗点。1986 年 8 月 16 日，店塔乡医院成立，从永兴乡医院分出 6 人、6000 元的药品。1989 年，医院迁址镇区小河南畔，职工人数 22 人。2000 年更名为镇中心卫生院，占地面积 1665 平方米，职工 29 人，可满足辖区群众基本公共卫生、基本医疗服务需求。2018 年接诊门诊患者 2743 人次、住院患者 500 余人次，预防接种超过 1.5 万针次。

20 世纪 90 年代，碾房湾村村民宋在畔开设全镇第一家私人诊所，退休外科专家周昆开设全镇第一家民营医院。2004 年实行乡村医生执业证书制度，村卫生室逐步规范。2010 年，神木第二人民医院在店塔开设分院。2018 年，镇域共有公立医院 1 家、民营医院 6 家、村级标准化卫生室 18 个、企业卫生室 5 个、个体诊所 8 家、神木博爱大药房等药品经营单位 10 个。

2004 年 11 月，神木成为新型农村合作医疗制度试点县，店塔镇村民开始参加合作医疗。2006 年 3 月实行城乡居民合作医疗保险制度。2009 年 3 月 1 日，全县实行全民免费医疗制度，居民每人每年缴纳小额保险费用，可享受门诊医疗费 100 元。如住院治疗，县城医院个人起付线为 400 元，镇卫生院个人起付线为 100 元，其余费用均可报销。费用超过报销封顶线的，可享受大病医疗救助政策。2010 年，为补充免费医疗报销制度的不足，对不同病种的慢性病患者，每年定额报销门诊医疗费。2017 年 10 月，镇卫生院为贫困户办理慢性病医疗保险，贫困户可在镇卫生院报销全部医疗费。2018 年，居民、村民参加合作医疗率达 100%。

梁家塔村原有地方病甲状腺肿，通过采取防治措施，至 2006 年得到全面有效控制。

### 居民生活

**收入支出** 1984 年店塔设乡之前，由于土地贫瘠，村民虽终年劳作，但收入微薄，生活困难。神府煤田开发后，村民通过经商务工、煤矿入股分红、从事物流运输以及房屋土地租赁、征占补偿和采煤沉陷区塌陷补偿等多种渠道，收入水平居神木全市上游。2010 年，全镇村民人均纯收入突破 1 万元，达 12752 元。2014 年达 20275 元。2018 年，农村常住居民人均可支配收入达 27100 元。

20 世纪 80 年代初，农村实行家庭联产承包责任制，镇域村民温饱问题得以解决。

但日常生活相对简单，日用品消费支出较少，大额支出主要用于农牧业生产、住房、子女上学、婚丧事务等。1984年，全乡村民家庭只有2台录音机、550台收音机、380辆自行车、710块手表、500台缝纫机。煤田开发后，消费水平提升，部分村民在镇区或神木市区购置住房，大多家庭购置小轿车，也有村民在西安、北京等大城市购置房屋。

**衣食住行** 衣着 中华人民共和国成立前，镇域村民缺衣少被，衣服用粗布手工缝制。冬季，白天外穿白茬皮毛大袄，夜间裹皮袄睡觉。中华人民共和国成立后，衣服种类仍单调，款式陈旧。煤田开发后，衣服购置成品，式样多变，色彩缤纷。2010年以后，年轻人多在网上购物，款式与外界基本无差异。

饮食 镇域居民日常主食以杂粮为主，喜食羊肉、猪肉等多脂肉类，喜饮白酒、砖茶，烹饪方式以炖、烩、熬为主。旧时，因储存条件较差，冬季多腌制猪肉和白菜。煤田开发后，食品供应充足，腌制类食品减少。

居住 中华人民共和国成立前，村民居住分散，住房普遍简陋。单户独院常以石块、煤块围挡，安设简易大门。住房类型有椽木房、平顶房和土窑洞。梁家塔村木瓜山小组石佛沟的清代杨氏四合院是镇域唯一的一处精美民居，为县级文物保护单位。其正房三间，砖镶门面，正中一孔砖雕“清白传家”，两侧分别雕刻“松风水月”“仙露明珠”，另有一处雕有“耕读传家”的砖砌大门。

煤田开发初期，建筑材料不再短缺，为建房高峰期。20世纪90年代普遍修建混凝土平板房。此后，楼房逐渐增多。2010年第六次全国人口普查统计，全镇平均每户住房1.9间，人均住房建筑面积23.68平方米。2010年以后，镇区和神木北站新区高层楼房增多，居民住宅水、暖、电、气齐全。新型社区的居民住宅水、暖、电齐全。

出行 20世纪70年代，镇域始有简易公路，出行不再完全靠步行或畜力代步。煤田开发后，道路交通面貌迅速改变。镇区过往客车不断，通往神木市区有客运班车和出租车，神木北站有去往西安、北京方向的火车；居民家庭小汽车保有量不断增加。

石佛沟杨氏民居（2018年）

石佛沟杨氏民居大门（2018年）

**社会保障**　1958 年，生产队对无依靠的老弱病残社员实行保吃、保住、保穿、保医、保葬制度。2002 年后，神木县相继实施新型农村合作医疗、最低生活保障、残疾人等特殊人群保障和新型城乡居民养老保险等制度，全镇居民普遍受益。2018 年，全镇有农村低保户 58 户 105 人、五保户 44 户 46 人、孤儿 12 人、70 岁以上老年人 1025 人、残疾人 620 人、优抚对象 72 人，全部纳入保障范围。

**精准扶贫**　2014 年，全镇开展精准扶贫工作，识别建档立卡贫困户 660 户 1063 人、贫困村 1 个（梁家塔村）。通过采取发展种养殖业、安排特设公益性岗位就业、给予贫困户贷款支持、为贫困户家庭确定签约医生、高标准报销医疗费、改造贫困户住宅危房、资助贫困户子女上学、改善村庄基础设施、实行政策性兜底保障、干部结对帮扶等措施，并确定 20 家企业和 20 个事业单位对 12 个村结对帮扶，按计划实现脱贫任务。2018 年年底，全镇未脱贫户 51 户 64 人。开展精准扶贫过程中，相关企业积极捐资助贫，如惠宝煤业公司捐资实施倪家沟村人饮工程和老年人“爱心灶”，孙营岔一矿捐资实施辛伙盘村生产道路硬化工程，神朔铁路分公司捐资发展梁家塔村集体经济。

2014 年，梁家塔被确定为省级建档立卡贫困村。2015 年，梁家塔与木瓜山合并为梁家塔村，全村共有贫困户 25 户 29 人，其中五保户 15 户 15 人。2016 年，县交通局派出驻村工作队帮扶，筹资 847 万余元，修通到村到组到户公路，改造农电线路，打灌溉深井 5 口。镇政府组织实施改造自来水工程。同时，通过发展养殖、光伏发电、互助资金等措施发展村集体经济。2018 年 11 月，梁家塔村实现整体脱贫。

梁家塔村春节秧歌表演（2019 年）

## 精神文明

**创建活动** 店塔有乡镇建置后，深入持续开展文明镇（村、单位）、“五好家庭”、“十星级”文明户等创建活动，热心公益、乐善好施、见义勇为的好人好事不断涌现。1995年起，多次被评为省级文明镇。2005年起，石拉沟、红旗、店塔、倪家沟、石窑店、碾房湾、杨伙盘等村先后被评为县、市级文明村，店塔第一小学、神华铁路小学、店塔幼儿园先后被评为县、市级文明校园，榆家梁煤矿、中电国华神木发电公司先后被评为省级文明单位，店塔供电所、国土资源所、煤炭管理所、派出所、法庭、交警中队、市市场监督管理局店塔分局、市税务局店塔分局、杨伙盘煤矿、陕西煤业化工集团张家峁矿业有限公司、神木农村商业银行店塔支行等先后被评为县、市级文明单位，神东榆家梁煤矿、石窑店矿业公司、石岩沟煤矿先后被评为县、市级文明矿山。2014 年以来，全镇开设镇、村道德讲堂，连续 5 年举办“最美家庭”“好公婆、好儿媳”“最美店塔人”等评选活动。2017 年 11 月，店塔镇被授予“全国文明村镇”荣誉称号。2018 年年底，全镇共成功创建市级文明村 5 个，县级文明村 2 个；创建省级文明单位 3 个，市级文明单位 6 个，县级文明机关 5 个；市级文明校园 1 个，县级文明校园 2 个；市级文明矿山 2 个，县级文明矿山 1 个。

**店塔镇精神文明建设先进个人一览表**

表 3

| 姓名 | 性别 | 出生年月 | 籍贯 | 单位职务 | 荣誉称号 |
|---|---|---|---|---|---|
| 杨建刚 | 男 | 1956.07 | 店塔镇店塔村 | 店塔镇政府干部 | 2006 年中华孝亲敬老之星、“陕西十大孝亲敬老楷模” |
| 王翠娥 | 女 | 1961.08 | 店塔镇店塔村 | 店塔镇川龙大酒店总经理 | 2010 年度榆林市道德模范——助人为乐模范 |
| 张明智 | 男 | 1962.01 | 神木市栏杆堡镇 | 神木市交警大队店塔中队队长 | 2013 年首届“榆林好人”——最美警官 |
| 韩　斌 | 男 | 1969.07 | 店塔镇石窑店村 | 村党支部书记 | 2017 年第五届“榆林好人”提名奖——自强励志 |
| 张新丽 | 女 | 1969.12 | 内蒙古自治区巴彦淖尔市 | 神朔铁路分公司党委工作部主管 | 2016 年第四届“榆林好人”——五好文明家庭 |
| 张　兵 | 男 | 1972.07 | 河南省南阳市 | 陕煤化集团张家峁矿业有限公司物资管理中心主任 | 2018 年陕西省国资系统文明家庭、2017 年第五届“榆林好人”——榆林最美家庭 |
| 赵小刚 | 男 | 1975.02 | 神木市麟州街道 | 榆林市杨伙盘煤矿采供部部长 | 2016 年陕西省国资系统文明家庭 |
| 王志平 | 男 | 1986.05 | 神木市孙家岔镇 | 石窑店矿业公司综采队副队长 | 2016 年第四届“榆林好人”——最美工人 |

续表 3

| 姓名 | 性别 | 出生年月 | 籍贯 | 单位职务 | 荣誉称号 |
| --- | --- | --- | --- | --- | --- |
| 王小波 | 男 | 1987.09 | 店塔镇辛伙盘村 | 店塔镇大学生村官 | 2017 年第五届“榆林好人”——最美村官 |
| 雷新翠 | 女 | 1989.08 | 店塔镇店塔村 | 店塔镇店塔村村民 | 2016 年榆林十大最美家庭 |
| 折怡欣 | 女 | 2001.12 | 店塔镇梁家塔村 | 店塔镇梁家塔村村民 | 2018 年第六届“榆林好人”——新时代好少年 |

**志愿服务** 2013 年，镇志愿者服务队成立。2018 年，服务队有下级服务团体 22 个，注册志愿者 3407 人。志愿者除了平时开展各类公益活动外，春节、中秋节等传统节日以及劳动节、儿童节、建党节等重大节日到学校、敬老院、贫困家庭开展志愿服务活动。神朔铁路分公司成立青年志愿者服务队，致力于公共事务、扶贫帮困、社会应急、重大活动、公益慈善等服务。

**善行义举** 从 1994 年起，店塔村妇女、店塔镇川龙大酒店总经理王翠娥连续 20 余年向农民工、镇环卫工人提供免费早点，2010 年被评为榆林市助人为乐道德模范。2007 年 8 月 28 日晚，神木县武警中队队长殷俊发、战士姜涛，在店塔务工的子洲县青年张磊和店塔青年郄风鸣、刘建生在窟野河洪水中救出被困河中的 4 名青年。2008 年，镇干部职工和社会人士为汶川大地震灾区捐款 76 万元。驻店塔的各类企业重视企业文化建设，积极履行社会责任，通过捐资助学、扶贫帮困、救灾捐赠等形式支援地方建设。2011 年，神木县设立民生慈善基金会，各类企业及企业家、机关干部职工纷纷捐款。

店塔镇义工服务队（2018 年）

神朔铁路公司志愿服务队（2018年）

店塔镇部分公益捐款人员一览表

表4

| 姓名 | 性别 | 出生年月 | 籍贯 | 职务 | 捐款项目 |
|---|---|---|---|---|---|
| 杨文卿 | 男 | 1948.04 | 石拉沟村老张沟组 | 店塔镇统筹城乡发展协会理事长、老张沟煤矿矿长 | 向神木市民生慈善基金会捐款100万元、市杨家将文化研究会捐款60万元、中国宋庆龄基金会捐款20万元、世界杨氏联谊会捐款20万元、汶川地震救灾捐款5万元；所在企业公益捐款140余万元，为神木市民生慈善基金捐款1200万元 |
| 王翠娥 | 女 | 1959.08 | 店塔村阳塔小组 | 店塔镇川龙大酒店总经理、店塔镇自来水公司总经理 | 公益捐款390余万元；资助16名学生从小学到大学的教育费用；坚持20余年为环卫工免费提供早餐，支出费用近400万元 |
| 王凤义 | 男 | 1960.03 | 梁家塔村木瓜山组 | 神木市亚华宾馆董事长 | 向神木市慈善协会注入500万元建立“王凤义专项基金”，向神木市民生慈善基金会捐款528万元，其他公益捐款130万元，资助贫困大学生54人 |
| 王文明 | 男 | 1960.11 | 梁塔村木瓜山组 | 西安曲江瑞麟君府置业公司董事长、神木市电石集团董事长、西安神木商会会长 | 向神木市民生慈善基金会捐款1000万元、杨家城遗址保护建设工程捐款50万元，其他公益捐款100余万元；所在企业资助帮扶村庄150万元 |
| 折忠诚 | 男 | 1962.02 | 水头村 | 板墩塄煤矿董事长 | 向神木市民生慈善基金会捐款50万元，其他公益捐款270余万元，资助贫困大学生19人 |

续表 4

| 姓名 | 性别 | 出生年月 | 籍贯 | 职务 | 捐款项目 |
|---|---|---|---|---|---|
| 武翠玲 | 女 | 1962.07 | 水头村 | 神木市五洲国际酒店董事长、金星小额贷款公司董事长、恒生国际购物中心董事长 | 向神木市民生慈善基金会捐款 1050 万元、杨家城文化建设捐款 130 万元，其他公益捐款 60 余万元 |
| 韩斌 | 男 | 1969.07 | 石窑店村 | 黑拉畔煤矿董事长、横山县庙渠煤矿董事长 | 向神木市民生慈善基金会捐款 600 万元、市杨家将文化研究会捐款 10 万元，其他公益捐款 300 余万元 |
| 高荣华 | 男 | 1974.11 | 水头村 | 神木宾馆有限责任公司董事长 | 向神木市民生慈善基金会捐款 1000 万元；所在企业公益捐款 120 万元 |

# 镇村建设

偏僻的小山村整合成美丽村庄和新型社区，杂乱的小集镇建成产业兴旺的繁华新城。往日的无序建设，如今与神木市区一体发展，店塔镇快速建设发展的历程，正是西部地区新型城镇化和乡村振兴的缩影。面对采煤沉陷等矿区环境问题，店塔镇持续开展环境治理，进行生态修复，让店塔更加山川秀美，宜居宜业。

# 镇域规划

1984年店塔设乡后，城镇建设启动，镇区由最初的无序发展，逐步发展为规划布局合理、基础设施完善的新兴工业城镇。神朔铁路开通后，神木北站新区形成，成为店塔的城镇副中心。经过4次城镇规划调整，店塔镇区加快与神木市区一体化发展。同时，镇政府委托编制乡村振兴规划，推动镇域城乡协调发展。

**城镇规划**

店塔镇区属典型的黄土高原川道型城镇，建成区南北狭长，东边依山，西边濒河，受自然地理条件限制，城镇建设发展沿窟野河向南北延伸，建成区长宽比约为5∶1。2003—2018年，镇政府和相关机构共组织4次城镇总体规划编制工作。经过4次规划，对城镇发展定位不断进行调整，功能分区逐渐明晰，城镇总体布局不断优化。

**2004年版总体规划**　镇政府委托陕西省城乡规划设计研究院，编制《神木县店塔镇总体规划（2004—2020）》，规划近期为2004—2010年，远期为2011—2020年。城镇发展定位为陕北工业强镇，神木县煤炭、电力、化工、建材工业基地和神木县北部交通枢纽，镇区由老城区、新城区、工业园区、神木北站片区4个功能组团构成，为神木县城的一个外围组团。

**2009年版总体规划**　镇政府委托陕西省城乡规划设计研究院，对镇总体规划进行修编，规划近期为2009—2012年，远期为2013—2020年。规划近期镇区建设用地543.5公顷，规划远期建设用地704公顷。城镇发展定位为神木县域重要的铁路枢纽和物流基地，发展煤电一体化和建材工业为主的工业型城镇。

**2012年版总体规划**　镇政府委托陕西省城乡规划设计研究院，对镇总体规划再次进行修编，规划期限为2011—2025年，近期为2011—2015年，远期为2016—2025年，规划用地规模6平方千米。城镇发展定位为神木县副中心城镇，神木县北部区域性中心城镇，煤炭工业为支柱产业、“以煤为基、多元发展”的工业基地，神木中北部地区重要的交通枢纽和商贸、物流中心，以文化旅游为特色的知名城镇。规划中心城区“在镇区南部新区设立一个以广场为核心，以镇北组团、老镇区组团、新区组团、工业区组团、物流区组团、文化休闲娱乐区组团形成六大组团，对东西山进行绿化，形成镇区绿化拱围和窟野河景观廊道贯穿”的城镇空间结构。

*2018年版总体规划* 神木市滨河新区建设管理办公室委托同济大学建筑设计研究院对神木市北片区进行规划设计，规划主题为神木市区与店塔镇区一体化建设，将店塔镇区纳入市区范围进行整体设计。将店塔定位为神木城市北大门，集产业服务、文化旅游、生活服务等功能于一体的新型城镇。规划范围包括店塔镇区、碾房湾大互通、神木北站片区、杨家城风景区，总面积约10平方千米。规划将镇区划分为四大组团：商贸物流园、镇区宜居组团、智造产业园和文旅组团。店塔片区在原有规划的基础上，重点对产业进行提升，引入物流、商贸、云服务、创智中心等。强化杨家城的文化特色及在打造国家AAAA级旅游景区中的作用，强化城景一体，突出旅游、文化创意、康养等功能。该次规划引入城市设计，对镇区建设中宋城特色风貌和建筑高度、容积率进行严格要求。

**乡村振兴规划** 2018年8月，镇政府委托专业机构编制《店塔镇乡村振兴规划（2018—2022）》。在镇域空间上，规划“一心一轴五片区”空间格局，即通过发展城镇第三产业，培育产业集聚区，将镇区打造成为全镇域综合服务中心。以杨家城遗址为轴心，打造贯穿镇域南北，包括店塔、草垛山、黄羊城、石拉沟等村组纵向的杨家将文化产业轴。重点建设以麟州故城遗址为中心，周边店塔村、杨城村、连家峁村为支点的杨家将文化区；依托长城等古战场遗迹，包括黄羊城、石拉沟等村组的镇北古战场综合区；依托公路网线与神木北站，包括碾房湾、下石拉沟、陈家岔等村组的物流配套区；以石窑店、红旗、杨伙盘、辛伙盘等村为核心的现代农业综合区，设立草垛山现代农业示范园、马家概沟生态农业观光示范园；以煤矿集中的倪家沟、石窑店等村为主的重点生态修复区，改善农村人居环境。产业上以店塔、倪家沟、碾房湾3个乡村振兴示范村为引领，发展特色种养殖业、文化旅游业、物流等服务业，形成立足工业，整合特色产业和旅游资源，产业优势互补、良性互动的产业格局。同时，强化基础设施建设，推进美丽乡村建设，提升生态环境质量，提高基层治理能力，构建人与自然和谐共生、生产生活生态有机相融的现代生态宜居乡村，全面实现乡村振兴。

# 镇区建设

店塔镇区原为一个山区小村庄，沿窟野河东岸靠山散落分布，居民主要集中在黄羊城河以北山坡的黄羊城畔、阳塔和店塔小组。1984 年，店塔乡党委、政府临时

店塔镇区一角（2019年）

办公场所设在店塔村店塔小组集体的20孔窑洞。1986年秋季，店塔乡党委、政府机关迁址店塔村阳塔小组三岔路口附近，乡级机关单位和居民住宅逐渐在乡政府办公楼周边集聚，带动周边商业发展。起初，沿街商铺均为以餐饮住宿、机械修理、零件销售等为主的铁皮房门市，府新公路与石店公路交会的三岔路口为镇区繁华之地。其时，集镇初具规模，但缺乏规划指导，镇区无序建设现象严重。

1995年，华能集团在黄羊城河以南建设自备电厂，带动镇区第三产业发展，宾馆、酒店等商业、服务业建筑设施不断增多。2000年，镇政府在阳塔小组榆树川中滩建设占地面积13亩、建筑面积2616平方米的四层楼，时为全县第一栋乡镇办公楼。镇政府迁址，带动镇区中心区向南转移。2004年，镇政府大楼南侧的人民广场建成，成为镇区的商业和休闲中心。此后，政府连年加大投资，建设各类市政配套工程。2018年，开展国家卫生镇创建工作，公共基础设施建设进一步完善，新建学校、医院、行政服务中心，改造农贸市场，实施街道绿化、硬化、美化工程。

### 街道广场

1986年店塔乡政府办公楼建成时，镇区最早的商业建筑设施均沿府新公路（301省道）布设，名为商业街。1998年，神东电力集团自备电厂投资约400万元修建工业大街和忠义路，路宽30米，长约3100米，与镇区形成道路连接。2000年秋，镇政府再次迁址，驻地仍然在阳塔小组，门牌号为人民路15号。2004年以后，镇政府机关南侧人民广场及周边商业建筑建成，城镇布局改变，镇区基本路网形成。2008—2009年，对工业大街等道路进行维修，并完成城镇排洪工程。2012—2015年，实施滨河路贯通工程。2018年，投资673万元改造完成横阳大道，投资996万元改造人民路、延玉路、皇娘城一路及广场周边环线道路和地下管网，投资870万元改造镇区北入口景观节点、亮化碾房湾大桥，投资8340万元实施301省道大互通周边综合改造提升工程。

**主要街道** 镇区路网基本呈现“三纵二十一横”，多年来街道名称约定俗成，没有统一命名。2017年，镇政府结合城镇规划，广泛征求社会各界意见，并邀请神木市杨家将文化研究会专家，对镇区街巷进行命名，街道名称突出麟州与杨家将历史文化，获得神木市民政局批复。镇区较为繁华的街道有横阳大道、崇勋大街、人民路、育才路等。

### 2018 年店塔镇区道路一览表

表 5　　单位：米

| 街道名称 | 原名称 | 走向 | 起止界限 | 宽度 | 长度 |
|---|---|---|---|---|---|
| 宏业大道 | 滨河路 | 南北走向 | 南起杨家将公园，北至陈家沟岔大桥 | 15 | 6680 |
| 崇贵大道 | 石店路（219 省道） | 南北走向 | 南起杨家将公园，北至横阳大道 | 15 | 7330 |
| 崇勋大街 | 兴店路、工业大街 | 南北走向 | 南起忠义路，北至横阳大道 | 20 | 2500 |
| 横阳大道 | 商业街（301 省道） | 南北走向 | 南起过境线，北至陈家沟岔大桥 | 15 | 3200 |
| 皇娘城一路 | 纬一路 | 东西走向 | 东起横阳大道，西至崇勋大街 | 8 | 310 |
| 皇娘城二路 | 纬二路 | 东西走向 | 东起崇勋大街，西至宏业大道 | 8 | 150 |
| 皇娘城三路 | 纬三路 | 东西走向 | 东起崇勋大街，西至宏业大道 | 8 | 137 |
| 和谐西路 | 人民小区二区巷 | 东西走向 | 东起崇勋大街，西至宏业大道 | 10 | 200 |
| 和谐东路 | 人民小区一区巷 | 东西走向 | 东起横阳大道，西至崇勋大街 | 10 | 200 |
| 育才路 | 无 | 东西走向 | 东起崇勋大街，西至宏业大道 | 10 | 200 |
| 人民路 | 人民路 | 东西走向 | 东起横阳大道，西至崇勋大街 | 12 | 273 |
| 人民路北一巷 | 无 | 南北走向 | 南起人民路，北至和谐东路 | 8 | 170 |
| 人民路北二巷 | 无 | 南北走向 | 南起人民路，北至和谐东路 | 8 | 180 |
| 延玉路 | 高速桥下路 | 东西走向 | 东起崇贵大道，西至崇勋大街 | 12 | 1100 |
| 延平路 | 河堤路 | 东西走向 | 东起崇勋大街，西至宏业大道 | 12 | 202 |
| 文源路 | 小学路 | 东西走向 | 东起崇贵大道，西至崇勋大街 | 12 | 354 |
| 平安路 | 永平路 | 东西走向 | 东起崇贵大道，西至崇勋大街 | 12 | 335 |
| 崇文路 | 规划路 | 南北走向 | 南起忠义路，北至平安路 | 12 | 870 |
| 忠义路 | 电厂北路 | 东西走向 | 东起崇贵大道，西至宏业大道 | 15 | 813 |
| 电厂路 | 电厂路 | 东西走向 | 东起崇贵大道，西至宏业大道 | 12 | 720 |
| 阳光路 | 无 | 东西走向 | 东起崇贵大道，西至宏业大道 | 2 | 760 |
| 光明路 | 排洪渠 | 东西走向 | 东起崇贵大道，西至宏业大道 | 12 | 800 |
| 草垛山路 | 电厂南路 | 东西走向 | 东起崇贵大道，西至宏业大道 | 12 | 637 |

人民广场夜景（2019 年）

**镇区与滨河新区连接道路**　神木市滨河新区至店塔工业区连接道路起于草地沟工业大街南端，终于滨河新区神柳路北段，为连接镇区与滨河新区街道的城市快速通道，2018 年 3 月开工，2019 年 5 月通车。道路总投资 1.5 亿元，全长 1250 米，其中窟野河大桥长 918 米，路幅宽 22 米，双向四车道。

**人民广场**　位于镇政府南侧。2004 年建成，2012 年进行改造。初名文化广场，后改名为人民广场，时为全县第一个乡镇

人民广场（2016 年）

市政广场。广场占地面积12亩，南北宽60米，东西长80米，为东西向对称布局模式。广场中央配备喷泉，周边栽植花卉苗木，南侧设有LED电子显示屏。广场周边商铺众多，为镇区居民文化娱乐和购物的重要场所。

**桥头绿地**　位于碾房湾桥东，为镇区北入口门户。2013年建成，总占地面积约3.5亩，东西对称布局设计，绿地以种类多样的灌木、乔木、草坪相结合。2018年，设立大型景观石，题名“杨家将故里”。

镇区北入口（2019年）

店塔镇河岸护堤示意图（2019年）

**河岸护堤**　镇区处于河流交汇处，店塔未设置乡镇建置之前为河滩地段，常受洪水威胁。1970—1973年，草垛山大队修建黄羊城河东岸河堤600余米发展农田。1988年，神华自备电厂修建镇区南部窟野河河堤3.8千米。1996年，镇政府联合神东电厂、神木市煤炭公司等多家单位集资修建镇区北部窟野河河堤1.7千米。1998年，店塔村修建草地沟河堤800米。2009年，神木县交通局与水利局共同修建石窑店至镇区窟野河河堤护岸18.2千米。2010年，镇政府修建草垛山小组窟野河河堤1.3千米。2011—2018年，镇政府逐年修建寨峁至板定梁窟野河河堤5.4千米。截至2018年年底，镇区河堤护岸总长31.7千米，为城镇和工业园区发展创造了条件。

**居民住宅**　20世纪80年代镇区形成之初，居民集中在阳塔小组三岔路口附近，住宅均为砖混结构窑洞。20世纪90年代以后，镇区住宅以砖混结构平房为主，逐渐出现二层楼房。2008年，居民倪志林修建5层楼房，时为镇区最高层数的民居建筑物。2012年，店塔村引进陕西腾龙房地产公司，投资7亿余元建设店塔人民小区，占地面积50亩，建筑面积236610平方米。小区四面环街，与店塔镇政府相邻。小区分为一区、二

人民小区（2019年）

区，均为商住楼，其中一区地下 1 层为停车场，地上 1 ～ 3 层为商铺，4 ～ 15 层为住宅；二区地下 3 层为停车场，地上 1 ～ 3 层为商铺，4 ～ 27 层为住宅。共有住宅 917 套、公寓楼 162 套。

**公用事业**

**供水** 20 世纪 90 年代，镇区单位和居民饮用水靠打井供水。1999 年，民营企业店塔镇自来水公司成立，在窟野河道建成 200 米渗渠、70 米输水管道、3 千米供水管道和 200 立方米高位水池。是年 11 月，镇区开始供应自来水。2002 年又向南铺设 1.5 千米管道，为金牛玻璃厂供水。2012 年扩建 3000 米渗井，供水量由 2000 立方米 / 日提升到 8000 立方米 / 日。2013 年增设管线 2.5 千米，为窟野河西的碾房湾、寨峁村和房塔公路收费站供水。2014 年 8 月接管榆家梁煤矿店塔净水厂。2015 年完成杨伙盘等周边 3 个村组的供水工程。全镇供水分为镇区、杨伙盘片区和河西片区三大区域。2017 年，镇自来水公司更名为店塔水务有限公司，引入府谷岩溶水水源，铺设岩溶水管道 7000 余米，建设 1000 立方米岩溶水清水池、净化车间、化验室、加压泵以及办公用房。2018 年年底，镇区供水量1500立方米/日，用水户1499户，管线全长80余千米，检查井308个。岩溶水具备供水条件，管道总长108.21千米，检查井492个，用水户1909户，供水量3810立方米/日。

**供热**　2012年，民营企业店塔镇供热有限公司成立。热源由神华阳光神木发电有限责任公司提供，2012年投入资金1.2亿元启动基础建设项目，其中政府投资3000万元，供热公司自筹资金9000万元。供热项目分为店塔镇区、碾房湾社区、石拉沟社区三期实施。2012年冬投资1.2亿元的一期工程实现镇区供热项目暖气入户，建成首站1座、换热站7座，敷设一级主管道4000米、二级管网管道15000米、到户支线5万米，总供热面积56万平方米，供热户数1600余户，镇区集中供热实现全覆盖。2019年启动二期工程，由镇政府投资搭建跨窟野河支架，供热公司敷设管道，预计年底完成碾房湾大互通片区集中供热。

**供电**　20世纪70年代，杨城抽水站向草垛山、山蛮梁等村供电，镇域始有电力供应。20世纪90年代初，镇域供电维护管理分别由店塔乡电管站和神木县电力局杨城供电所负责。1998年，乡电管站与杨城供电所合并成立店塔供电所，为陕西地方电力集团神木公司所属单位。2003年，国家电网神木县供电公司店塔供电所成立。至此，镇域供电企业增为两家，镇区大部分由陕西地方电力公司供电，镇区三岔路口以东区域由国家电网公司供电。2012年，神木公司店塔供电所对全镇电网进行大规模改造。2016年，全镇实现村村通动力电。

**供气**　2012年，镇区启动天然气管网入户项目，当年完工天然气管网铺设工程。2013年实现局部供气。2018年，镇区建设低压天然气管网11304米，安装商业用户47户、居民用户1376户、工业用户1户，与邮政银行合作开设代售气网点2处。

**污水处理**　2013年，神木市神泓水务有限公司投资4800万元建设店塔镇污水处理厂。2014年9月正式运营。污水处理厂总占地面积18亩，分两期建设。其中一期占地面积10亩，投资4800万元，设计处理能力6000立方米/日，当前镇区污水量达2000立方米/日。二期占地面积8亩，尚未建设。2015—2016年完成镇区污水管网工程，污水收集主管线长5.2千米，各级管线全长约43.5千米，总计检查井6500个，管网收集率为98%。处理工艺为“A/A/O+混凝沉淀+离子纤维滤布滤池”，出水水质达到《城镇污水处理厂污染物排放标准》（GB 18918—2002）一级A标准，排入窟野河。

**垃圾处理**　2004年，镇政府投资30余万元，在店塔村墩沟打坝铺设管道，建成第一座垃圾填埋场。2015 年，为解决原有垃圾填埋场容量不足问题，镇政府投资 660 万元，在燕峁村前渠组麻地沟重新选址，修建第二座垃圾填埋场，原生活垃圾填埋场改为建筑垃圾填埋场。新建填埋场总占地面积 57 亩，设计库容量 23 万立方米，设计使用年限 12 年，分为垃圾填埋库区、渗滤液收集区、生产管理区三大区域，采用卫生填埋工艺。2017 年，神朔铁路公司建设的垃圾处理场因环保问题被关停，神木北站的生活垃圾全部倒入燕峁填埋场，该场日处理垃圾 62 吨。

**治安监控** 2018 年，镇政府投资 620 万元实施“天眼工程”，建成神木市第一个镇级社会治安综合治理网格管理指挥中心和社区网格管理站，划分为 6 个网格，配备 92 名网格员，为网格长配备移动通信设备 25 部。2018 年年底，全镇重点路段、主要路口安装监控探头 236 处，其中静点 193 个、动点 32 个、全景 1 个、鱼球 6 个，镇区监控实现全覆盖；镇区通往府谷、神木、孙家岔方向设置卡口 3 处。

### 市政管理

**市容整顿** 2000 年以后，镇区逐渐形成规模，开展市容市貌集中整顿成为常态化工作，市政管理所负责清运垃圾，拆除影响市容的铁皮房，配齐垃圾桶（箱）和落雨井盖，维修硬化人行道和补植沿街树木，管理沿街门店乱倒垃圾，车辆乱停放、占道等行为，并收取垃圾处理费。2004 年，将店塔工业园区街道纳入镇区市政管理。2013 年，组建镇市政综合执法队。

**环卫保洁** 从 2009 年起，对镇村环境卫生进行综合整治，不断添置环卫设施。2013 年，将杨伙盘、碾房湾、石拉沟、倪家沟等公路沿线重点村组的环境卫生整治纳入全镇统一管理，设立村级垃圾回收站，实行镇村环卫一体化管理，将镇区和重点区域的垃圾清运实行向外承包。2015 年，成立镇村环卫一体化工作领导小组办公室，做到垃圾日产日清，户集、村收、镇运并集中处理。环卫清洁工数量 2013 年为 140 人，2014 年为 180 人。2018 年，镇政府开始向社会购买环卫保洁服务，将生活垃圾场和建筑垃圾场外包给企业管理运营，是神木市环卫保洁一体化运营模式的试点项目，向社会力量购买市政公共环卫服务项目计划实施面积 398 万平方米，其中一类保洁面积 979047 平方米，二类保洁面积 1917950 平方米，三类清洁面积 108 万平方米，覆盖全镇镇区、各主要干线、12 个行政村、6 个美丽乡村居民集中居住区的环卫保洁和垃圾清运。配置保洁人员 212 人以及洗扫车、扫路车、垃圾收集车、垃圾运转车和压缩垃圾车等设备。镇环卫所负责保障外包企业工作环境，开展环卫作业巡查和作业质量评价考核。

# 北站新区

北站新区所在地下石拉沟村，位于犊牛川汇入窟野河处，村庄在犊牛川东岸，南北狭长，东面依山，西边临河，山梁上峰峦叠嶂，沟壑纵横。神朔铁路建设前，村庄人烟稀少。1987 年，神朔铁路神木北站开始建设，神朔铁路建设管理处一次性征地 2000 多亩。1988 年 4 月，北站新区一期工程开工。1991 年，施工运输火车开通。1996 年 7 月 1 日，北站建成通车。神木北站的建设带动下石拉沟村形成北站新区，以村内南北向主街道为界，将新区分为东、西两部分，神朔铁路分公司及所属单位建在街道东侧，石拉沟村民小组集体和村民建在街道西侧。经过二十余年的建设，高楼拔地而起，街道整洁宽畅，花木葱茏掩映，办公、商业、文化等各类设施齐全，成为与店塔镇区一体化发展的花园式站区。

北站新区全景图（2019 年）

20 世纪 80 年代初期神木北站建设场景

## 广场绿地

站前广场　2000 年，神木北站站前广场建成。广场原绿化面积较小，植物品种少且色调单一，且以乡土树种为主。2012 年 5 月，广场绿化提升工程启动，建设面积约 23000 平方米，硬化铺装面积 13820 平方米，绿化面积 9180 平方米。形成外围环道区、静语林区、中轴景观区、活动娱乐区、花海临水平台区、廊亭休闲游憩区、健身活动区、企业文化呈现区和主题小广场。外围环道区为户外塑胶环道，总长 710 米，路宽 2.4 米，总面积 1700 平方米。中轴景观区布置主题景观雕塑小品、亭台建筑、浮雕灯柱、

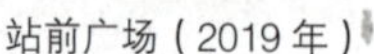
站前广场（2019 年）

站前广场一角（2019 年）

站前广场园林（2019 年）

站前广场园林雕塑（2019 年）

生肖雕刻、二十四节气古墩、戏水池和景观喷泉。活动娱乐区广场硬化石材铺装 9679 平方米，雨花石健身路铺装 497 平方米，中心舞台防腐木铺装 400 平方米，可同时容纳 2000 人开展集体大型活动。花海临水平台区为木栈道花海景观，人工湖 930 平方米，临水平台 173 平方米，周边种植碧桃等色彩斑斓的植物，湖边种植银杏、垂柳。廊亭休闲游憩区为长 70 米的防腐木廊架。企业文化呈现区有浮雕景墙总面积 513 平方米，雕塑以“铁运通衢”为主题，融合铁路文化和地域文化。主题小广场有石牛雕塑和《中国结》不锈钢雕塑。广场功能设施齐全，文化气息浓郁，景色宜人，为铁路职工和旅客休闲游憩、候车观景、娱乐健身场所。

**新区广场**　位于生活小区内。2015 年 7 月 9 日开工建设，同年 9 月 15 日完工，建设总面积约 11308 平方米，硬化面积约 4834 平方米，绿化面积约 6474 平方米。主要分为外围环道区、静语林区、中轴景观区、活动娱乐区、花海木栈道、廊亭休息区。公园内布置《美好家园》《和为贵》《归巢》《奔腾骏马》等花岗岩、不锈钢、青铜等材质的雕塑小品。

**小区绿地**　位于生活小区西侧。2015 年拆除危旧办公生产用房，建成职工通勤乘降点，并对周边进行绿化美化。建设面积 7049 平方米，硬化面积 4000 平方米，绿化面积 3050 平方米。曲径通幽的小径将绿地划分成不同的卵圆形空间，主要分为常绿树种和花卉组成的植物观赏区、中式景观廊亭的入口景观区、玻璃顶廊架的候车等待区、青铜雕塑《风驰电掣》和工艺瓷板画组成的背景墙展示区。

**重要建筑**

1997 年，下石拉沟村民按照规划，分别修建地下一层、地上两层的临街建筑，形成长约 2 千米的沿街商铺。同时按照总体规划，北站新区建设逐步推进，由综合段管理的生活服务区总占地面积约 1100 亩，主要建筑有办公楼、火车站、职工公寓楼、幼儿园、工人文化宫、广场和大型超市。

**神朔铁路公司综合办公楼** 位于火车站站前广场北侧。2008 年 5 月 23 日开工，2009 年 10 月 12 日竣工。投资 5433 余万元，项目占地面积 6714.4 平方米，建筑面积 16447 平方米，框架结构，地下 1 层，地上 12 层，建筑总高度 57 米。荣获陕西省住房和城乡建设厅、省建筑业协会 2011 年度陕西省建设工程长安杯奖（省优质工程）。

神朔铁路公司综合办公楼（2019 年）

神朔铁路综合段（2016年）

神朔铁路工人文化宫（2019年）

**综合段办公区** 位于站前广场东侧，总占地面积2.6亩，建筑面积3718平方米，1998年建设4层办公楼1栋。

**机务段办公区** 距离火车站北侧3千米，总占地面积193.14亩，总建筑面积35511平方米。段内设24条股道、6股整备场。有长96米三线中修库1座、长78米三线辅修库1座、长102米三线辅修库1座、喷漆库1座、备品库1座。单身职工宿舍楼5栋和职工食堂2个，能够满足近3700人食宿条件。机务段办公楼，又称机务段乘务员1号公寓，是集办公、住宿于一体的综合性建筑，楼高19层，建筑高度68.15米，总建筑面积约31200平方米，为北站新区最高建筑物。获陕西省住房和城乡建设厅、省建筑业协会2011年度陕西省建设工程长安杯奖（省优质工程）。

**神木北火车站** 1997年7月竣工，建设面积2091平方米，一层框架结构。经过2013年、2015年和2017年三次整修，新建站前广场，容纳700余人的候车室配备人脸识别、闸机、安全检查等系统和旅客服务设施。

**神朔铁路工人文化宫** 位于站前广场东侧。2000年11月建成，建筑面积3302.85平方米。2012—2013年投资2110余万元进行改造，观众厅内墙采用隔音材料包裹，扩建舞台，更换座椅、地暖、灯光音响设备，加装93平方米LED显示屏，将原天井改造为具有水系、假山、树木花卉的钢结构阳光屋，增加空调设备，改造外墙造型。

**神朔铁路文体中心** 位于神木北生活小区内。2010年7月10日开工，2012年1月20日竣工。项目投资6567万元，总建筑面积11878平方米。建筑主体为单层体育馆，局部5层为技能鉴定及培训中心的办公用房，地下1层为综合活动室、旱冰馆等。具有

神朔铁路文体中心（2019 年）

技能鉴定中心办公、篮球场、网球场、羽毛球场、乒乓球室、台球室、健身房、棋牌室、综合活动室、旱冰馆等多种使用功能。

**神朔铁路小学** 2000 年，神华铁路小学成立，校址在神朔铁路公司综合段。2006 年搬迁至综合段西侧。校区占地面积 23 亩，总建筑面积 6500 平方米，有 3 层教学楼 1 栋、3 层生活宿舍楼 1 栋，操场占地面积 8000 平方米。

**神朔铁路幼儿园** 位于站前广场南侧，2000 年 6 月成立，原由神朔铁路生活服务中心管理。2007 年改属综合段管理。2008 年 7 月归属后勤服务中心管理。2009 年 9 月，新建的神朔铁路幼儿园总占地面积 3000 平方米，建筑面积 2000 平方米。

**职工公寓** 1999—2014 年，北站新区内各单位共建设职工单身公寓楼 10 栋，层高 2 ~ 19 层，房间 2169 套。其中，神木北站有职工单身公寓楼 4 栋，分别为神木北站 1 号公寓、4 号公寓、5 号公寓、6 号公寓。机务段有职工单身公寓楼 5 栋，分别为机务段乘务员 1 号公寓、2 号公寓、3 号公寓、5 号公寓、6 号公寓。货车公司有职工单身公寓楼 1 栋，为货车公司 7 号公寓。2009 年投资 9504 万元建成的机务段乘务员 1 号公寓，设置餐厅、浴室、会议、阅览室、洗衣房等服务设施，

5 号职工公寓楼

可满足 1092 人的居住需要。

**生活小区** 2001 年，神朔铁路公司投入使用 6 层高的公租住房 390 套，均为两室一厅一厨一卫，总面积 25250 平方米。2014 年 12 月投入使用职工住宅楼 3 栋、房屋 352 套，建筑层高 17 层，总建筑面积 31453 平方米。神木北站生活小区一期工程投资 4 亿元，项目占地面积 19840 平方米，总建筑面积 87446 平方米。8 栋楼中，有通廊式公寓楼 3 栋、家属楼 3 栋、培训中心 1 栋、地区食堂 1 栋，项目于 2012 年 5 月 20 日开工，2014 年 9 月 27 日竣工验收，获 2015 年度陕西省建设工程长安杯奖（省优质工程）。

### 市政设施

北站新区的市政设施由神朔铁路分公司综合段负责建设管理。2005 年 9 月，综合段设立物业管理中心，下设环卫、绿化工区，承担新区环卫保洁和绿化工作，并开辟农贸市场，设立停车场，划定停车位，修建星级公厕。综合段经常与镇政府、石拉沟村委会联合开展站区环境整治工作，清理违章建筑。

**供热** 2006—2007 年投资 8000 万元实施集中供热改造工程，建设总建筑面积 5692 平方米、6 层框架结构、建筑高度 23.85 米的锅炉房 1 座，安装 2 台 29 兆瓦热水锅

北站新区夜景（2016年）

炉、换热站及管网和配套电力等，可满足整个神木北 30 万平方米的生产、生活房屋的供暖需求。2009 年，神朔铁路分公司实现为全部北站新区单位和居民集中供热，居民不再自己烧炉供暖。2018 年完成 2 台 29 兆瓦燃煤锅炉烟气处理设施提标改造，烟气除尘采用先进的脱硫脱硝技术，氮氧化物、二氧化硫和颗粒物均实现超低排放。

**供电** 国家电网公司为北站新区供电，国家电网神木县供电公司店塔供电所负责管理，电力用户约 260 户。

**供水** 1998 年开始在牸牛川建设渗渠水源，初期日供水量 1200 ~ 1600 立方米。经过 2004 年、2006 年和 2014 年扩建，形成 3 处水源地和净化水厂，达到饮用水水质标准后，为站区提供生产生活用水。2016 年 9 月，神朔铁路公司开工建设府谷岩溶水引水工程。2017 年 9 月 25 日，府谷岩溶水引入北站新区并开始使用，被称为北站民生工程一号工程。

**供气** 2017 年，神木市美能天然气公司为北站新区供应天然气，燃气用户除神朔铁路分公司外，村民用户 200 余户。

**污水处理** 从2003年起，神朔铁路分公司开始建设污水处理厂。神木北站区设有机务、站区2座大型污水处理厂，采用生化处理技术，经格栅、沉淀池、调节池、接触氧化、水碱酸化、MBR膜等工艺处理后，污水完全达标排放，同时中水回收再利用。

**环卫保洁** 2009年，物业管理中心对北站新区的住宅小区内所有垃圾直通式通道进行封闭改造，设置移动式环保垃圾桶，对垃圾进行集中定点回收。2011年，建设南梁湾垃圾填埋场。2013年9月，撤除主干道两侧40个垃圾箱，推行站区垃圾不落地模式，由两辆垃圾清运车对道路两侧的垃圾每日进行定时收集清运，并实现机务段至三岔路主干道全程机械清扫。2017年，因环保设施不规范，垃圾填埋场关闭。2019年，投资2702.26万元在石拉沟村凉水井组搅捞沟选址新建垃圾填埋场，设两条生活垃圾热解作业线，项目拟定50吨/日的垃圾处理量。

## 美丽村庄

**移民搬迁** 煤矿开采导致采空区人居环境变化，采煤沉陷区部分村庄不适宜村民继续生产生活居住。从2000年开始，红旗村张明沟、大伙盘、上石岩沟小组，水头村苏伙盘、任伙盘、水头小组，梁家塔村木瓜山、阴则梁、折家梁小组等开始整体搬迁。搬迁多采取采煤企业货币化补偿方式进行，大多数村民搬至店塔镇区或神木市区定居。采煤沉陷区水头村老虎梁小组另行选址建设移民新村。2011年，神东煤炭集团公司在神木市滨河新区建设大型住宅小区——神华新村，安置矿区采煤沉陷区群众，红旗村张明沟、大伙盘小组大部分村民迁入神华新村。2013年，准神铁路建设征地，对500余户村民进行集中安置，倪家沟村康伙盘、宋山、张伙盘、阿兰召等小组整体搬迁至倪家沟移民小区，石窑店村史家伙盘、张家寨、乔家沟小组和石拉沟村磨石湾小组整体搬迁至乔家沟移民小区。2014年，店红一级公路征地拆迁，板定梁村马家概沟小组建设移民新村。另外，部分自然条件差、交通不便的村庄就近择地建设移民新村，辛伙盘村石皮峁

石窑店新村（2017年）

一组、石皮峁二组、黄草梁、辛伙盘小组整体搬迁至辛伙盘新村，辛伙盘村燕沟小组在镇区新建燕沟小区，石窑店村龙达梁、石砭小组分别搬迁至新建移民小区。移民搬迁促进村庄调整布局，推动新农村建设和村民居住环境的改善。

### 示范项目

**马家概沟项目** 2012年，板定梁村马家概沟组平整土地，修建小别墅12套，建筑面积360多平方米/套，安置100多人；修建自来水高位水池、水源井，安装自来水管道1000余米；建设建筑面积约1400平方米的多功能活动中心，硬化小区道路500多米，绿化植树50多亩。同时，修造锅炉房及锅炉配套设施，对全村进行集中供暖，项目总投资2100多万元。

2014年，301省道一级公路征地拆迁工作开始，板定梁村（马家概沟）积极争取资金，通过政府支持，投资1000多万元将沙渠推平，新建两层小洋楼16套，每套200多平方米/套；平房13套，100多平方米/套，安置100多人。2015年，板定梁村（马家概沟）投资100多万元修建进村沥青道路500多米，安装路灯41盏，基础设施不断完善。2016年，村集体计划投资900万元对沙圪梁居民区旧房进行改造，逐步推进完成沙渠居民区的围墙工程及沙渠、沙圪梁周围道路硬化工程。2016年，板定梁村入选神木市美丽乡村。

**韩家墕项目** 2016年，倪家沟村韩家墕组实施整村移民搬迁项目，共涉及群众30户，总投资1560万元，其中市财政资助资金120万元，市美丽乡村建设配套资金150

万元，村民自筹资金1000万元。移民村占地面积约19.5亩，总建筑面积19800平方米，附属工程包括村民活动室、餐厅、红白理事堂、活动广场以及集中供热、太阳能路灯、绿化和通村公路等。2018年，项目主体工程基本建成，并入选榆林市、神木市乡村振兴示范村和陕西省美丽宜居示范村。

**老虎梁项目** 水头村老虎梁村民小组原村庄为神东榆家梁煤矿采空区，移民安置48户158人。2013年，委托设计院进行规划，多方筹集资金2200多万元，建成村民别墅48套6180平方米、村级活动室2300平方米、占地面积10667平方米的村民休闲娱乐广场、养殖场3350平方米。完成村内道路、场地硬化1100平方米，建成统一供

老虎梁新村（2017年）

水、供电、供热管网，并对周边进行生态环境治理。另外，建成饲料基地 100 亩，平整新建高标准农田 400 亩。2015 年 10 月，项目全部完成。2015 年，老虎梁村入选榆林市美丽乡村。

**倪家沟项目** 因准神铁路建设征地实施移民搬迁。2014 年，由镇政府实施土地平整和通水、通电、通路工程。移民小区总占地面积 90 亩，分为两层住宅和一层住宅两类，共安置 192 户。同时，修建建筑面积 1150 平方米的石窑店社区办公楼和市民广场、健身广场各 1 个。2015 年，倪家沟村入选神木县美丽乡村，2017 年入选首届陕西省“书香社区”，2018 年入选榆林市美丽乡村。

# 生态修复

镇域地处黄土高原与毛乌素沙漠过渡地带，林草覆盖率较低，水土流失严重，生态环境脆弱。神府煤田开发后，镇域煤矿大规模、高强度的煤炭开采导致地表塌陷，全镇采煤沉陷区约78平方千米，杨伙盘、红旗、梁家塔、石窑店、倪家沟等村采煤沉陷较为严重。采煤沉陷区地表塌陷，水源渗漏，造成地质灾害隐患，采空区的煤矸石和粉煤灰堆积，对空气、水资源和土壤造成污染。为了改善生态环境，全镇大力开展植树造林、封山禁牧、退耕还林，同时采取企业污染治理、土地整理复垦、采空塌陷区综合治理、河道治污等措施，努力进行生态修复。

## 绿化造林

中华人民共和国成立后，镇域开展绿化造林，先后实施三北防护林工程、防沙治沙工程、长城沿线造林等的工程造林。1999年开始，实施退耕还林，封山禁牧。

**镇村绿化** 1978年，开始实施三北防护林工程骨干工程毛乌素沙漠防风固沙林工程，重点建设绿色长城林带、绿色长廊北缘边界林带和成片固沙林。1989—1993年，通过人工造林和飞播造林实施防沙治沙工程，重点治理流沙。1990年以后，通过“五荒地”（荒沙、荒山、荒沟、荒滩、荒坡）拍卖，由个体承包造林。1999年秋季，启动绿色长城工程。2013年，投入200多万元完成镇区主要部位绿化工程。2014年，投入400万元完成镇区4000亩整体绿化工程。2017年，投资201万元用于镇区绿化改造提升工程，投资181万元用于杨伙盘周边综合治理工程。2018年，在店塔村东山义务栽植扁桃、杏树、樟子松等苗木4.8万株。2018年，北站新区花卉面积达8000余平方米，绿化面积1万余平方米。

**退耕还林** 1999年，神木县被纳入全国首批退耕还林试点示范县，全镇开展封山禁牧、退耕还林试点工作。当年完成退耕还林（草）面积4629亩，合格率为100%，全

植树活动（2017年）

部通过国家验收。1999—2008 年，退耕还林执行的补贴政策为 160 元 / 亩，其中粮食补贴 140 元 / 亩，管护费 20 元 / 亩。2008 年，全镇退耕还林（草）面积达 11493 亩。2008—2016 年，执行的补贴政策为 90 元 / 亩，其中粮食补贴 70 元 / 亩，管护费 20 元 / 亩。2018 年年底，全镇累计完成退耕还林面积 2.5 万余亩，荒山造林 4 万余亩，封山育林 2 万余亩。

**道路绿化** 从 1998 年开始，实施绿色通道工程，重点对 301 省道、府店路、杨陈路、店石路等重要公路进行绿化。2009 年，神朔铁路分公司实施神木北站进站道路两侧绿化工程。2017 年，投资 6000 万元对杨陈路沿线工程造林。2018 年，完成碾房湾大互通绿化。

**能源企业绿化** 落实能源企业绿化造林任务，完成林业局下达的绿化任务。2013 年，按照"三年植绿大行动"要求，推进能源企业绿化，累计投资 400 万元，完成矿区造林 4000 多亩。2015 年，推进能源企业绿化工程，强化企业主体责任，鼓励民营企业绿化，以奖代补，全年投资 260 万元完成 2600 亩绿化任务。

### 环境治理

**河流治污** 2014 年，神朔铁路分公司在牸牛川口清理河道，建设橡胶坝，美化北站新区景观。2015 年，镇政府开展窟野河饮用水源地保护和治理工作。2018 年，镇政府加大窟野河水污染防治工作力度，对河道内采沙场、养殖场、废旧回收点产生的各类垃圾等固体废弃物进行全面集中整治。投资 198 万元，采用临时集污罐收集全镇所有排污口生活污水；投资 258 万元，动用各类机械 130 余台次，对窟野河、牸牛川、大小板兔川、考考乌素河、黄羊城河等河流清污清淤，拆除河道内非法建筑，窟野河流域店塔断面水质全年达标。

**整治“散乱污”企业** 从20世纪90年代中期开始，镇域兰炭企业增多，但生产规模较小、工艺落后和布局分散，因为高能耗、高污染被列为“五小企业”，不断被要求整改。2004年开始，按照“上大关小、等量置换”的思路，分散建设、年产5万吨及以下的16家小兰炭企业的小兰炭炉全部被拆除。2008年，兰炭取得国家产业准入、产品标准，镇域部分小兰炭企业重组为年产60万吨的兰炭企业，进入神木市兰炭工业园区发展。同期，针对部分电厂存在在线监测系统不完备、废水未实现零排放、原煤露天堆放等不符合环保要求的问题，部分电石厂存在加料口污染严重、环保设施不齐全等问题，采取停产整改、限期达标等处理措施。此后，电厂与电石厂经过淘汰落后产能，产业升级改造，实现循环清洁生产和规模化生产。2018年，配合国家卫生镇创建，全镇关闭非法石料厂7家，取缔非法储煤厂6家、煤泥厂2家，取缔宝鼎钢厂疑似“地条钢”生产线，拆除关停不符合环保要求的拌和站2家、炼铅厂1家。

**尘噪治理** 神朔铁路分公司在煤炭运输过程中对管内装车站喷洒抑尘剂，减少粉尘、噪声污染；在铁路周边设置隔音屏障，将铁轨换成无缝钢轨，减少铁路货车行驶噪音对沿线环境的影响。2018年，神华神木发电公司等涉煤企业建设环保煤棚，以遮蔽煤场粉尘污染。

# 煤电重镇

店塔是神府煤田最早开发的区域，是因煤炭开发而兴起的工业重镇，镇域的煤炭电力产业经历了跨越式发展，企业经过多次提升整合，形成现代产业集群。国家能源集团、陕西煤化工集团的大型煤炭电力企业，更是行业的标杆。镇域公路、铁路纵横，四通八达，店塔是神府东胜矿区重要交通枢纽，中国西煤东运重要起点。源源不断的优质煤炭从这里运往全国各地，也有力地推动镇域经济发展。

## 煤炭资源

店塔镇域属于神府煤田南部区域，位于鄂尔多斯台向斜东翼陕北斜坡上，域内主要地层由老到新依次为侏罗系中统延安组、新近系上新统静乐组、第四系，煤炭主要分布在侏罗系中统延安组。镇域地质、地层结构简单，可开采煤层较多，煤质好，埋藏浅，易开采。在乌兰木伦河、黄羊城沟等河谷地带，煤层出露地表（俗称“明炭”），当地居民自古随用随取，用以煮饭取暖、垒墙筑屋。每逢雨季，河谷山洪暴发，常将河床煤层掘起，顺流而下。镇域丰富的煤炭资源，为大规模开采提供了得天独厚的条件。

人民日报

RENMIN RIBAO

1984年10月19日 星期五

**陕北有煤海 质优易开采**

**仅神木、府谷县境内初步探明地质储量数百亿吨**

新华社西安10月18日电 （记者冯森龄）记者新近去陕西北部的神木、府谷等地采访，所到之处几乎都见到了煤，简直象是走进了煤的海洋。

在许多村庄，我们看到农户门前屋后堆放着煤，大大小小的矿点放着煤，有些地方连院墙、猪圈、厕所也是用煤块垒的。

在乌兰木伦河等河谷，裸露在岸边的一条条煤层呈现在我们面前。同行的人目测了一下，有的煤层的厚度达七、八米，比两层楼房还高。

在一些产煤的现场，更使人开了眼界。其中店塔乡雁毛村的农民在河滩挖煤时，把河床表面薄薄的一层流沙和碎石清除掉，下面就是一大片平坦坦的煤田。人们在这里先挖下一尺多宽的深槽，然后就象切豆腐一样，用钢钎和镢头一块块地把煤切下来，搬上架子车运到河边。

据正在进行勘探工作的几位工程技术人员介绍，他们经过最近六年的普查，仅在神木、府谷县境内初步探明的地质储量即达数百亿吨之多。而随着勘查工作的开展，新的煤炭资源又在陕北其他地方陆续发现。因此有人说这一带煤藏多得估不透是有道理的。专家们还兴致勃勃地说，这里不仅煤多，而且埋藏浅，地质构造简单，容易开采，煤质也非常好，在国内外是同样数得着的。

◇ 神木县沙滩露天煤层。 冯森龄摄

**马钢五年赚回一个马钢**

**石太路改造老线收效大**

**福建验收稻萍鱼立体试验**

**黑龙江贵州农业丰收 粮食总产创最高纪录**

**上海任命八位中学名誉校长**

《陕北有煤海 质优易开采》（《人民日报》1984 年 10 月 19 日）

**煤层**

镇域主要可开采煤层有 $2^{-2}$、$3^{-1}$、$4^{-2}$、$4^{-3}$、$4^{-4}$、$5^{-1}$、$5^{-2}$、$5^{-3}$ 煤层（部分可采），其中 $4^{-3}$、$5^{-2}$ 煤层域内大部分面积均分布，其余煤层在域内局部分布。

$2^{-2}$ **煤层**　位于延安组第四段的顶部，是镇域内北部主要可采煤层，煤层厚 0 ~ 9.85 米，平均厚度 3.12 米。煤层埋藏深度 0 ~ 109.16 米，底板标高 1127 ~ 1154 米。煤层结构简单，不含夹矸。煤层顶底板岩性以粉砂岩为主，泥岩、细粒砂岩次之。该煤层总体为中厚煤层，煤层厚度变化小且规律明显，厚度西边最厚，如张家峁煤矿井田周边最厚为 9.85 米，由西向东逐渐变薄，结构简单，个别区域遭剥蚀或自燃，大部分可开采，煤类单一，属稳定型煤层。

$3^{-1}$ **煤层**　位于延安组第三段的顶部，距上部 $2^{-2}$ 煤层间距 0 ~ 37.77 米，均为薄煤层。煤层厚 0.38 ~ 4.23 米，平均厚度 2.11 米，煤层厚度西北侧较厚，东南侧逐渐变薄。煤层埋藏深度 0 ~ 144.48 米，底板标高 1090 ~ 1100 米。煤层结构简单，部分范围内煤层含 1 层夹矸，厚 0.38 ~ 4.23 米，层位较稳定。煤层顶板岩性以粉砂岩为主，局部为细粒砂岩或砂质泥岩；底板以粉砂岩为主。

$4^{-2}$ **煤层**　位于延安组第二段，镇域内大部分可采。煤层厚度 1.02 ~ 6.77 米，平均厚度 3.68 米，煤层底板标高 1185 ~ 1200 米，埋深 4.00 ~ 53.60 米，平均 35 米。层位稳定，局部含 1 层夹矸，夹矸厚度在 0.30 米左右。该煤层为中厚煤层，厚度变化小，结构简单，属稳定型煤层。

$4^{-3}$ **煤层**　位于延安组第二段，域内 $4^{-3}$ 煤层原属于 $4^{-2}$ 煤层分叉煤层，仅在镇域西南片区分布。厚度 0.1 ~ 2.12 米，平均厚度 1.3 米，煤层底板标高为 1180 ~ 1200 米，埋深 5.69 ~ 70.58 米，平均 28.80 米，层位稳定，该煤层为中厚煤层，厚度变化小，结构简单，属稳定型煤层。

$4^{-4}$ **煤层**　位于延安组第二段中下部，埋藏深度 49.60 ~ 184.17 米，底板标高 1042 ~ 1118 米，煤层厚度 0.10 ~ 1.20 米，平均厚度 0.79 米，极差 1.10 米，标准差 0.23 米。镇域内局部含有该煤层，与 $5^{-2}$ 煤层间距 28.27 ~ 54.13 米，平均间距 35.14 米。平面自燃宽度较小，一般不超过 100 米。

$5^{-1}$ **煤层**　位于延安组第一段的顶部，煤层厚 1.68 ~ 3.52 米，平均厚度 2.65 米，北部薄南部厚。煤层埋藏深度 72.03 ~ 235.26 米，底板标高 1010 ~ 1030 米。煤层结构简单，部分范围内含 1 层夹矸，厚 0.14 ~ 0.54 米。煤层顶板以细粒砂岩为主，局部中粒砂岩及粉砂岩；底板以粉砂岩为主，局部为粉砂岩和细粒砂岩。煤层厚度变化小且规律明显，结构简单，全区可采，煤类单一，属稳定型煤层。也有勘探资料认为 $5^{-1}$ 煤层与 $5^{-2}$ 煤层为同一层煤。

$5^{-2}$ **煤层** 位于延安组第一段中部或上部，煤层埋藏深度 0 ~ 220.89 米，底板标高 1004 ~ 1080 米，煤层厚度 2.47 ~ 7.35 米，平均厚度 5.66 米。该煤层厚度变化较大，属沉积稳定的全区可采中厚—厚煤层。镇域内由西向东呈分岔状，分岔区上分层编号为 $5^{-2}$、下分层编号为 $5^{-3}$ 煤层。$5^{-2}$ 煤层结构简单，大多数见煤点不含夹矸，部分煤层底部含 1 层夹矸，夹矸厚度一般为 0.10 ~ 0.20 米。直接顶板以粉砂岩和砂质泥岩为主，其次为中粒砂岩和细粒砂岩。底板以粉砂岩为主，次为泥岩。分岔区与 $5^{-3}$ 煤层间距 0.90 ~ 4.29 米，平均间距为 1.85 米。平面自燃宽度较大，一般在 200 ~ 2000 米之间。

$5^{-3}$ **煤层** 位于延安组第一段中下部，是 $5^{-2}$ 煤层的下分层，也是域内最下部的可采煤层。埋藏深度 134.00 ~ 207.60 米，底板标高 1010 ~ 1080 米，厚度 0.45 ~ 1.10 米，平均厚度 0.88 米。属沉积较稳定的局部可采薄煤层，可采范围不连续。$5^{-3}$ 煤层极差 0.65 米，可采范围内厚度变化幅度 0.30 米。该煤层结构简单，大多数见煤点含有 1 层夹矸，夹矸厚度一般为 0.05 ~ 0.10 米。直接顶板以粉砂岩和砂质泥岩为主；底板以粉砂岩为主，次为泥岩。由于与 $5^{-2}$ 煤层间距较近，平面自燃宽度与 $5^{-2}$ 煤层相当。

**煤质** 镇域煤质较好，煤岩类型以半暗型、半亮型煤为主，部分为暗淡型和少量光亮型煤。各煤层中部或中下部含有褐黑色菱铁质鲕粒或钙泥质似豆状结核，直径 1 ~ 5 毫米。各煤层矿物质含量很低，一般为 0.2% ~ 1.3%，以黏土类及碳酸盐类为主，其次为硫化物，氧化物很少。黏土矿物呈棕色粒状和灰色粒状两种形态分布于各基质中；碳酸盐矿物为方解石、菱铁矿及菱镁矿，呈脉状充填于裂隙中；硫化物以黄铁矿薄膜和星散状晶体分布于裂隙中；氧化物为石英颗粒，呈稀疏状分布于基质中。各煤层均属低变质烟煤，煤类多为不粘煤 31 号，少量为长焰煤 41 号，煤挥发分产率高、热值高、特低硫、低灰、低磷、低砷、低氟、热稳定性和抗碎强度均优，可用作动力燃料和工业气化用煤，也可用于炼焦配煤，其用量一般不超过 10%，可达到多产气和降灰、降硫的目的。该区域煤层因煤质较好，属易燃煤层，根据勘探报告：各煤层原煤样燃点与氧化样燃点之差在 35℃ ~ 59℃之间；干燥无灰基挥发分大于 18%，吸氧量＞ 0.7%。

镇域煤炭不仅具有神木煤特低灰、特低硫、特低磷、中高发热量、长焰不黏性烟煤的“三高、一低”优质煤特性，而且部分煤的特性远高于神木其他区域的煤炭资源，煤的发热量基本都在5800卡以上，其主要技术指标在出口煤中居领先地位。尤其是氧化钙含量高达20%～30%，燃烧过程中能自动脱硫，降低对大气的污染，是罕见的优质精煤。其主要可采煤层的原煤干燥基弹筒发热量平均值在7025～7247卡/克之间，符合工业燃料煤标准，用途极广，是良好的工业动力用煤和民用燃料煤。其热稳定性和化学反应性能良好，灰熔点软度和焦油产率符合气煤标准，因而该煤又是良好的气化用煤。其中$2^{-2}$和$3^{-1}$煤层的长焰煤，质量符合城市气化燃料用煤标准，可作为低温干馏原料，且$2^{-2}$煤黏结性和结焦性能虽差，但在炼焦过程中能起催化剂作用，故可做炼焦配煤。

**储量** 镇域面积325平方千米，最大含煤面积199.6平方千米，煤炭资源蕴含量约为14亿吨。各煤层含量分别为：$2^{-2}$煤层约12660万吨，$3^{-1}$煤层约31417万吨，$4^{-2}$煤层约4802万吨，$4^{-3}$煤层约10349万吨，$4^{-4}$煤层约10万吨，$5^{-1}$煤层约38736万吨，$5^{-2}$煤层约39316万吨，$5^{-3}$煤层约2518万吨。

# 煤炭工业

### 采掘方式

清雍正年间（1723—1735）无名氏编手抄本《神木县志》载“境有水头沟等煤窑”，为镇域煤炭采掘的最早记载。神府煤田开发前，镇域交通不便，几乎从不外销。神府煤田开发后，采煤业开始发展。初为小规模开采，全部为独眼井，后开采方式由手工巷柱式逐步转变为房柱式开采。20世纪90年代发展为长壁式炮采开采，21世纪初发展为长壁后退式开采。2008年开始，通过资源整合，逐渐发展为综合机械化采煤，生产效率大大提高。2011年后，随着神华、陕煤等国有大型煤炭企业建设矿井，镇域年产千万吨级的大型机械化矿井出现。

**手工开采** 神府煤田开发前，露头煤区域居民视煤炭若土石，当地居民使用燃料靠人工在崖畔、山沟开采露头煤，极为方便。少数独眼井小煤窑规模小、采煤设备简陋，一般窑口最高不过 2 米，低的不足 1 米。窑工手持炭镢，匍匐入内，以人力掘进搬出。农民“农忙随牛地里转，农闲下窑掏黑炭”。

**房柱式开采** 20 世纪 80 年代，镇域多数煤矿采煤时采用木质支架支护的房柱式开采方式，即块状煤柱房柱式采煤法。通常将 4 ~ 5 个以上煤房组成一组同时掘进，煤房宽 5 ~ 6 米，煤房中心距为 20 ~ 30 米，每隔一定距离用联络巷贯通，形成方块或矩形煤柱，煤房掘进到预定长度后，即可回收煤柱。用爆破法落煤，人工装煤，输送机或普通矿车运煤。用此种方法回收残留煤，煤回采率为 30% ~ 40%。21 世纪初发展为长臂后退式开采，在巷道布置、煤体切割及煤柱回收方面较之前采煤方法有所不同。在盘区准备巷道一侧或两侧布置长条形房柱，即为条状煤柱房柱式采煤法。此种方法比之前块状煤柱房柱式采煤法有了提高，煤回采率达 40% ~ 50%。采用房柱式采煤方法的优点是回采工艺简单，采空区无须处理，工作面人员少，生产灵活；缺点是采出率低，工作面串联通风效果差，安全隐患较大。其时，镇域房柱式开采煤矿有石窑店煤矿、黄土湾煤矿、王塔煤矿、孙家岔一矿、黑拉畔煤矿、黄合峁沟煤矿、石岩沟煤矿、小蒜沟联办煤矿、前梁火洞渠煤矿、前梁镇办煤矿、榆家梁镇办煤矿、打井沟村办煤矿、板墩堳火烧沟煤矿、打井沟二矿、板墩堳村办煤矿、杨伙盘神树沟煤矿、板定梁村办煤矿、二道峁煤矿、神广煤矿、老张沟煤矿、石砭煤矿。

**综合机械化开采** 随着科学技术的进步，到 2010 年，镇域大部分煤矿采煤方式逐渐转变为技术先进的机械化采煤方式。综合机械化采煤是采煤工作面的破煤、装煤、运煤、支护、采空区处理及回采巷道运输、掘进等全部生产过程机械化，且在回采不断推进过程中，逐步采用全部垮落法处理顶板。综采工作面的主要设备有采煤机、可弯曲

综采工作面（2015 年）

刮板输送机、自移式液压支架，简称“三机”。刮板输送机是综合机械化采煤工作面的主要运输设备，除了运送煤之外，还可作为采煤机械的运行轨道、液压支架移动的支点。固定采煤机有链牵引的拉紧装置或无链牵引的齿轨，并具有清理工作面浮煤，放置电缆、水管、乳化液胶管等功能。综合机械化开采技术的应用，极大降低了煤矿开采劳动强度，提高了煤矿开采的安全性及生产效率。地方煤矿采用机械化采煤方式，极大地提高了煤的回采率，回采率基本都在 70% 以上。特别是国有大矿采用全国最先进的大采高综采工作面新工艺，采高可达 8.8 米，除了边角煤、三角煤无法开采外，回采率能达 95% 以上。

### 生产销售

受技术条件差、交通不便、外运力量不足等因素制约，镇域煤炭早期生产规模小，价格低。随着神府煤田开发建设步伐加快，生产技术水平提高，煤炭运输通道打通，镇域成为神府煤炭生产基地的重要组成部分。商品煤向东销往山西、河南、河北、山东等地，向南销往西安，向西销往宁夏、甘肃、青海等地，向北销往包头、呼和浩特及东北三省，对外主要出口日本、马来西亚、新加坡、韩国等国家和中国香港等地区。

**生产** 镇域煤炭随开采方式转变，产量变化较大。1995 年，镇域煤矿总产量约 30 万吨。1995—2000 年，年平均产量约 156 万吨。2001—2005 年，年平均产量约 660 万吨。经过资源整合，小矿关闭后，开采方式转变，原煤产量提升。2006—2010 年，年平均产量约 2335 万吨。2011—2018 年，年平均产量约 3855 万吨。2018 年年底，镇域煤矿基本建成机械化综采设备矿井。榆家梁煤矿采掘机械化程度达 100%，地方煤矿的采煤机械化和掘进机械化程度均达 60%。9 个民营煤矿生产能力提高，除老张沟煤矿和恒辽煤矿是 45 万吨矿井外，其余均为 60 万吨以上矿井。为进一步提高商品煤质量，对原煤进行洗选加工，形成一批洗选煤企业。

**销售** 煤炭开采后销售按块煤、面煤、混煤分类进行销售，块煤大致分为大小为 2 ~ 5 厘米的籽煤、3 ~ 8 厘米的“三八块”以及中块和大块。大部分块煤用于焦化厂烧制兰炭，小部分块煤为民用燃料，面煤则主要用于电厂发电，优质煤炭资源通过铁路、公路销往全国各地。

煤炭价格随国内煤炭市场价格波动变化，20 世纪 90 年代，价格低廉，煤矿勉强维持经营。 2000—2008 年，价格缓慢上涨，最高时混煤涨至 200 元 / 吨。2009—2011 年为价格高涨期，混煤最高价格 550 元 / 吨。2012 年，煤炭价格逐渐下滑，2015 年最低为 120 元 / 吨。2016 年起，价格出现反弹。2018 年年底，混煤平均价格回归到 350 元 / 吨左右，其中，中块价格 360 元 / 吨，“三八块” 390 元 / 吨，籽煤 390/ 吨，面煤价格 330 元 / 吨，混煤价格 350 元 / 吨。镇域 $5^{-2}$ 煤层煤质较优，平均价格比其他煤价格约高 50 元 / 吨。

1995—2018 年店塔镇域煤炭销售吨煤平均价格一览表

表 6　　单位：元 / 吨

| 价格＼年份 | 1995—2000 | 2001—2008 | 2009—2011 | 2012—2015 | 2016—2018 |
|---|---|---|---|---|---|
| 最高价 | 40 | 200 | 550 | 280 | 420 |
| 最低价 | 20 | 80 | 380 | 120 | 210 |
| 平均价 | 30 | 140 | 465 | 200 | 315 |

### 监督管理

从 1987 年开始，全镇清理无证开采、一证多开、私开矿井等现象，制止矿井的非法买卖、转让，规范乡镇煤矿承包、合资经营手续。通过清理整顿，镇域无证开采现象基本消除，无序办矿局面得到有效控制。从 1992 年开始，对煤矿进行提高整顿，重点完善矿井生产系统，提高装备水平，消灭独眼井、消灭自然通风、消灭明火明电照明、消灭明火明电放炮、消灭明刀闸开关，矿井生产安全保障能力有效提升。从 1996 年开始，重点贯彻《中华人民共和国煤炭法》《乡镇煤矿管理条例》，煤矿办理“煤炭生产许可证”，对煤矿生产的通信、运输、供电、排水等环节进行全面改造。从 1997 年开始，落实国家“关井压产”政策，关闭不具备安全生产条件的小煤矿。2006 年，启动煤炭资源整合工作，坚决关闭存在重大安全隐患、不具备安全生产条件和资源枯竭的矿井。2007 年 12 月淘汰核定生产能力 3 万吨以下（含 3 万吨）的矿井，2008 年 12 月淘汰核定生产能力 6 万吨以下（含 6 万吨）的矿井，重组后的煤矿机械化程度提高，平均单井产量接近 30 万吨。镇域煤矿通过对生产设备技术的不断升级，生产管理水平进一步加强，销售管理也逐渐规范。

**生产管理**　榆家梁煤矿由榆林市能源局负责监管，张家峁煤矿、杨伙盘煤矿、石窑店煤矿等国有煤矿和民营煤矿由神木市能源局负责监管。1996 年，店塔中心煤管所成立，受神木市能源局委托，负责对煤矿的日常监管。

**销售管理**　1989 年，神木市为了规范煤炭产运销管理，制定煤炭运销管理制度，实行煤炭销售票据统一领用查验，成立煤炭运销管理站。市煤炭运销管理站分别在煤矿设立 5 个中心计量站，在镇域 204 省道五陈路碾房湾村、301 省道府店一级公路红旗村设置两个分站，在煤炭销售源头和运输途中进行检查。

**重点企业**

神府煤田开发后，镇域内经过多次资源整合，2018 年，全镇共有煤炭生产企业 12 家。其中有神东煤炭集团榆家梁煤矿、陕西煤业化工集团神木张家峁矿业有限公司、榆林市杨伙盘煤矿、神木煤业石窑店矿业有限责任公司 4 家国有企业，9 家民营煤矿企业。国有煤矿均是行业同类企业的领先者，年总产量占镇域全部煤矿的 80% 以上。

**榆家梁煤矿** 神东煤炭集团榆家梁煤矿位于杨伙盘村。2018 年职工人数 1091 人，为国家能源集团所属的大型高产高效千万吨煤矿。榆家梁煤矿原为神木县地方国营煤矿，1987 年开始建矿，生产规模为 21 万吨 / 年。1999 年 12 月，神东煤炭集团为了适应出口煤市场的需要，采取租赁方式经营煤矿。井田南北长约 7.56 千米，东西宽约 7.49 千米，面积 56.33 平方千米，地质储量 5.04 亿吨，可采储量 3.84 亿吨，核定生产能力 1630 万吨 / 年。煤矿井田范围内共含可采煤层 3 层，从上到下分别为 $4^{-2}$ 煤层、$4^{-3}$ 煤层和 $5^{-2}$ 煤层。煤矿先后荣获“中国最美矿山”“全国煤炭工业双十佳煤矿”“全国煤炭工业文明煤矿”等称号。

榆家梁煤矿外景（2008 年）

矿井建设　神东煤炭集团对煤矿实行租赁经营时，关闭井田周边分布在范家沟和斗峁沟两侧的18个小煤矿。实行租赁经营后，设计生产能力800万吨/年。2000年3月1日，矿井开工建设。2001年1月18日，煤矿用时9个月18天建成投产，创国内煤矿史上特大型矿井建设速度最快纪录，被称为“榆家梁速度”。2003年8月，再次对矿井进行改扩建，设计能力为1630万吨/年，2005年生产达到设计能力。2017年，重新核定生产能力1300万吨/年。开拓方式采用平硐—斜井分水平联合，其中主运输采用斜井，辅助运输采用平硐，多井筒分煤层联合开拓，大巷分煤层布置，各煤层均布置3条大巷，大巷布置在井田中央，沿走向布置，均为煤层大巷。矿井$4^{-3}$煤层和$5^{-2}$煤层同时开采，$4^{-3}$煤层布置进风斜井、回风立井、辅运平硐3个井筒，$5^{-2}$煤层布置主斜井、辅运平硐、回风斜井3个井筒。

矿井生产　矿井采用走向长壁采煤方法，采煤工艺为综采，掘进工艺为连续采煤机掘进，主运输系统实现皮带化，辅助运输实现无轨胶轮化，井巷支护实现锚喷化，安全监测监控实现自动化，生产经营管理实现信息化。采用走向长壁后退式全部垮落法综合机械化采煤法。2000年5月，全国首家履带行走式液压支架在榆家梁煤矿投入使用。2002年度全国高产高效矿井评选，榆家梁煤矿获“特级高产高效矿井”称号，以“一井一面”产量1059万吨、工效每工日122.7吨名列榜首，为神华集团千万吨矿井群的生产格局形成奠定基础。2004年9月，全国第一个自动化记忆割煤、采煤机与液压支架联动综采工作面试验成功并投入使用。2003—2004年，煤矿“一井一面”生产创国内煤矿单井年产原煤和矿井原煤生产人员效率新纪录，创国内煤矿综采工作面推采长度新纪录。2004年，煤矿“一井两面”单井全年产煤1480万吨，刷新煤矿单井年产世界纪录。2008年4月27日17时，原煤产量建矿8年来累计突破1亿吨，达1.013亿吨。

**张家峁矿业有限公司**　2006年1月16日，陕西煤业化工集团神木张家峁矿业有限公司成立。公司由陕西煤业股份有限公司韩城矿业有限公司（原韩城矿务局）和神木市国有资产运营公司共同出资组建，位于店塔镇区西2千米处的碾房湾村。2018年，职工人数933人。煤矿年核定能力1000万吨，配套选煤厂产能1000万吨。煤矿是国家发改委在神府矿区南区规划的四对大型矿井之一。煤矿井田东西长约10千米，南北宽约5.7千米，面积51.98平方千米，地质储量8.65亿吨，可采储量5.43亿吨，可采煤层7层。2013年4月，公司被国家安全生产监督管理总局评为“国家级安全质量标准化煤矿”。公司先后获得“全国煤炭系统文明煤矿”“全国安全文化建设示范企业”“全国煤炭工业

张家峁矿业有限公司（2015 年）

先进集体”“全国煤炭工业两化融合示范煤矿”“全国煤炭工业文明单位”“陕西省安全生产先进集体”“陕西省煤炭安全高效矿井”等荣誉称号和“陕西省五一劳动奖状”。

矿井建设　2006 年 12 月 1 日，矿井开工建设。矿井工业广场设在碾房湾村。2007 年 6 月 29 日，回风斜井工程竣工验收。2007 年 8 月 18 日，矿建二期工程开始施工。2008 年 4 月 17 日，井下通风系统形成。2009 年 5 月，矿井生产系统、主体工程建设完成并开始试生产。8 月 24 日，地面生产系统联合试运转成功。矿井规划建设规模为 600 万吨 / 年，初期投产 300 万吨 / 年，配套建设相应规模的选煤厂。2013 年 11 月 26 日，中国施工企业管理协会授予公司矿井及选煤厂工程“2012—2013 年度国家优质工程奖”。

煤矿生产　井田采用平硐开拓方式，各煤层采煤采用走向长壁采煤法，全部垮落法管理顶板。矿井采用机械抽出式通风方式。主运输采用胶带输送机，辅助运输采用防爆无轨胶轮车，采掘均采用国际、国内先进设备，机械化程度达 100%。2008 年 2 月 28 日，矿井主、副平硐揭煤。2009 年 5 月 6 日，煤矿主平硐运输皮带试运转成功。2010 年 5 月，公司洗煤厂实现联合试运转。2009 年 10 月，公司水煤浆项目开工建设。2012 年 12 月，矿井突破 1000 万吨生产能力大关。2014 年，设计能力 200 万吨（一期 50 万吨）的水煤浆厂移交陕西新型能源公司。2015 年 7 月，公司为生产、洗选后的煤炭及其他深加工产品注册“张家峁”商标。2017 年 2 月 20 日，公司“张家峁牌混煤”被省人民政府确定为陕西省名牌产品。2017 年 7 月 12 日，公司接受并通过 ISO 9001：2015 质量体系现场审核，成为陕西省煤炭行业首家接受并获得 ISO 9001：2015 质量体系推荐认证的煤炭

张家峁煤矿远程装车系统（2018年）

杨伙盘煤矿综采工作面（2018年）

企业。2017 年 9 月，公司“1+9”总控分控自动化平台被评为全国煤炭工业两化融合示范项目。

**榆林市杨伙盘煤矿**　1995 年 5 月，榆林地区杨伙盘煤矿筹建处成立。1996 年 1 月 29 日更名为榆林地区杨伙盘煤矿，为陕西榆林能源集团煤炭进出口公司所属地方国有煤

杨伙盘煤矿（2018年）

炭生产企业，是榆林区首个由地区直接全额投资的煤矿。矿井位于杨伙盘村，煤矿行政办公地址位于神木市滨河新区。2018 年有职工 161 人。煤矿井田面积 26.92 平方千米，地质储量 3.09 亿吨，煤矿年生产能力为 400 万吨 / 年。煤矿先后被评为榆林市百强企业、陕西省安全生产先进集体、中国工业行业履行社会责任五星级企业。

生产经营　1995 年 5 月，煤矿生产规模 30 万吨 / 年。1998 年 3 月煤矿建成后，因市场疲软等原因停产放假。2000 年 12 月，取得采矿许可证。2005 年 12 月 6 日，通过改造系统，矿井恢复生产。2007 年，核定生产能力 75 万吨 / 年。2011 年 7 月，240 万吨 / 年升级改造项目投入试运转，矿井实现综合机械化开采。2015 年，煤矿创建成为国家一级安全质量标准化煤矿，并分两期实施“智慧矿山”项目，获“2017 年中国地理信息产业优秀工程金奖”和“全国煤炭工业两化深度融合示范项目”称号。2018 年，煤矿被国家煤监局评为一级安全生产标准化煤矿。2018 年，煤矿开始实施煤电一体化项目。

**神木煤业石窑店矿业有限责任公司**　2009 年 7 月 10 日，神木煤业石窑店矿业有限责任公司成立，由神木市国有资产运营公司与府谷县国有资产运营公司出资组建，是神木煤业集团子公司，为神木市属最大的国有煤炭生产企业。公司位于倪家沟村，是石窑店工作集中区的骨干企业。煤矿井田东西宽 5 ～ 10 千米，南北长约 13.5 千米，面积 103.8 平方千米。井田内可采煤层 4 层，地质储量 8 亿吨，可采储量 5 亿吨。2018 年有职工 692 人。2015 年，公司被评为陕西省安全生产先进集体、国家一级安全质量标准化煤矿、黄河流域大型生产建设项目水土保持先进单位。

石窑店煤矿文化广场雕塑（2018 年）

石窑店煤矿（2017年）

矿井建设　2008年5月2日，煤井开工建设。2009年4月26日，选煤厂总承包签约。2010年6月6日，矿井及选煤厂通过国家发改委项目核准。2010年11月10日，矿井及选煤厂项目通过国家安全生产监督管理总局安全核准。2013年9月，项目通过消防设施竣工验收。2014年1月17日，矿井及选煤厂项目通过单项工程质量备案验收。

生产经营　矿井设计生产能力为300万吨/年，配套同等规模处理能力的选煤厂，服务年限为114.8年。采用斜井开拓方式，3条大巷均布置在$5^{-2}$煤层。采用分区式通风方式，抽出式通风方法，主、副斜井进风，1号、2号回风斜井回风。采用长壁综合机械化一次性采全高采煤法，自然垮落法管理顶板。2009年11月4日，公司与北京天地科技股份有限公司生产服务技术合作签约。2010年12月1日，神木石窑店矿井及选煤厂成功实现联合试运行。2010年11月12日，选煤厂生产外委承包签约。2010年12月1日，矿井及选煤厂联合试运行。2012年2月7日，215207工作面安装调试完毕，正式开始采煤。陕西省煤炭生产安全监督管理局批准从2013年11月1日起进行联合试运转。2017年4月1日，陕西省发展和改革委员会同意石窑店矿井及选煤厂项目正式移交生产。

获“2012 年度陕西省国税纳税 50 强企业”称号，2017 年度神木市市属国有企业经营目标责任考核排名第一。企业享有“榆林煤”商标使用权。

**民营企业** 2008 年年底，镇域共有民营煤矿 9 个，其中 120 万吨矿井 1 个、90 万吨矿井 2 个、60 万吨矿井 4 个、45 万吨矿井 2 个。

2018 年店塔镇域民营煤矿企业一览表

表 7

| 煤矿企业 | 类型 | 开采方式 | 生产能力（万吨 / 年） | 井田面积（平方千米） | 剩余地质储量（万吨） | 剩余可采储量（万吨） |
|---|---|---|---|---|---|---|
| 神广煤业有限公司 | 试运转 | 综合机械化开采 | 60 | 3.6355 | 2325 | 1006 |
| 板墩墕村办煤矿 | 联合试运转 | 综合机械化开采 | 90 | 5.7675 | 3155 | 1769.4 |
| 王塔煤矿 | 在建 | 综合机械化开采 | 90 | 4.94 | 1786 | 1244 |
| 老张沟煤矿 | 生产 | 上层长壁式炮采，下层综合机械化开采 | 45 | 6.4234 | 2122.8 | 1204 |
| 黑拉畔煤矿 | 生产 | 综合机械化开采 | 60 | 5.7 | 2919 | 1689 |
| 孙营岔一矿 | 生产 | 综合机械化开采 | 60 | 7.18 | 2675 | 2217.5 |
| 石岩沟煤矿 | 生产 | 综合机械化开采 | 120 | 8.0313 | 2900.8 | 2693.2 |
| 前梁矿业有限公司 | 生产 | 综合机械化开采 | 60 | 2.9687 | 1885 | 953 |
| 恒辽矿业有限责任公司 | 在建 | 综合机械化开采 | 45 | 5.586 | 1117 | 1117 |

老张沟煤矿

黑拉畔煤矿

## 煤运枢纽

20世纪70年代之前，镇域没有一条普通公路，交通落后闭塞。20世纪80年代以后，随着神府煤田开发建设进程加快，镇域形成多条铁路和高等级公路，神朔铁路是神华集团建设的中国第二条超亿吨级的西煤东运大通道，其他煤炭运输铁路与各干线公路纵横交错，北上南下，西通东达，店塔镇运煤枢纽地位突出。

### 铁路

神府煤田开发后，镇域内先后有神（木）朔（州）铁路、神（木）延（安）铁路、红（柳林）柠（条塔）铁路建成通车，在建的有准（格尔）神（木）铁路、冯（家川）红（柳林）铁路。神木北站连接神朔、包神、神延铁路，将优质原煤运往全国各地，并通过港口装船出口海外。

1994 年 7 月 1 日，神朔铁路陕西段铺架工程开工典礼

**神朔铁路** 国家“八五”计划重点建设项目之一，是继大（同）秦（皇岛）铁路之后迄今为止中国第二条超亿吨级的西煤东运大通道。神朔铁路为国家Ⅰ级重载电气化铁路，是国家能源集团煤、电、路、港、航一体化发展的重要组成部分。神朔铁路西起大柳塔站，北与包神铁路相连，南与神延铁路相接，东至山西省朔州西站，与北同蒲线接轨，在神池南与朔（州）黄（骅港）线相连，正线全长 269 千米。神朔铁路途经陕西、山西两省八县市，其中陕西境内经神木、府谷 2 个县市 100 千米，店塔镇域内 21 千米。店塔至大柳塔段地处毛乌素沙漠东沿，线路穿行在窟野河及其支流乌兰木伦河和牸牛川谷之中。店塔至府谷县界段位于黄土丘陵区，沿黄羊城沟蜿蜒曲折向东。

铁路建设 1986 年 2 月，神朔铁路一期工程建设项目立项，工程总投资 76 亿元。项目建设单位为华能精煤公司交通分公司，勘察设计单位由铁道部第一勘测设计院承担。1990 年 6 月 1 日开工建设。1992 年 2 月，大柳塔至神木北 32 千米站前工程完成。全线分神（木）大（柳塔）、神木北至府谷县、府谷黄河特大桥至朔州三段工程，分别完工后进行工程初验，并立即组织实施站后配套工程施工。1996 年 7 月 1 日，全线建成通车。铁路正线数目为单线预留复线，其中部分地段一次建成双线，单线铺轨。1999 年 5 月，神朔铁路电气化改造工程开工，2000 年 12 月电气化改造完成。2001 年 7 月 23 日，神朔铁路复线项目经国务院批准立项。2003 年 3 月 6 日，投资 23 亿元的复线电气化工程开始铺轨。2004 年 5 月 11 日，全线开通并投入运营。

铁路运营 1996 年 7 月，铁路正式开通，按整列式重载列车编组，使用内燃机车牵引运营。2000 年 10 月，电气化改造完成，采用电力机车牵引，通信设备采用光同步传输技术，机车为韶山 4B 型，到发线、有线长度按 1050 米设计、施工，采用继电半自动闭塞行车方式。年设计运输能力初期为 2500 万吨，近期运输能力朔州至保德段每年为 3369 万吨，保德至大柳塔段每年为 3180 万吨。2002 年 3 月，铁路运输管理信息系统进行开发提升，改进调度系统作业，实现计划、列调、货调、机调各台之间以及与统计查询子系统的互联互通、信息共享。2003—2004 年复线工程施工中，运输、施工两兼顾，开创边建设、边运营、分段建设、分段开通的新模式。2002—2004 年，神朔铁路公司运量每年以 1300 万吨以上速度增长，2004 年运量达 8832 万吨。2005 年 1 月 13 日，自动闭塞信号全线开通，行车密度缩短至 14 分钟 / 列。2005 年 11 月 30 日，铁路年外运煤炭 10011 万吨，成为继大（同）秦（皇岛）铁路之后第二条超亿吨级的西煤东运大通道，《人民日报》、中央电视台《新闻联播》予以报道。2007 年 1 月，行车密度缩

神朔铁路窟野河大桥（2016 年）

神朔铁路调度指挥中心（2019年）

短至12分钟/列。2008年5月，开行万吨试验列车。2009年8月，神木北、燕家塔、府谷、王家寨、贺职站经扩能改造后建成万吨列车站，线路承载能力全面提高，牵引列车定数由最初的13辆提高至66辆，牵引总重达5676吨，煤炭运量4158吨/列。2009年10月15日，神朔铁路开出首列万吨列车，牵引列车定数十辆，牵引总重10368吨。2009年1月至2010年，行车密度缩短至10分钟/列。2010年，投入使用全国首家"电子司机报单系统"。2012年12月27日，C64型132辆组合万吨列车试验成功，开创国内C64型万吨列车开行的先例。2013年5月14日，神华号交流机车"3+0"模式牵引116辆C80型万吨列车试验取得成功。2016年，自主创新研发的大轴重车辆通用救援设备通过试验并获得成功。同年4月，成立信息通信段。2017年2月，开行长交路列车。2018年，标志着中国轨道交通牵引供电技术重大技术突破的重载铁路智能电分相装置在神朔铁路顺利开通，行车密度缩短至8分钟/列，全年完成运量26570万吨，实现运输收入88.12亿元，利润总额24亿元，实现安全生产无重大行车责任事故1616天。

**神延铁路** 铁道部和陕西省合资建设，郑州铁路局和陕西省地方铁路公司为双方产权代表，运营主体为陕西西延铁路有限责任公司（以下简称西延铁路公司）。铁路起点在延安北站，终点在神木北站。总里程382.4千米，神木境内84.9千米，跨越神木市

6 个镇街 26 个村组，其中店塔镇内 2.5 千米，经过店塔、石拉沟两个村，镇域内线路从神木北站出来沿㹀牛川东岸南下后，跨窟野河布设。1998 年 5 月，神延铁路神木段开工建设，由西延铁路公司委托铁道部工程管理中心实施建设管理，原铁道部 7 个工程局承建。2001 年 4 月 15 日全线铺通。2002 年 2 月 8 日，神延铁路全线建成并投入运营。

**红柠铁路** 连接陕西煤化工集团红柳林煤矿、张家峁煤矿、柠条塔煤矿、孙家岔煤矿的运煤专线。2006 年 4 月 11 日，陕西煤化工集团陕西红柠铁路有限责任公司成立。2010 年 7 月 13 日，红柠铁路正线铺架完成。2010 年年底，铁路建成并通车。线路从神延铁路红柳林站引出，经过碾房湾、板定梁两个村，沿考考乌素沟北岸西行，设张家峁、柠条塔、侯家母河至包头—大保当复线的神木西站，全长 42 千米，其中镇域长约 9 千米，外运煤炭分别从包西复线和神延线南行至大保当后南下，线路输送能力 3000 万吨 / 年。

**准神铁路** 国家“十一五”铁路网规划的重点项目，陕西、内蒙古煤炭外运的重要通道，投资主体为陕西西延铁路有限责任公司。铁路北起内蒙古自治区准格尔旗准朔铁路红进塔东站，沿㹀牛川经府谷县郭家湾后进入镇域，经过倪家沟、石窑店、石拉沟等村进入神朔铁路神木北站，再沿神延铁路到终点红柳林站。2009 年 11 月，铁路建设指挥部成立。2010 年 4 月开工建设。拆迁涉及全镇 500 余户 1700 多人。2015 年建成。铁路北与呼准铁路相连，西接东（胜）准铁路，南与神延铁路相接。铁路全长 53.74 千米，陕西段 37.4 千米，其中镇域长 24.6 千米，经过倪家沟、石窑店、石拉沟等村。2015 年 11 月 28 日起开通货物运输。神木县准神煤炭集运有限责任公司和神木市石窑店物流有限公司分别在石窑店村乔家沟组建有集装站。2018 年，货物发运量 45.6861 万吨。

**冯红铁路** 神木红柳林至山西省兴县冯家川段，陕北煤炭外运东出又一通道，投资管理主体为陕西煤化工集团陕西冯红铁路有限公司。从红柠铁路红柳林站引出，经府谷县、山西省保德县接入在建的兴县至保德铁路冯家川站，全长 84.4 千米，规划经过镇域碾房湾、店塔、杨城 3 个村，长约 13 千米。神木境内从镇域碾房湾村陈家沟岔跨窟野河大桥经店塔村，沿黄羊城穿隧道进入永兴街道三堂村。2018 年开工建设。

**火车站** 神木北站 坐落于下石拉沟村，车站中心里程位于神朔线 K33+887.91 米处，上行与黄羊城站相邻，下行与燕家塔站相邻，向南与西延线接轨。建于 1996 年，隶属神朔铁路分公司河西运输段管辖，车站为区段站，技术等级为二等站，主要办理客货列车的到发、通过、编组、解体，重载货物列车组合与分解，旅客列车到发，货物列

神朔铁路编组站（2016年）

车技术检查，机车出入库，车辆段取送调车作业等业务。2018年12月，有正线3股、到发线16股、调车线8股、地下通道1座、固定调车机2台。客运设备有面积953.74平方米旅客候车室1座、站台2座。车站共有职工106人，其中客运13人。2018年，神木北站被交通运输部授予“2016—2017年度全国交通运输行业文明示范窗口”荣誉称号。

1996年6月13日，神木北站开通并投入使用，由中铁十九局临时管理。1998年10月16日客运列车开通，包头至大柳塔客运列车延伸至神木北站。1999年9月28日，开通大同方向列车。2009年8月22日，神木北站完成扩能改造，神朔铁路具备开行万吨列车条件。2001年4月28日，由神朔铁路公司车务段接管。2018年，共开行3对列车，分别发往府谷、大同、安康、朔州西（通勤路用列车）。

黄羊城站　位于辛伙盘村燕峁组，车站中心里程位于神朔线44千米+817米处，上行与新城川站相邻，下行与神木北站相邻。1997年7月10日举行开通庆典。车站按技

黄羊城火车站（2019年）

术作业为中心站，按业务性质为客货运站，车站等级为二等站，主要办理列车的到发、通过，货物列车分解，旅客列车的到发，货物线、榆家梁煤矿专用线车辆对位、装车、取送等作业。使用的设备有正线 2 股、到发线 7 股、客运站台 1 座、专用线 3 股、固定调车机 2 台。2018 年，车站有职工 81 人，下设行车班组 5 个、调车班组 4 个、货运班组 4 个、后勤班组 1 个。车站日均接发车 174 列，最高日装车 12 列，年度装车任务为 17167169 吨。

**集装站** 伟华煤炭集装站 位于辛伙盘村燕峁组，由 2016 年 5 月成立的神木市伟华煤炭运销有限公司建设运营。2018 年 4 月，伟华煤炭货物储运中心开工建设，2019 年 3 月 25 日正式通车。项目投资 4 亿元，包括与神朔铁路黄羊城车站接轨建设的 1 条专用线和 3 个货场，可满足 C70、C80 万吨列车直进直出及装车条件。配套 3 座全封闭式装煤站台，装车能力近期 1000 万吨 / 年，远期 1500 万吨 / 年。

石窑店集装站 神木市准神煤炭集运公司和神木市石窑店物流有限公司分别在石窑店村乔家沟组建有集装站，均为西延铁路上的货物集装站。神木市准神煤炭集运有限责任公司成立于 2015 年，其所属集运站位于石窑店车站西侧，包括集装站台 1 座、铁路专用线 1 条。民营企业神木市石窑店物流有限公司成立于 2016 年，其所属集运站投资约 2.3 亿元，主要发运煤炭、焦粉、钢材、矿山机电设备等物资。

**铁路运输企业** 神朔铁路分公司 中国神华能源股份公司的下属分公司，总部位于下石拉沟村。1991 年 3 月 22 日，神朔铁路建设办公室成立。1999 年 8 月 16 日，由神朔铁路运营筹备处、神朔铁路建设办公室、神木北电务工程建设管理处、神木北建设管理处和神朔铁路庄阴运输分处合并成立神朔铁路有限责任公司。2005 年 1 月，改为中国

神朔铁路河西运输段（2019 年）

神华能源股份公司神朔铁路分公司。2017 年 8 月，神华集团与国家电网公司合并，公司归属国家能源集团。公司主要负责神朔铁路运营管理工作，承担神府东胜矿区煤炭外运任务，内部有 14 个部门、3 个直属机构、7 个生产单位，员工 7834 人。公司下设机务、河西运输、河东运输、综合、信息通信 5 个段，其中河东运输段设在山西，另外 4 个段均在石拉沟村北站新区。

1994 年 10 月，神朔铁路分公司神木北建设管理处机务筹备组成立，1996 年 10 月 25 日挂牌建立机务段，为电力、内燃混合段，担负神朔铁路分公司运输牵引与机车检修任务。2010 年 12 月 1 日，河西运输段成立，由车务、工务、电务、供电及多元实业中心等部门、单位整合组成，所管 8 个车站、12 个工队、69 个工区，管辖线路在黄河以西，里程为神朔线 K0+000 ~ K102+187 米。1998 年 12 月，综合段成立，为全公司运输生产和职工生活提供后勤保障综合服务以及公司机关后勤服务和神木北站新区环卫绿化等工作。2016 年 4 月 28 日，信息通信段成立，整合分公司科技信息部生产信息业务与河西运输段、河东运输段通信业务，负责公司信息系统软件、硬件，通信系统有线、无线专业工作。

神朔铁路分公司是神华集团的标杆企业，先后多次受到国家级和省部级表彰奖励。2009 年、2011 年、2013 年，被中华全国总工会、国家安监总局评为“安康杯”竞赛先进单位；2010 年，被人力资源与社会保障部授予国家技能人才培育突出贡献奖；2014 年，公司荣获全国五一劳动奖章；2011 年、2014 年，被评为陕西省安全生产企业；2018 年，被中国煤炭工业协会评为“全国煤炭工业社会责任报告发布优秀企业”。

神华铁路货车运输有限责任公司榆林车辆维修分公司　1996 年 10 月，神朔铁路分

车辆维修分公司机车检修大库

公司神木北车辆段成立。2005 年 1 月，由神朔铁路分公司整建制划转，名称变更为中国神华铁路货车运输分公司神木北车辆段。2013 年 8 月，更名为神华铁路货车运输有限责任公司榆林车辆维修分公司。2017 年 8 月，神华集团与国家电网合并成立中国能源集团，神朔铁路货车运输公司更名为国家能源集团中国神华神朔铁路货车运输分公司。公司承担国家能源集团铁路自备车辆的定期检修、日常维修及动态检测工作，行车安全管辖范围从大柳塔站至山西朔州西站总长 266 千米。2018 年在册职工 845 人，生产外包用工 560 人。

神华铁路货车运输有限责任公司陕西分公司　2013 年 10 月 24 日，国家能源集团全资子公司神华铁路货车运输有限责任公司陕西分公司成立，是铁路货车公司下属 6 家分公司之一，驻地下石拉沟村。主要承担公司轮轴新组装及三、四级维修，轴承大修及一般检修，机电设备维修，高价互换配件统筹管理与维修等各类“再制造”业务，是货车运输公司调整优化产业结构、发展循环经济、实现资源再利用的具体实施单位。分公司下设 7 个职能部室、2 个辅助生产部门、4 个生产车间。2018 年在册员工 107 人，业务外包用工 332 人。

**公路**

20 世纪 70 年代之前，店塔镇域只有乡间小路，村民出行跋山涉水，运输农用物资和生活日用品只能靠人力扛、牲畜驮，畜用车辆也较少，干部背着铺盖步行下乡。20 世纪 70 年代初，府（谷）新（街）公路、石店公路先后建成，结束了镇域内没有公路的历史，但公路少、等级低。20 世纪 80 年代神府煤田开发开始后，先后建成五（龙口）陈（家沟岔）二级公路、榆神高速公路、府店一级公路、店红一级公路，形成以高等级公路为主、镇村公路为辅的四通八达的公路网，每天过往店塔镇的货运、客运车辆川流不息。2012—2013 年，通过镇区车辆日均流量达 6 万 ~ 7 万辆。2018 年，陈家沟岔立交昼夜通行车辆达 1200 辆。

*府新公路*　由府谷县经神木县中鸡人民公社到内蒙古自治区伊金霍洛旗的新街人民公社，属山西北部到内蒙古的国防战备公路，是镇域内第一条公路。全长 143.5 千米，其中榆林境内长 126 千米，神木市域 68 千米，镇域约 17 千米，线路布设在黄羊城川北岸。1969 年动工兴建，中途停修。1970 年动工扩建，1972 年竣工通车。建在镇区西侧的窟野河大桥为 11 孔 30 米钢筋混凝土双曲拱桥，桥长 364.1 米，1970 年动工，1972 年建成，是镇域内最早的一座公路大桥。1985 年，在原路基上铺设三级油路 15 千米。

1987 年，改造为二级公路。

**石店公路** 从神木市区城北的石氅则到店塔的公路，也称“07047 接线工程”，俗称“国防公路”，镇域内全长 15.48 千米，线路布设在窟野河东岸。该路是店塔通往县城的第一条公路，也是进入神府煤田矿区腹地的重要通道之一。1969 年，神木县从各公社抽调民工参加公路建设，由于公路沿线没有村庄房屋，民工在工地附近山坡挖小窑居住。在筑路经过店塔组时，施工中挖出铜塔、钵、瓷器等汉代器物。1973 年，仅能勉强通行一辆汽车的简易公路通车。1974 年，公路养护由榆林地区接管，当年投资 30 万元进行拓宽改造，并在黄羊城沟修建店塔桥。1984 年 5 月至 1986 年 9 月，石店公路改造为二级油路，为陕西至内蒙古省道的一部分。该路地处岩石风化严重的崖畔，曾多次进

神陈公路和府店一级公路交会（2019 年）

行地质灾害治理。2007 年 9 月 15 日，石鏊则至店塔电厂南的公路改建工程开工，全长 13 千米，路基宽 8.5 米，路面宽 8 米，与店塔镇区的市政道路连接，2008 年 8 月 20 日通车。

**陈大公路** 1985 年 5 月，由神木县投资的陈家沟岔至大柳塔公路竣工通车，公路全长 38 千米。线路沿考考乌素沟北岸布设，经活鸡兔沟跨窟野河至大柳塔。后由砂石路面改为三级油路。

**包神府二级公路** 神府煤田开发前期的运煤专线重点工程，起于内蒙古自治区包头市，经神木县，终点为府谷县黄河大桥。属二级公路，全长 303 千米，陕西段总长为 141 千米，总投资 1.3 亿元，1988 年开工，1991 年 10 月 21 日竣工。神木段由陕西省公路局委托神木县建设。镇域店塔至杨伙盘段由府新公路改造而成。

**神陈公路** 初名五陈公路，北起陈家沟岔，南至神木县城区五龙口大桥。神木县投资 3500 万元建设的二级油路，线路布设在窟野河西岸，公路全长 22 千米。1996 年开工建设，1998 年 10 月 6 日建成通车。作为 204 省道的一段，神木方向去往店塔的车辆大多由此通过，缓解包神府公路的交通压力。1999 年，公路移交榆林公路总段管理。

**神杨公路** 初名永杨公路，神木县投资建设的县内东北部矿区的运煤道路，南起神木县永兴，北至杨伙盘，终点与府店一级公路相接，全长 30.059 千米，镇域内长 7.5 千米，公路等级为三级。1998 年开工，1999 年通车后由神木县公路建设公司实行收费管理，2008 年进行改造，2012 年 12 月 31 日停止收费。

**府店一级公路** 府谷至店塔一级公路，是榆林市自行组织建设的第一条高等级公

府店一级公路窟野河大桥（2019 年）

路，为神府煤炭外运的主要通道。2002 年 4 月 16 日开工建设，2004 年 10 月 19 日正式通车。公路全长 61.5 千米，该路布设在黄羊城川北岸，镇域经过红旗、杨伙盘、水头、辛伙盘、店塔等村，镇域内长 12 千米，部分路段由包神府二级公路改造而成。公路由榆林市交通局管理。2014 年，镇域内所设店塔、杨伙盘收费站全部拆除。

**杨陈一级公路** 2002 年 11 月 19 日，杨家坡至店塔陈家沟岔一级公路开工建设。陕西省公路局投资 3.5 亿元建设，全长 50 千米，镇域内长约 9 千米，部分路段由包神府二级公路改造而成。2006 年建成通车，成为神木市煤炭外运的重要通道。公路由陕西省交通建设集团管理，镇域收费站设在房塔。

**榆神高速公路** 榆林至神木高速公路是中铁二局投资建设管理的公路 BOT 项目。起于榆林小纪汗互通，与包（头）茂（名）高速公路陕蒙段相接，止于陈家沟岔。榆神高速公路全长 120 千米，其中神木境内 84 千米，神木市区至店塔段线路布设在窟野河西岸，镇域里程约 1.5 千米。2008 年 10 月动工建设，2009 年 12 月建成通车。公路总投资 56.43 亿元，双向四车道，路基宽度为 26 米，设计时速为 100 千米 / 小时，在陈家沟岔村设店塔收费站。

榆神高速公路店塔收费站（2019 年）

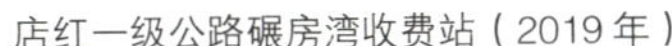
店红一级公路碾房湾收费站（2019 年）

在建的店张一级公路草地沟大桥（2019 年）

**店石公路** 镇区通往石窑店工业集中区的公路。线路沿牸牛川东岸布设，途经神木北站，全长 25 千米。2010 年 10 月开工，2011 年 10 月竣工。

**店红一级公路** 店塔至红碱淖一级公路，由陕西神榆路业发展有限公司投资 20.8 亿元建设，并负责店红一级公路的管理和运营，公司驻地碾房湾村民小组。公路总长 82 千米，线路沿考考乌素沟北岸布设，镇域内长约 7 千米，部分路段由府新公路改造而成。2011 年 9 月 25 日开工建设，2015 年 12 月 30 日通车。镇域设有碾房湾收费站。

**店张一级公路** 336 国道店塔至张板崖一级公路，为神木市区东过境公路。由神木市投资建设，起点在镇区东 1.7 千米处，与 338 国道府店一级公路互通式立交相接，向南沿东沟设线，经过辛伙盘、店塔、杨城村，在神木市迎宾路街道杏花村与神盘公路连接，全长 32.21 千米。镇域内里程约 10.1 千米。

**乡村公路** 镇域内除四通八达的干线公路外，还有大量通达村庄和厂矿的乡村公路。2018 年，通村道路共有 50 条。其中，水泥混凝土或沥青道路 42 条，共 94 千米；砂砾石道路 8 条，共 43.6 千米。

2018 年店塔镇域主要通村道路一览表

表 8 单位：米

| 道路名称 | 里程 | 路面类型 | 途经村庄 | 路基宽度 | 路面宽度 |
|---|---|---|---|---|---|
| 马家概沟上山路 | 500 | 沥青油面 | 板定梁 | 8 | 6 |
| 大伙盘至北后沟上山道路 | 2000 | 沥青油面 | 红旗 | 5 | 4 |
| 大伙盘上山道路 | 1000 | 沥青油面 | 红旗 | 5 | 4 |
| 炸药库便道 | 1000 | 沥青油面 | 红旗 | 5 | 4 |
| 凉水井通村路 | 1500 | 水泥混凝土 | 石拉沟 | 5 | 4 |

续表 8

| 道路名称 | 里程 | 路面类型 | 途经村庄 | 路基宽度 | 路面宽度 |
|---|---|---|---|---|---|
| 李胡山通村路 | 1000 | 水泥混凝土 | 石拉沟 | 8 | 6 |
| 下石拉沟 | 1000 | 沥青油面 | 石拉沟 | 8 | 6 |
| 石窑店组内道路 | 366 | 水泥混凝土 | 石窑店 | 8 | 4 ~ 8 |
| 红墩村通村公路 | 1000 | 水泥混凝土 | 辛伙盘 | 8 | 7 |
| 碾房湾组内道路 | 470 | 水泥混凝土 | 碾房湾 | 5 | 5 |
| 店塔—辛伙盘 | 1000 | 水泥混凝土 | 辛伙盘 | 6 | 5 |
| 马家梁通村公路 | 2000 | 水泥混凝土 | 马家梁、上石拉沟 | 7 | 5 |
| 前梁通村公路 | 1500 | 水泥混凝土 | 前梁 | 7 | 5 |
| 草地沟组通村公路 | 4500 | 水泥混凝土 | 店塔 | 9 | 8 |
| 碾房湾寨峁通村公路 | 4000 | 水泥混凝土 | 碾房湾 | 8 | 7 |
| 碾房湾村陈家沟岔组通村公路 | 4500 | 水泥混凝土 | 碾房湾 | 8 | 7 |
| 杨城通村公路 | 3000 | 水泥混凝土 | 杨城 | 6 | 5 |
| 石窑店村黑拉畔通村公路 | 4500 | 水泥混凝土 | 石窑店、梁塔、石岩沟 | 6 | 5 |
| 石岩沟煤矿—白彦伙盘 | 2300 | 沥青油面 | 白二伙盘 | 7 | 6.5 |
| 李家山—石窑店 | 4523 | 水泥混凝土 | 梁塔、石窑店 | 6 | 5 |
| 杨伙盘—石岩沟 | 1400 | 水泥混凝土 | 杨伙盘、红旗 | 6 | 5 |
| 乔家沟—下石拉沟 | 1586 | 水泥混凝土 | 石瑶店、石拉沟 | 6 | 5 |
| 乔家沟—下石拉沟 | 6957 | 水泥混凝土 | 石瑶店、石拉沟 | 8 | 5 |
| 店塔—苏家塔 | 5000 | 沥青油面 | 店塔、石拉沟、苏家塔 | 6 | 5 |
| 李家渠—下石拉沟 | 626 | 水泥混凝土 | 李家渠 | 6 | 4 |
| 杨伙盘—任家伙畔 | 1106 | 水泥混凝土 | 任家伙畔 | 6 | 4 |
| 苏家塔—神树塔 | 929 | 沥青油面 | 苏家塔 | 6 | 5 |
| 石岩沟煤矿—石炮沟 | 3400 | 水泥混凝土 | 红旗 | 8 | 5 |
| 辛伙盘上山路 | 1500 | 水泥混凝土 | 辛伙盘 | 6 | 5 |
| 阿兰召—韩家焉 | 8900 | 水泥混凝土 | 倪家沟 | 8 | 5 |
| 孙营岔小组通组路 | 430 | 水泥混凝土 | 石窑店 | 8 | 5 |
| 石窑店小组通组路 | 1100 | 水泥混凝土 | 石窑店 | 8 | 6 |
| 张家寨小组通组路 | 780 | 水泥混凝土 | 石窑店 | 8 | 4.5 |
| 下石拉沟上山路 | 1800 | 水泥混凝土 | 石拉沟 | 8 | 5 |
| 冯家山小组通组路 | 1200 | 水泥混凝土 | 梁家塔 | 6 | 4 |
| 老虎岔上山路 | 1280 | 水泥混凝土 | 杨伙盘 | 6 | 4 |
| 石岩沟煤矿—木瓜山 | 6470 | 水泥混凝土 | 梁家塔 | 8 | 5 |
| 梁家塔小组通组路 | 900 | 水泥混凝土 | 梁家塔 | 6 | 4 |
| 那木克梁小组通组路 | 1400 | 水泥混凝上 | 梁家塔 | 6 | 4 |
| 沙渠组通组路 | 1275 | 水泥混凝土 | 梁家塔 | 6 | 4 |

续表 8

| 道路名称 | 里程 | 路面类型 | 途经村庄 | 路基宽度 | 路面宽度 |
|---|---|---|---|---|---|
| 麻家沟通组路 | 900 | 水泥混凝土 | 梁家塔 | 6 | 4 |
| 吴安塔通组路 | 1230 | 水泥混凝土 | 梁家塔 | 6 | 4 |
| 乔家梁、朱太沟通组路 | 2070 | 水泥混凝土 | 梁家塔 | 6 | 4 |

**货运物流**　店塔是晋陕蒙接壤区公路交通枢纽，重要的货物集散地。2008—2011 年，货物运输繁忙，镇域通过汽车运输煤炭，发运量约为 2200 万吨，水泥、木材、钢材等物品的发运、中转量为 500 多万吨。店塔、陈家沟岔、碾房峁等村有大小运输公司近 30 家，从事运输信息的服务部有 50 多个，销售、服务、货运、餐饮等各类从业人员 12000 多人。

陈家沟岔物流园　陈家沟岔村交通便利，有榆神高速公路、五陈公路、新村滨河路、杨陈一级公路、店红一级公路、204 省道 6 条公路在此交会，是店塔镇重点物流集散地。1990 年，碾房湾村在公路环岛开始修建新村，2011 年前期规划陈家沟岔物流园区。2015 年，碾房湾大互通项目涉及拆迁户 415 户、1200 人，拆迁门面房 16740 平方米，其他建筑 16700 平方米，拆迁资金 5930 万元。2017 年碾房湾互通建成后，以陈家沟岔、

陈家沟岔物流园（2019年）

碾房湾、塔峁停车场为依托的集餐饮住宿、维修、煤炭信息服务为一体的大型物流中心基本形成。来自河南、山西、河北、内蒙古、东北等省（区）的公路货运运输公司和个体户在此设点，承接煤炭、焦粉、焦油、木材、钢筋、水泥等各种货物的运输、销售。2018年，物流园区共有10个餐饮住宿点、55个汽车维修点，提供煤炭等物资运输销售的信息服务部86个。

# 电力工业

神府矿区开发后，矿区用电量不断增长，为满足企业发展需要，1986年，华能精煤公司在店塔村建设自备电厂。该区域位于窟野河东岸，东临石店公路，西侧靠神延铁路，地势开阔平坦，交通便利，是坑口电厂的良好厂址。此后，神府经济开发区等先后建成4家电厂，火电厂集群发展，故店塔被人称为“电塔”。

## 发电企业

镇域各发电公司作为煤田电力先行者，在陕北率先启动、建设、运营电厂。电力企业坚持“营造绿色环境，构建生态文明”，注重高效节能、清洁发电，是陕西北部电网的主要支撑点，承担着向陕北地区、神府煤田及神朔电气化铁路提供优质电能的重任，在保持电网安全和经济运行方面发挥着重要作用。同时，对于促进矿区煤炭综合开发，缓解社会煤炭运输压力，加快区域淘汰落后产能，促进产业升级，提高资源利用效率，实现更大范围的资源优化配置，保护生态环境，推进陕北能源化工基地建设发挥引导示范作用。

**神华神东电力有限责任公司店塔发电公司** 1985年9月，华能精煤自备电厂成立，厂址位于店塔工业区。1996年11月，电厂名称变更为神华神东电力有限责任公司自备电厂。2009年5月，名称变更为神华神东电力有限责任公司店塔电厂。2011年10月，名称变更为神华神东电力有限责任公司店塔发电公司。

神华神东电力有限责任公司店塔发电公司（2019 年）

生产运营　1986 年 8 月 1 日，1.2×2 万千瓦自备电厂开工。1997 年 5 月 24 日，神华神府精煤公司热电厂首套 12 兆瓦发电机组在神木店塔一次发电成功，变压后的 35 千伏高压电顺利并入榆林电网。6 月 8 日，神华神府精煤公司首台 12 兆瓦汽轮机组并网发电庆祝大会在店塔热电厂隆重举行。

神东电厂发电机组（2019 年）

有 2×12 兆瓦焦炉煤气—煤粉混烧湿冷机组、2×25 兆瓦（CFB）煤矸石湿冷机组、2×135 兆瓦（CFB）煤矸石直接空冷机组和年产 8 万吨电石厂、年产 15 万吨焦化厂等项目。2009 年，响应国家“上大压小、节能减排”的能源产业政策，拆除 2×12 兆瓦机组、2×25 兆瓦机组和焦化厂、电石厂后，在原址上规划扩建 2×660 兆瓦直接空冷超临界燃煤发电机组。装机总规模 1590 兆瓦（包括 2×135 兆瓦循环流化床直接空冷发电机组、2×660 兆瓦直接空冷发电机组）。该项目从动工到正式运行发电历时 24 个月，在国内空冷和循环流化床锅炉两项技术同时运用的电厂中，创造了从初步设计到机组发电最短工期的纪录。

2010 年 8 月 18 日，2×660 兆瓦发电项目动工，由西北电力设计院总承包，分别由东北电建一公司、天津电建公司承建施工，选用 600 兆瓦级超临界直接空冷机组，锅炉采用超临界变压 2145 吨 / 小时直流炉；汽轮机采用超临界、一次中间再热、高中压合缸三缸四排汽、单轴、直接空冷凝式；发电机采用三相交流同步发电机，额定功率 660 兆瓦。2015 年 12 月 22 日，项目实现双投并正式转入商业运营。

**神华阳光神木发电有限责任公司** 位于店塔工业园区，2004 年 5 月成立，由神华神东电力有限责任公司和榆林阳光电力有限责任公司共同出资组建。2009 年，神华阳光神木发电有限责任公司（2×135 兆瓦机组）与神华神东电力有限责任公司店塔电厂（2×660 兆瓦机组）按照“一个平台、两个电厂、一体化运营”的模式进行管理。

公司负责建设、经营 2×135 兆瓦煤矸石发电项目，总投资 105000 万元，是西部地区投运的第一个空冷凝汽式汽轮发电机组，配置 480 吨 / 小时超高压循环流化床锅炉，以神东矿区煤矸石为燃料。2004 年 5 月 16 日项目动工，2005 年 12 月 22 日，1 号机组实现首次并网，2006 年 7 月 13 日移交生产。2006 年 6 月 2 日，2 号机组实现首次并网，2006 年 6 月 24 日移交试生产。工程从开工到 2 号机组运行发电历时 24 个月，与同类地区、同类型电厂建设工期相比提前 5 个月，在国内空冷和循环流化床锅炉两项技术同时运用的电厂中，创造了从初步设计到机组发电最短工期的纪录。项目采用国际先进的 EPC（工程总承包）方式，由西北电力设计院总承包，西北电力建设工程监理有限责任公司承担项目监理。

**中电国华神木发电有限公司** 原为华能精煤公司神木自备电厂二期工程，1999 年 11 月，神华集团全资子公司神东电力公司与美国伊士奇国际有限公司合作，成立陕西神木神华伊士奇发电有限公司。2001 年 5 月，经外经贸部批准，美国伊士奇国际有限公司

神木发电公司建设现场（1996年）

将其股权转让给中电中国（神木）有限公司，合作公司更名为中电国华神木发电有限公司，神华集团将企业管理权转至国华电力公司。2012年12月24日，神木发电公司划归神华国能（神东电力）集团有限责任公司管理。2018年1月，因煤电行业“去产能”，企业停产。

项目建设　1989年，华能精煤公司神木自备电厂二期工程开始筹备，项目位于自备电厂（一期）北侧，为2×100兆瓦发电机组，占地面积958.38亩。1992年8月，华能精煤神木自备电厂扩建工程筹建处成立。扩建项目由山西省电力勘测设计院设计。1994年10月，生产系统土建工程开工建设，中建三局第三工程公司承建；生产系统安装工程由甘肃火电工程公司承建；全长5.27千米的防洪堤工程由陕西省水电工程局神府煤田经理部总承包。水源工程采用麻家塔乡（今神木市西沙街道）常家沟水库蓄水，通过7.75千米长的输水洞和9千米长的压力钢管自流进入厂内，取水量为2.4万立方米/日。1996年，华能精煤公司改组为神华集团，该项目由神华集团所属子公司神东电力公司负责建设，更名为神华神东电力公司自备电厂二期工程。

生产运行　2000年1月17日，电厂2×100兆瓦机组进入试生产，接入陕西330千伏电网运行。电厂锅炉设计和燃用煤种均为本地煤，年耗原煤量约40万吨，燃料费用占发电成本的70%左右。公司推行国华发电管理系统、NOSA五星综合管理系统，实施ISO 9000和ISO 14001贯标认证。2009年，实施两台汽轮机扩容改造，改造后单机容量为 110 兆瓦，同时对两台机组配备烟气脱硫装置。2014 年，实施锅炉改造、静电高效电除尘器、干法脱硫、污水处理、脱硝改造、烟囱旁路封堵，发电煤耗降低 23 克 / 千瓦时。加装在线监测设备，出口烟气达标排放。截至 2017 年年底，神木发电公司资产总额 25999 万元，实现 4259 天的长周期安全运行纪录。累计发电量达 225.35 亿千瓦时，年平均发电利用小时超出 5900 小时，实现销售收入 53.68 亿元，实现利润总额 3.69 亿元（不含减值准备），上缴各类税费 7.9 亿元。节约标准煤约 60 万吨，减少二氧化碳排放约 180 万吨，减少二氧化硫排放约 9.6 万吨，处理烟气排放约 2803 亿立方米，处理污水 1000 万吨。2018 年 1 月 27 日，电厂双机停运，退出调管电网。

**神木电化发展有限公司** 1995 年，神府经济开发区锦能投资有限公司、神木发电公司职工持股会、神府能源总公司、榆林阳光电力公司共同投资，设立陕西神木发电有限责任公司。2010 年 9 月 18 日，陕西煤业化工集团神木煤化工产业有限公司与陕西神木煤电化资产运营有限公司（原神木发电有限责任公司）共同投资，设立陕西煤业化工集团神木电化发展有限公司。公司位于店塔工业园，总占地面积 800 亩。 2018 年年底，共有从业人数 1190 余人，其中正式职工 664 人，内设 10 个管理部门和 1 个综合办公室，生产单位设热电分厂、电石分厂、机修分厂、检验中心。主要从事电石、供热、电力的生产与销售，形成“电—化—热”一体的资源综合利用产业链。

神木电化公司全景图（2015 年）

建设运营 1995 年，电厂 2×2.5 万千瓦发电项目开始建设，为中华人民共和国成立后榆林地区规模最大的建设项目，总占地面积 500 亩。1997 年 2 月 2 日，1 号机组提前并网发电，1998 年建成投产。2005 年扩建后，总装机容量为 3×25 兆瓦，总投资 3.7 亿元。

2010 年 10 月 2 日，电石一体化项目热电装置开工建设，项目总投资 22.33 亿元。利用煤矸石、劣质煤和煤泥为原料，配套自备 2×100 兆瓦煤矸石凝汽发电机组。2012 年 9 月 27 日，2×10 万千瓦电厂投产，发电全部用于电石生产或上网。2011 年 10 月 22 日开工建设电石装置，6 台 33000 千伏安密闭电石炉分别于 2013 年年底全部投运，年产电石 50 万吨，电石供应陕西煤业化工集团北元化工集团生产聚氯乙烯。2015 年 4 月 19 日，公司 50 万吨 / 年电石一体化项目通过安全验收。电石炉气净化回收，利用余热锅炉生产蒸汽发电、供热，供热能力为 500 万吉焦，向神木市滨河新区供热。2016 年，永久性关停一期 2 ×25 兆瓦发电机组。

**城镇供热** 神木电化发展有限公司的电石炉气利用余热锅炉生产蒸汽发电、供热。2007 年，电化公司与神木县政府就神木市滨河新区市政供热达成协议。2008 年 10 月，电化公司厂区内建成供热首站，启动向神木滨河新区供热，供热能力为 200 万平方米。2015 年 4 月，电化公司开工建设二期供热首站，同年 11 月投运。二期供热主干管长度 10.2 千米，以管桥架空方式过窟野河进入滨河新区，规划供热面积 1200 万平方米，实

通往神木市区的供热管道（2018年）

750千伏线路出线（2019年）

际供热面积 400 万平方米，实现对神木市滨河新区供热全面覆盖。

2018 年冬季，神华阳光神木发电有限责任公司开始为神木市主城区供热。电厂双机抽汽量约为 220 吨 / 小时，供热能力约 280 兆瓦，供热主干管窟野河沿以管桥架空方式通往神木市区麟州街道，接入神木市政供热管网，供热区域可达半径 25 千米，供热面积达 450 万平方米。

**电网建设** 1992 年，中电国华神木发电有限公司双回路 110 千伏高压输变电线路工程开始建设。此后随着电厂发电能力不断增强，镇域高压线路逐渐增多。2010 年开工建设的 750 千伏超高压线路是神木市最高压输电通道，该线路从神华神东电力公司店塔电厂输出，单回 750 千伏线路接入榆横 750 千伏变电站，然后并入国家电网西北分公司，是陕北向陕西关中地区送电线路的组成部分。2018 年，镇域高压线路总长 54 千米。

表 9 店塔镇域输出高压线路一览表

单位：千米

| 高压线路 | 所属电网 | 建设时间 | 使用时间 | 输出点 | 接入点 | 线路总长 | 镇域线路长度 | 途经村组 |
|---|---|---|---|---|---|---|---|---|
| 双回 110 千伏 | 国家电网 | 1992 年 | 1999 年 | 中电国华神木发电有限公司 | 神木 330 千伏变电站 | 18 | 6.5 | 店塔、杨城 |
| 双回 110 千伏 | 国家电网 | 1992 年 | 1999 年 | 中电国华神木发电有限公司 | 苏家塔 330 千伏变电站 | 10 | 9 | 店塔、石拉沟 |
| 双回 110 千伏（矸北一线） | 陕西地方电网 | 2004 年 | 2006 年 | 神华阳光神木发电有限责任公司 2×135 兆瓦机组 | 神木北郊 110 千伏变电站 | 4.5 | 2.5 | 店塔、杨城 |
| 双回 110 千伏（矸北二线） | 陕西地方电网 | 2004 年 | 2006 年 | 神华阳光神木发电有限责任公司 2×135 兆瓦机组 | 神木北郊 110 千伏变电站 | 4.5 | 2.5 | 店塔、杨城 |

续表 9

| 高压线路 | 所属电网 | 建设时间 | 使用时间 | 输出点 | 接入点 | 线路总长 | 镇域线路长度 | 途经村组 |
| --- | --- | --- | --- | --- | --- | --- | --- | --- |
| 单回 110 千伏 | 陕西地方电网 | 2004 年 | 2006 年 | 神华阳光神木发电有限责任公司 2×135 兆瓦机组 | 南梁变电站 | 21.6 | 18.5 | 店塔、辛伙盘、杨伙盘、水头、红旗 |
| 单回 110 千伏 | 陕西地方电网 | 2004 年 | 2006 年 | 神华阳光神木发电有限责任公司 2×135 兆瓦机组 | 万家墩变电站 | 37.2 | 3 | 店塔、杨城 |
| 双回 110 千伏 | 陕西地方电网 | 2010 年 | 2013 年 | 神木电化发展有限公司 | 神木北郊 110 千伏变电站 | 3.5 | 2 | 店塔、杨城 |
| 单回 750 千伏 | 国家电网 | 2010 年 | 2015 年 | 神华神东电力公司店塔电厂 2×660 兆瓦机组 | 榆横 750 千伏变电站 | 152 | 10 | 店塔、杨城 |

杨城小堡秋景

# 边关要塞

镇域地处黄土高原与毛乌素沙漠过渡地带，历史上长期为边关征战之地，保存着战国时期秦长城、宋代堡寨、明代“大边”长城等遗址遗迹，是农耕文明与游牧文明长期对峙、民族交流融合的历史见证。长城、堡寨遗存，虽经过千百年来风雨侵蚀与人为破坏，但其雄伟磅礴的气势，延绵起伏的雄姿，依然令人震撼。

2006年3月25日，黄羊城被公布为陕西省文物保护单位。2007年4月至2008年12月，陕西省长城资源调查队对省内长城资源进行实地调查。2017年4月18日，陕西省人民政府将包括店塔镇段在内的战国秦长城、明长城遗址确定为省级文物保护单位。

# 战国时期秦长城

《史记·匈奴列传》记载："秦昭王时，义渠戎王与宣太后乱，有二子。宣太后诈而杀义渠戎王于甘泉，遂起兵伐残义渠。于是秦有陇西、北地、上郡，筑长城以拒胡。"战国时期秦长城大约建于秦昭王二十八年至三十五年（前279—前272），至于"拒胡"则有抵御西戎、匈奴等不同说法。

战国时期秦长城在神木市域内分三段，北段从大柳塔镇贾家畔村与内蒙古自治区交界处开始，沿着牸牛川西岸向南延伸，向西南越过乌兰木伦河，再沿窟野河西岸向南延伸，进入店塔镇碾房湾村。中段沿西沙街道老虎沟畔村边墙梁至麟州街道，再经西沟街道半切墩、大砭窑煤矿，沿窟野河系与秃尾河系之间的分水岭向西南延伸。南段在高家堡镇域，大致在明长城北侧，并与明"大边"长城基本平行。

店塔镇域战国时期秦长城呈北—南走向，跨越牸牛川与窟野河，建在河流交汇处的山梁之上。

**墙体** 共1段。位于碾房湾村乌兰木伦河西岸502米的山顶上。所在地区为黄土沟壑区，起点紧邻盘山公路，两侧为缓坡。沟深坡陡，全长47千米，整体呈东—西走向。墙体整体保存较差，坍塌严重，为片石堆积而成的石墙，呈鱼脊梁状。墙体上散落有大量的片石，顶部有宽2米的片石堆积，底宽9.2米。

**河险** 共1段。位于碾房湾村东南2020米的考考乌素河南北两岸，两侧为河谷切成的断崖，利用河流形成天然防御屏障。河川中有公路、房屋、采石厂、铁路、耕地等，河水几乎断流。全长1650米，呈北—南走向。因年代久远、人为改造、风雨侵蚀、河道下切等原因，河险已有改变。

**烽火台**

共5座，其中上石拉沟村2座，中石拉沟村、寨峁村、陈家沟岔村各1座。烽火台

上石拉沟村1号烽火台（2019年）

上石拉沟村2号烽火台（2019年）

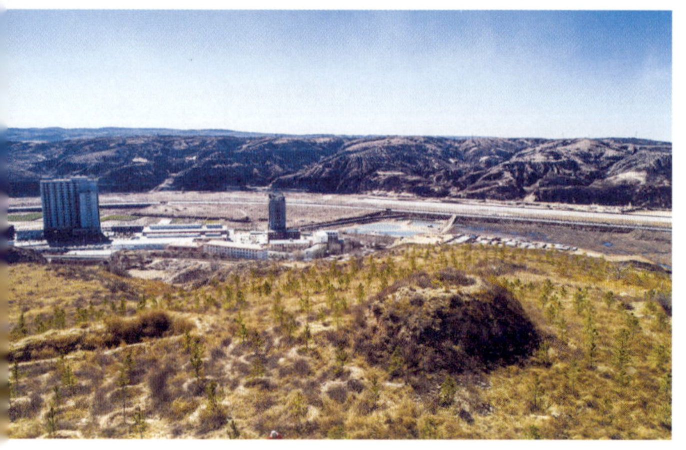
中石拉沟村烽火台（2019年）

周围散落大量片石、瓦片、陶片。

**上石拉沟村1号烽火台**　位于上石拉沟村东北833米的山顶上。台体四面坍塌，呈缓坡状，顶部有一处人为挖掘的南北走向盗坑。台体平面呈不规则矩形，剖面呈不规则梯形。底东西长14米，南北长17米；顶东西长4.6米，南北长6米；西侧高3.5米，东侧高2.4米。烽火台由黄土夯筑而成，夯层厚0.08～0.1米。

**上石拉沟村2号烽火台**　位于上石拉沟村东北500米的山峁上。东、西两面坍塌成缓坡，南、北面上部呈缓坡状，下部因有垒筑的片石而与地面垂直，顶部坍塌，呈东西狭长的鱼脊梁状。台体呈卧鲸状，底东西长16米，南北长8米；顶东西长3米，南北长2米；高2.3米。烽火台由片石垒砌而成，南面可见高0.8米的片石垒筑。

**中石拉沟村烽火台**　位于中石拉沟村东411米的山峁上。台体西、南面坍塌，呈缓坡状，东、北两面保存较好，几乎与地面垂直。台体顶部中央有一处人为挖掘的近似方形的树坑，长3.4米，宽3.3米，深0.7米。台体平面略呈矩形，剖面呈梯形。底东西长13.5米，南北长10米；顶部东西长6.4米，南北长6.2米；东侧高3米，西侧高4米。烽火台由黄土夯筑而成，夯层厚0.08～0.1米。

**寨峁烽火台**　位于碾房湾村寨峁西南800米、窟野河与考考乌素河交汇处北侧的山顶上。台基外石块严重坍塌，台体外石块

寨峁烽火台（2019年）

陈家沟岔烽火台（2019年）

保存较好，略呈圆柱状，周壁几乎与台基相垂直。顶部西北角有人为堆积的石堆1座，高1.6米，宽1.2米。台体上有少量沙蒿类植物和沙棘，顶部正中长有1株蔓藤植物，蔓延至四周。台体平面略呈圆形，剖面呈梯形。底宽16米，长16米；顶长6.3米，宽5.3米；高11米。烽火台内部由黄土夯筑而成，外部包石，石块厚0.15～0.2米。

陈家沟岔烽火台　位于碾房湾村陈家沟岔西南1100米、窟野河与考考乌素河交汇处西南的山顶上。台体四壁竖直，不易攀登。顶部因雨水冲刷凹凸不平，中间有1条宽1～3米的水冲沟，西北部略高于其他部位，长满蒿类植物及少量白茅和沙棘。台体平面呈四边形，剖面呈梯形。底长26.5米，宽24.7米；顶长14.6米，宽14米；高4.9米。烽火台由黄沙土夯筑而成，夯层不明显。

## 宋代黄羊城

宋代，麟、府、丰三个州城及所辖各堡寨，都建在黄土丘陵沟壑区和河谷沿岸险要地段，凭恃天险，控扼通道，唇齿相依，首尾相救。与麟州城互为犄角的横阳堡，建于

黄羊城遗址全景（2018 年）

黄羊城遗址保护碑（2019 年）

北宋大中祥符二年（1009），民间讹称为黄羊城，或黄娘城。

1986 年，神府煤田考古队对黄羊城遗址进行考古调查。1987 年，陕西省文物普查队对遗址进行考古调查。同年 7 月，遗址被公布为神木县重点文物保护单位。1991 年，陕北考古队对遗址进行调查、测绘和发掘。2006 年 3 月 25 日，黄羊城被公布为陕西省重点文物保护单位。

**城址**　位于店塔村东北山梁的黄娘城小组山巅，西临窟野河东，东依沙梁，城南有横阳河流经，东南距麟州故城约 10 千米。城垣平面呈西北向东南倾斜，为不规则的矩形，南北长约 320 米，东西宽约 260 米，面积约 83200 平方米。东、南、北城垣断断续续尚有部分残存，能够辨认出大致走向。据清《(道光)神木县志》记载，旧有南、北两个城门。西城垣大部无存，偶见 0.4 ~ 0.8 米的夯土堆。东墙长 150 米，高 3 米，厚 1.7 米；北墙长 152 米，高 5 米，厚 2 米；西墙长 60 米，高 2 米，厚 1.5 米；南墙长 120 米，高 4 米，厚 1.9 米。城内灰坑众多，瓦砾密集，瓷片遍布，有黑、白、绿等色釉，还有大量长方形砖、方形砖、筒瓦、板瓦、兽面瓦当、鱼形鸱尾等建筑构件。墙体黄土夯筑，夯土内间杂碎石块和料礓石，夯层厚 10 ~ 12 厘米，夯窝直径 6 厘米。1984 年，榆林地区文管会在遗址发现残碑一角，刻有“向者，随侍横阳复持节一时之盛事”等文字，又发现酒瓶 2 个，镌刻“第一副将公用”字样。另在当地村民家征集一件宋代瓷砚，在东南城外瓦砾堆积中捡到数十枚宋代铁钱。20 世纪 70 年代城内平整土地时，曾挖出成堆的侵蚀严重的铁钱币。在距黄羊城南约 3 千米的黄羊城畔村，亦有城址遗迹，该遗址南北长约 160 米，东西宽约 120 米，面积约 19200 平方米。墙体系土石混作，残高不足 1 米。

**采集文物**

**黑釉瓷钵** 宋代，口径 13.6 厘米，底径 14 厘米，高 4 厘米，重 0.62 千克。敞口，圆唇，直腹微凹，平底，黑釉露底，口沿露白胎。出土于黄羊城。

**青釉长腹瓷瓶** 宋代，口径 6.5 厘米，底径 11 厘米，腹径 17 厘米，高 43.5 厘米，重 5.3 千克。直口，圆唇，短颈，长腹，平底内凹，肩部剔釉一周，上腹部竖刻写文字“第一副将公用”。采集于黄羊城村。

**黑釉瓷钵** 元代，口径 7.5 厘米，底径 4.2 厘米，高 5.2 厘米，重 0.2 千克。敛口，卷沿，扁腹，圈足，通体施黑釉，釉不及底。出土于黄羊城。

宋黑釉瓷钵

宋青釉长腹瓷瓶（有字）

元黑釉瓷钵

# 明代长城

延绥镇为明代九边重镇之一。明代初期，因东胜等卫的迁徙，蒙古族鞑靼部落进入河套后，延绥地区防御力量亟待提升，遂在沿边修建城堡。成化六年（1470），右副都御史余子俊巡抚延绥。成化九年（1473）三月，余子俊将延绥镇的镇治由绥德迁至榆林。其时，余子俊派遣镇羌堡指挥宋祥在东距镇羌堡 18.5 千米的浊轮川（今永兴川）北侧山上筑城，城垣周长“二里零二十五步，楼铺八座”，名为永兴堡，店塔镇域大部分属永兴堡辖地。

成化十年（1474）春，余子俊开始兴筑“东起皇甫川、西至定边营，长垣九百二十余里，……墩堡勾连，横截河套之口”的“大边”长城。

明长城山险敌台（2019 年）

延绥长城基本建成之后，“大边”与“二边”（从与镇域南部相邻的神木市永兴街道境内经过）两条走向大致相同，南北并行的长城及三十六营堡组成完整的防御体系。边墙内外墩台烽燧东西相衔，声应气求，互有联络，有效阻挡了蒙古骑兵的长驱直入。“大边”与“二边”长城中间狭长地带形成的通道称“夹道”。

隆庆四年至六年（1570—1572），神木兵备道副使张守中殚力经营，对“大边”东路长城整修重建。张守中因此被擢升为延绥巡抚。万历元年至二年（1573—1574），张守中先后完成延绥镇城和延绥中路“大边”长城的整修后，又对全镇“大边”及附属设施进行全面整治，因边为墩，因墩置院，因地筑寨，补修改移，重新配置，共“修墩堠一百有四，墩院四百八十有四，寨城五十有九”。约三万军丁承担这项艰巨工程，经过重建，延绥镇北部形成楼橹相望、雉堞相连、屹然雄峙、崇墉蜿蜒的局面，防御大固，蔚为壮观。

延绥镇长城分为东、中、西三路，分段防守，店塔镇域长城均属延绥镇东路“大边”。明代，永兴堡驻军丁及守瞭军共 1006 人，配马骡 399 匹，设操守、坐堡、守备各 1 员。清康熙年间（1662—1722）驻守兵 110 人，设守备 1 员统辖。根据延绥镇烽火管理制度，镇域长城时属东路第二把、第三把范围。每个墩台配置 5 名带有眷属定居的军户，储存够 5 个月食用的粮食和柴薪，并置备火药和弓弩、军旗、梆铃。《（康熙）延绥

麟州故城与明长城交会（2018 年）

镇志》记载，明代烽火传警规定:“遇警日则举烟，夜则举火，鸣炮一，沿边传至镇城；若不退，每一时照前举行一次。如出境，日举空烟，夜举空火，不鸣炮。其三五十骑至百骑，日则悬黄旗一，夜则悬灯笼一；二三百骑至五百骑，日则悬青衫一，夜则悬灯笼二；六七百骑以至千骑以上，日则悬皮袄一，夜则悬灯笼三；五千骑至万余骑，日则悬青号带一，少炬烟，夜则悬灯笼四。”

神木市“大边”长城东接府谷县“大边”长城，西南接榆阳区“大边”长城，经永兴、店塔、麟州、西沙、西沟、迎宾路、高家堡等镇（街道），然后西渡秃尾河进入榆阳区。据陕西省文物局2008年长城资源调查结果，神木市内存单体建筑223座、关堡14座。镇域“大边”长城从府谷县新民镇蜿蜒而来，经红旗、水头等村后，跨入永兴街道青草沟村，至草条沟村重新进入镇域内店塔、杨城等村，出永兴街道泥河村后，沿窟野河东岸山崖南去。

长城春景——杨城小堡（2019年）

长城秋景——杨城小堡（2009年）

镇域“大边”长城地处黄土峁梁宽谷区，基本呈东北—西南走向，建筑构造较为简单，基本以夯土筑成。店塔段长城分为土筑、土石混夯、石砌、砖砌数种。防御性墙体包括土墙、石墙、山险三种类型，断续相连。同时，与敌台、烽火台、堡等单体建筑配合，共同构成防御体系。墩台大多建在山脊之上，所处地形沟堑陡峭，难以逾越，间隔距离视地形险易而定，一般为 250 ~ 500 米。由于长城沿线地处矿区，煤矿采空导致地表塌陷，部分单体建筑受到威胁。

长城夏景——杨城村 6 号敌台

长城冬景——草地沟敌台（2019年）

### 墙体

**土墙** 存于杨城村，共3段，总长约2376米，现保存约511米，消失约1865米。呈东北—西南走向或北—南走向，保存情况较差。墙体基础为生土或巨石，基本呈脊状锯齿形或驼峰形。墙体夯筑而成，以黄土为主，包含有料礓石，质地细密，平夯，夯层厚13～20厘米，不见夯窝。杨城村1段分布于杨城村堡西103米，部分利用麟州城墙。墙体顶部基本平整，部分墙体塌陷、倒塌、消失。杨城村2段墙体断点多，两侧剥落严重。杨城村3段在山坡上消失18米，北端与悬崖相接。

**石墙** 存于土墩梁村和草地沟村，共2段，总长约311.8米，现保存约166.8米，消失约145米。呈东北—西南走向，保存情况较差。利用山体铲削和石块垒砌而成。土墩梁村段存石墙20米，山坡铲削部分塌陷，只见痕迹。石砌部分被流水冲刷，人为拆除。草地沟村段墙体顶部基本平整，墙体基础为山上的巨石或自然台基，墙体用石块错缝垒砌，缝隙间用土填充。

草地沟山险及敌台群（2018年）

草地沟山险（2019年）

**山险** 存于秦家燕湾村、水头沟村和草地沟村，共5段，总长约11.24千米。呈东北—西南走向或北—南走向，保存情况一般。山沟宽广且险峻，坡陡峭难以攀登，长有杂草及灌木，明代以后，一直在扩张、塌陷。秦家燕湾村1段、秦家燕湾村2段、水头沟村1段属于利用河道险要防御的山险，草地沟村1段、草地沟村2段属于利用自然峭壁形成的山险。山险之上沿山崖边矗立的敌台，间隔不足500米，与山险共同构成难以逾越的防御体系，蔚为壮观。

**敌台**

共21座，其中红旗村7座，水头村1座，杨城村13座。敌台整体保存情况差。滑坡、塌陷、风雨侵蚀、人为拆除包砖等对围墙和台体造成破坏，部分台体及围墙开裂，顶部塌陷，呈锯齿状。台体多以黄土为主夯筑而成，外部所包砖石大多不存。平面呈矩形、近矩形、近圆形及其他不规则形，剖面

石子塄2号敌台（2018年）

呈梯形、弧拱形及其他不规则形。夯层裸露，不见夯窝，夹杂瓦片、料礓石、片石等。敌台顶部及周围散落大量石块、石片、砖块、瓷片、瓦片。保存相对较好的有杨城村3号敌台、杨城村6号敌台、大墩梁1号敌台、秦家燕湾2号敌台、杏树梁2号敌台、土墩梁2号敌台。杨城村6号敌台台体下部包石保存完好，上部包砖脱落，台体东壁中部有登台石砌圆拱门洞。

**水头沟敌台** 俗称“花墩”。位于水头沟村东南370米低缓的山峁上，为镇域内保存最完整、建筑结构最复杂、最具代表性的长城单体建筑，为延绥镇长城空心敌台的典型。敌台地处黄羊城川与浊轮川分水岭上，高程1314米，视野开阔，相邻敌台密集。

敌台台体保存较好，基座、围墙保存较差。围墙表面多有剥落、坍塌。台体包砖部分脱落，内部两层隔墙两侧门的拱顶有不同程度的人为损坏。台体内部夯土以黄土为主，夯层不明，夯土质地细密，未发现夯窝。台体外部包石长40厘米，宽20厘米，厚10厘米。台体平面呈矩形，剖面呈梯形，底部边长11米，顶部边长9米，高9.7米。围墙建在夯土台基上，平面呈梯形，南墙长27米，东墙和西墙长34米，北墙长22米，墙体底宽2米，顶宽0.4～0.8米，内高1～2米，外高3米。北角可看出厚0.9米的夯土层上有1层砖基，上筑墙体，南墙有豁口，上宽2.2米，下宽2米，疑为门的位置。

台体东南部有附属小台以便登台，夯筑而成，包砖多脱落，底部略有保存，长9.8米，宽1米，高2.8米。小台东侧为缓坡可上，应是登台通道，仅存2阶石踏。台体的门位于正面，比小台高2.2米，门分两层，外层石质，内层包砖，外层由2根石门柱、1块石门楣、1块石门踏组成。石门柱宽0.5米，厚0.15米，高1.15米；石门楣高0.5米，

杏树梁敌台（2018年）

杨城村1号敌台（2018年）

宽0.9米，厚0.37米；石门踏厚0.25米，宽0.5米，长1.5米。门踏内侧两边各有一个门窝，圆形，直径0.12米。内层为砖砌门洞，宽1.15米，高2.33米，进深1.1米。中间靠门柱两侧各有一个圆形门杠洞，直径0.15米，进深0.15米。

台体内部为“三横三纵”结构，由东西的2层隔墙将台内分为3层，每个隔墙有3个门，两侧门较宽，宽1.35米，中间门较窄，宽1.14米。除南墙外，其余三面墙体各有瞭望口4个，瞭望孔有2层，外层石料，长0.5米，宽0.3米，高0.8米；内层砌砖，长0.8米，宽0.7米，高1.14米；窗不存，每个瞭望孔下对应1个射孔，长0.22米，高0.2米，每个射孔上有3个半圆形阴刻。通过这种“三横三纵”的结构，台体内防守人员可

水头沟敌台内部结构（2019年）

高步刚　摄

水头沟敌台内部之局部（2018年）

水头沟烽火台保护碑（2018 年）

以迅速观察各个方向的敌情。第一层隔墙的中间门洞和西侧门洞之间的墙上有台阶可以登至顶部，石制台阶长 1.2 米，宽 0.2 米，高 0.3 米，保存部分拱形顶。台体顶部每面有 5 个半圆形礌石孔，由专门烧制的砖垒砌，长 1.2 米，直径 0.4 米，由台体顶部斜向下。

台体前立有文物保护碑 2 通，较小的碑为敌台，于 1983 年公布为县级文物保护单位时所立，碑文重点对敌台建筑结构进行介绍；较大的碑为 2017 年公布为省级文物保护单位时所立。

**烽火台** 共 14 座，其中红旗村 2 座，水头村 3 座，店塔村 2 座，杨城村 7 座。均由黄土夯筑而成，夯土质地细密，部分夯层中夹杂料礓石、石片、瓷片等，不见夯窝。台体大多表层剥落，坍塌严重，周围地表裂缝很多。台体周围散落着大量的碎砖石、瓷片、瓦片等。

大墩梁 2 号烽火台基座被铲削呈近圆形。板墩焉烽火台西端为一层灰烬，包含有大量骨头、烧骨、炭屑和瓷片。土墩梁烽火台下部折向西壁有一条可登至台顶的狭窄斜道。草地沟 1 号烽火台台基东侧利用山峁上的大石块建成。杨城村 1 号烽火台经二次建筑而成，上部分又分为两个堆积层，下层为 0.15 米厚的炭屑、灰土堆积，上层为 0.3 米厚的砖、瓦片、石片堆积。杨城村 2 号烽火台南面西侧有一处石砌部分，呈人字形斜砌。与永兴街道交界处的黑城墩烽火台西壁上部有一层海墁铺砖。

**杨城小堡** 位于杨城村西南 1250 米的石质山梁西端。堡整体保存差。保存有四面堡墙和西墙北部外侧敌台，堡内平整，有人工林。堡墙顶部呈锯齿状，墙体及敌台表面有剥落。堡坐北朝南，平面呈近菱形，东墙长 33 米，南墙长 31 米，西墙长 44 米，北墙长 36 米，周长 144 米，占地面积约 1200 平方米。堡墙为土墙，夯筑而成，夯层厚 0.1 ~ 0.11 米，夯土包含有料礓石，高 3 ~ 6 米。墙体底宽 3 米，顶宽 0.5 ~ 1.4 米，内高 4 米，外高 5 米；南墙中间有门，现为豁口，宽 5 米，距东端 14 米。堡西北角有一座敌台，夯筑而成，夯层厚 0.08 ~ 0.12 米，外为夯土、石块混合层，剥落严重。台体平面呈矩形，底部东西长 6.4 米，南北长 7 米；顶部东西长 5.4 米，南北长 6 米；高 6 米，外层夯土、石块混合层宽 0.9 米，厚 0.26 ~ 0.28 米。台体东壁有登台门洞，门洞外层坍塌，宽 0.9 米，进深 1.55 米，折北通向台体顶部；顶部 1.5 米处是二次建筑，为夯土、石块混合层，其下为 0.3 米厚的片石层。小堡周围遍布杏林，春来杏花烂漫，秋天红叶满山。

杨城小堡（2019 年）

# 民国时期堡寨

镇域那木克梁和小庙的两座土寨，是晚清至民国时期社会动乱的历史见证。

**那木克梁寨** 位于梁家塔村西北那木克儿山梁。西临牸牛川，南临大板兔川。民国初期，为了应对土匪侵扰，那木克梁村民武庭富动员组织周边村庄村民夯土筑墙，历时两年竣工。当年寨子曾用于办学校，学生上学时专门安排人在墙上瞭哨，遇有匪情，学生疏散避险。

那木克梁堡寨（2018年）

土寨整体呈矩形，寨墙南北边长约55米，东西边长约35米。寨门朝南突出，门道高出地面约3米。寨门两侧墙体底边长约3米，顶边长约2米，西南角与东北角各有角楼。墙体由黄土夯筑而成，夹有大量料礓石，平夯，残高约4米，生长大量野枸杞。寨内有两处建筑遗址，一处为局部片石铺垫的夯土台，另一处为高约2米的夯土柱。

**小庙寨** 位于杨城村小庙小组山梁，海拔1222米，距麟州故城东约5千米，其西侧为店张一级公路。1947年，国民党神木县驻军组织修筑土寨，作为军事据点。同年10月，中国人民解放军西北野战军独立一旅解放神木县城，国民党残余军队退出镇域，土寨军事功能废弃。

寨子整体为夯土结构，大体呈四方形，东墙长 54 米，底部宽 4 米，顶部宽 0.3 ～ 1 米，高 4.7 米。南墙长 62 米，西墙长 60.5 米，北墙长 46 米，底部宽 4 米，顶部残宽 0.5 ～ 1 米，高 4.7 米。城墙顶部有一圈垛口，垛口间距 3 米，宽 1 米，高 0.5 米。寨子东南、西南角各有一角楼，角楼上曾有建筑。寨子中心为直径 30 米的圆形夯土台，高 0.8 ～ 1.7 米，其上堆积大量砖瓦残片。寨门位于西墙正中，为宽约 4 米的涵洞，曾有木质门扇，后被泥淤积，残高 90 厘米。城外壕沟宽 3.4 米，深 2.4 米，呈凹字形，围住寨子三面围墙，东、西、北三面均为深沟，南面与山体连接。寨内龙王庙在“文化大革命”期间遭到破坏。

小庙堡寨（2019年）

水头沟敌台（2018年）

# 麟州故城

麟州故城，俗称杨家城，位于窟野河东岸山崖上的杨城村。

麟州是唐宋时期重要的西北边关重镇，始置于唐开元十二年（724），历经宋夏对立，辽金争夺，风雨侵袭，故城遗址规模依然宏大，是全国少数保存较为完整的唐宋城址，对研究古代政治、军事及民族关系史具有重要价值。饱经沧桑的麟州故城，1983年被神木县政府公布为县级文物保护单位，2003年被陕西省政府公布为省级文物保护单位，2006年5月25日被国务院公布为第六批全国重点文物保护单位。

## 历史沿革

**麟州兴废** 唐开元八年（720），突厥人康待宾联合党项、羌族反唐，攻占胜州所属的银城县和连谷县。次年，唐朝廷派兵部尚书王晙、燕国公张说前往镇压，擒获康待宾，叛乱平息。开元十二年（724），经张说奏请，割连谷、银城，设置麟州。由于麟州属民族杂居之地，群雄割据，烽火不断，战事屡兴。开元十四年（726），撤销麟州建置。天宝元年（742），朔方节度使王忠嗣奏请再次设置麟州，并改为新秦郡。乾元元年（758），复为麟州，领属新秦、连谷、银城三县，“户二千四百二十八，口一万九百三”。中和四年（884），麟州隶属于河东道。

五代时，沿袭麟州建置。天祐五年（908），李存勖划河外三州隶河东。后晋天福元年（936），石敬瑭以燕云十六州贿契丹，麟州、府州联盟抵御。次年，北汉杨弘信自立为刺史。开运元年（944），后晋授杨弘信为麟州刺史。后周广顺三年（953），杨弘信次子杨重勋归降后周，为麟州防御使。北宋乾德五年（967）十二月，麟州升为建宁军。端拱二年（989），改建宁军为镇西军。政和四年（1114），将银城县和连谷县并入新秦县。

北宋时期，麟州处于契丹、西夏、北宋三大政权之间。麟州与府州、丰州长期隶归河东（今山西）管辖，边关要地，少有宁日。固守麟州，东可拒契丹南侵，西能牵制西夏对鄜延及以西诸路进犯，南可保河东一带安全。麟州城虽孤悬河外，与延州（今延安）等地联系须西渡黄河，绕道山西，军需物资亦须由河东转运，但“麟州存则固河东，弃之则失河外”，“固河东”的军事价值具有重要的战略意义，北宋不惜付出重大代价固守麟州，且派司马光、文彦博、欧阳修、范仲淹等名臣多次巡察。

南宋建炎二年（1128），府州知州折可求以所属麟州、府州、丰州叛宋降金。金皇统八年（1148），麟州、府州被西夏占据。兴定元年（1217），麟州被金兵占据，撤销镇西军，改为神木寨。此后，神木寨又被西夏、元先后占领。

元至元元年（1264），元军据有麟州，并立云州于神木寨。至元六年（1269），改云州为神木县。至元十八年（1281），主簿王瑄迁建县城于窟野川东山（今神木市麟州街道旧城村）。

明洪武十四年（1381），复置神木县。正统五年（1440），县城复迁麟州故城址。正统八年（1443），因县城居山顶不便，迁建于窟野河平川（即今神木市区老城），麟州故城再次废弃。

## 链接 1：升麟州为建宁军节度诏

眷彼麟州，地连金泽，怀柔镇抚，实曰要区。俾分节制之权，以重藩宣之寄。宜升为节镇，以建宁军为名。

——曾枣庄、刘琳主编，四川大学古籍整理研究所编:《全宋文》第 1 册，巴蜀书社，1988 年，第 150 页

## 链接 2:《明实录》有关移置神木县治的记载

永乐四年，宁夏总兵官、左都督何福奏：陕西神木县在绥德卫之外七百余里，盖极边冲要之地，虏之所常窥伺者。洪武中，每岁河冻，调绥德卫官军一千往戍。后设东胜卫，又在神木之外，遂罢神木戍兵。今东胜卫率调永平、遵化，神木虽如旧戍守，然兵少不足以制寇，且县治在平地，四山高峻，寇至凭高射城中，难为捍卫。县城东山有古城，颇险峻，且城隍坚完，请移县治，于彼益兵戍守为。上从其言，命于绥德卫再调一千户所往戍守。

——《大明太宗文皇帝实录》卷五十四，国家图书馆藏明代抄本

正统六年初，镇守陕西右副都御史陈镒奏：令延绥各边堡采刈秋青草，而各堡执称沙漠无草，镒令管粮参政李寅、佥事许资等覆勘。资奏：镇守官都督佥事王祯，意在勒要民供，宜治其罪。祯抗奏不服，云：镒使资害己，并摭镒奏移神木县杨家城寨不便。革去保安、安定二县官军，非旧制。各寨堡岁用草一百万束。镒止拨延安府草十万束，供给瘦损马匹。上命镇

麟州故城保护碑（2019年）

守佥督御史王翱等勘实以闻，至是翱等奏：县寨移居山顶，实不便宜，移置神木县于平川，杨家城寨于县西五十里，守备二县官军，亦宜仍旧。然镒所言草实茂盛有余，宜令用心采刈，并取延安、绥德二卫屯田余丁及本处守备军余于寨堡附近给田耕种量纳草束，以备补助，俱听协赞军务副使陈斌提督比较，仍令延安府拨民草二十万给之，如复马瘦误事，则祯罪不可逃矣。上从之，命该部移文陕西都司布政司及王祯、陈镒俱令用心董理，毋复偏执误事，违者不宥。

——《明英宗睿皇帝实录》卷八十六，国家图书馆藏明代抄本

### 驻军职官

职官　唐代，麟州设刺史，下属官吏有司功、司户、司田、司仓、司兵、司法、司士等参军事，合称判司。麟州下辖新秦、连谷、银城3县，各设县令，佐官有丞、主簿、尉等。北宋乾德五年（967）十二月，升麟州为建宁军（后改为镇西军），设节度使或节度使留后，下属官吏有副使、行军司马、推官、判官、掌书记各1员。但节度使并不履任，亦无所掌。又设知州军事（一度称太守）与通判。又有刺史一职，亦为虚衔。元代，一度为云州治，后为神木县，设县尹，下属官吏有丞、主簿、尉、典史各1员，又设达鲁花赤1员，由蒙古族人任职，以便监督汉族官吏。

## 唐宋时期麟州部分主官易替一览表

表 10

| 朝代 | 任期 | 姓名 | 职务 | 籍贯 | 备注 |
|---|---|---|---|---|---|
| 唐 | 乾元年间（758—760） | 臧希晏 | 麟州刺史 | 高密（今属山东） | 《臧希晏神道碑》今存 |
| | 贞元某年至贞元十七年（？—801） | 郭　锋 | 麟州刺史 | 华州郑县（今属陕西） | 郭锋，郭子仪之孙;《旧唐书·德宗纪下》载：贞元十七年七月“己丑，吐蕃陷麟州，杀刺史郭锋” |
| | 大和五年（831） | 崔　应 | 麟州刺史 | | |
| | 会昌三年（843） | 石　雄 | 麟州刺史 | 徐州（今属江苏） | 《旧唐书》《新唐书》有传 |
| | 天祐十三年（916） | 张　瓘 | 麟州刺史 | 同州（今属陕西） | |
| | 约乾符二年（875）至天祐二年（905） | 折嗣伦 | 麟州刺史 | 府州（今府谷） | 《刺史折嗣伦碑》有记载，残缺不全 |
| 五代 | 后晋天福七八年在任（942、943） | 刘　崇 | 麟州刺史 | 太原 | 后汉高祖刘知远之弟,《旧五代史》有传 |
| | 后晋天福九年在任（944） | 尹　实 | 麟州刺史 | | 事见《册府元龟》卷 118 |
| | 北汉（951—979） | 杨弘信 | 麟州刺史 | 麟州（今神木） | 后周广顺二年（952），杨弘信去世，次子重勋袭职 |
| | | 杨重勋 | 麟州刺史 | 麟州（今神木） | 《资治通鉴》卷 293：“［后周世宗显德四年（957）］北汉麟州刺史杨重训举城降，以为麟州防御使。” |
| | | 结齐罗 | 麟州刺史 | | 北宋开宝二年（969）夏四月，北汉麟州刺史结齐罗、兵马都监嘉且舍鄂以城来降。事见《续资治通鉴长编》卷 10 |
| | | 折乜罗 | 麟州刺史 | | 北宋开宝二年（969）五月，北汉麟州刺史折也罗以城降。事见《皇宋十朝纲要校正》卷 1 |
| | 后周（951—960） | 杨重勋 | 麟州刺史 | 麟州 | 《资治通鉴》卷 291：广顺二年（952）末“初，麟州土豪杨信自为刺史，受命于周。信卒，子重训嗣，以州降北汉。至是为群羌所围，复归款，求救于夏、府二州。” |
| | | 王继勋 | 麟州刺史 | 平陆（今属山西） | |
| 北宋 | 建隆元年至开宝五年（960—972） | 杨重勋 | 麟州刺史、建宁军节度使留后 | 麟州 | |
| | 开宝六年至太平兴国三年（973—978） | 刘文质 | 知麟州 | 保州保塞（今河北保定） | 《宋史》有传 |

续表 10

| 朝代 | 任期 | 姓名 | 职务 | 籍贯 | 备注 |
|---|---|---|---|---|---|
| 北宋 | 太平兴国四年至端拱二年（979—989） | 韩崇训 | 权知麟州 | 磁州武安（今属河北） | 《宋史》有传。北宋雍熙二年（985），计杀银州宋都巡检曹光实，“预署”嵬悉咩为麟州刺史 |
| | 咸平二年至三年（999—1000） | 韩崇训 | 知麟州 | | |
| | 咸平三年至大中祥符二年（1000—1009） | 卫居实 | 知麟州 | | 《宋史》卷 6 本纪第六：“知麟州卫居实言继迁以众二万来攻城，兵出击走之，杀伤过半。”《宋史纪事本末》卷 14：“（咸平）六年六月，李继迁围麟州，知州事卫居实出奇兵突战。” |
| | 大中祥符二年至九年（1009—1016） | 李直己 | 知麟州、礼宾副使 | | 《续资治通鉴长编》卷 83：“（大中祥符七年九月）庚戌，诏奖知麟州、礼宾副使李直己，转运使言其干事故也。” |
| | 天圣六年至七年（1028—1029） | 王仲宝 | 供备库使、麟府路兵马钤辖、知麟州 | 高密 | 《宋史》有传 |
| | 景祐元年至宝元二年（1034—1039） | 朱　观 | 知麟州、供备库使 | | 《续资治通鉴长编》卷 123：“（宝元二年二月）甲戌，知麟州、供备库使朱观请筑外罗城，以护井泉。”范之柔《范文正公年谱补遗》：“惟朱观久在麟州，知得次第。” |
| | 宝元二年至康定二年（庆历元年）（1039—1041） | 苗继宣 | 知麟州、礼宾副使 | 潞州（今属山西） | 苗继宣即苗京。其子苗授，《宋史》有传：“苗授，字授之，潞州人。父京，庆历中，以死守麟州抗元昊者也。”《续资治通鉴长编》卷 133：“庆历元年九月壬申，知麟州、礼宾副使苗继宣为礼宾使、资州刺史，并以城守之劳也。”本书收有艺文《苗继宣镇守麟州城》 |
| | 康定二年（庆历元年）至庆历三年（1041—1043） | 安　俊 | 知麟州 | 太原 | 《宋史》有传 |
| | 庆历三年至皇祐二年（1043—1050） | 张继勋 | 知麟州、礼宾副使 | | 《宋会要·兵》二七之四一：“庆历中，元昊既纳款，知麟州、礼宾副使张继勋奉诏定界。”范之柔《范文正公年谱补遗》：“（庆历四年）九月，公在并州……二十日，枢密院札子：奉旨令公就近差人知麟州。公与明镐商量，举閤门祇侯张继勋。” |
| | 皇祐三年至至和二年（1051—1055） | 张希一 | 知麟州、西上阁门使 | | 《续资治通鉴长编》卷 186：“（嘉祐二年八月）降前知麟州、西上阁门使张希一知仪州，六宅使王守忠为辂州钤辖，以知并州庞籍言希一等前在麟州不恤边患，致西人侵占屈野河外禁地也。” |

续表 10

| 朝代 | 任期 | 姓名 | 职务 | 籍贯 | 备注 |
|---|---|---|---|---|---|
| 北宋 | 至和二年至三年（嘉祐元年）（1055—1056） | 王　亮 | 麟州守将 |  | 《宋史·外国》一："嘉祐元年，麟州守王亮奏事。" |
|  | 嘉祐元年至二年（1056—1057） | 武　戡 | 知麟州、六宅使、带御器械 |  | 《宋会要·职官》六五之一五："（嘉祐）二年七月二十八日，知麟州、六宅使、带御器械武戡除名、江州编管。" |
|  | 嘉祐二年至熙宁三年（1057—1070） | 王庆民 | 知麟州 |  | 《续资治通鉴长编》卷 190："（嘉祐四年十二月）乙亥，知麟州王庆民上麟、府二州图。"《欧阳文忠公集》卷 88《赐西京作坊使知麟州王庆民奖谕敕书》，嘉祐四年十二月十七日敕 |
|  | 熙宁三年至九年（1070—1076） | 张　居 | 知麟州、崇仪副使 |  | 《续资治通鉴长编》卷 226："（熙宁四年八月庚午）知麟州、崇仪副使张居为西京左藏库使。先是，州城井泉不足，军民汲于城外沙泉，前后守欲筑城以包之，而土多沙砾，不果城。居命凿去旧土而筑之，城成，人以为便，故赏之。" |
|  | 熙宁九年至元丰二年（1076—1079） | 王文郁 | 左骐骥副使、知麟州 | 麟州 | 《宋史》有传 |
|  | 元丰二年至五年（1079—1082） | 郭忠绍 | 知麟州 |  | 《续资治通鉴长编》卷 337："（元丰六年七月庚申）知镇戎军张世矩言：尝举知麟州郭忠绍为路分钤辖。今得知麟州訾虎书，称近尝出师，朝廷指挥忠绍为虎照应，而忠绍以故颇怀怒君父。观此固非忠孝，乞不用前状。" |
|  | 元丰五年至元祐元年（1082—1086） | 訾　虎 | 知州 |  | 《续资治通鉴长编》卷 335："（元丰六年六月辛亥）河东经略司言：五月，西贼入麟州神堂寨，知州訾虎等领兵出战有功。" |
|  | 元祐元年至五年（1086—1090） | 王景仁 | 知麟州 |  | 《续资治通鉴长编》卷 437："（元祐五年正月己丑）知麟州王景仁、通判魏缗罚金有差，并冲替。" |
|  | 元祐五年至六年（1090—1091） | 孙咸宁 | 知麟州 |  | 《续资治通鉴长编》卷 466："（元祐六年九月甲寅）诏知麟州孙咸宁以斥堠不明，致西贼攻扰，令先次冲替。" |
|  | 元祐六年至七年（1091—1092） | 王献可 | 知麟州、西作坊使 |  | 《续资治通鉴长编》卷 478："（元祐七年十一月辛巳）知麟州、西作坊使王献可追一官，勒停。" |
|  | 元祐八年至绍圣三年（1093—1096） | 燕　复 | 知麟州 |  | 《续资治通鉴长编拾补》卷 13："（绍圣三年正月）己酉，御史中丞黄履言：知麟州燕复以纳粟复官，年逾七十，耳目昏暗，郡务废弛，乞罢免。诏河东经略司体量闻。" |

续表 10

| 朝代 | 任期 | 姓名 | 职务 | 籍贯 | 备注 |
|---|---|---|---|---|---|
| 北宋 | 绍圣三年至崇宁五年（1096—1106） | 张世永 | 知麟州 | | 《续资治通鉴长编》卷 485：“（绍圣四年四月丙戌）知麟州张世永复崇仪使，权发遣太原府路钤辖、管勾麟府路军马事。”张世永所书《宋故内殿承制閤门祗侯麟州俄儿族巡检高君墓志铭并序》今存 |
| | 大观元年至重和二年（宣和元年）（1107—1119） | 杨宗闵 | 知麟州 | 代州（今属山西） | 《宋史》有传 |
| | 宣和二年至靖康二年（建炎元年）（1120—1127） | 韩嗣宗 | 武翼郎、知麟州 | | 《建炎以来系年要录》卷 9：“（建炎元年九月己丑）武翼郎、知麟州韩嗣宗为将士所逐，诏镌秩罢之。” |
| 南宋 | 建炎二年（1128） | 折可求 | | 府州 | 《宋史纪事本末》卷 62：“（建炎二年十二月甲辰）知府州折可求叛，以所属麟、府、丰三州降金。” |

**驻军** 唐代，麟州设下都督府，置都督 1 员，属官有别驾、长史、司马、功曹参军事、录事参军事和文学博士、医学博士等。大历十四年（779），以振武军节度使任单于大都护兼绥、麟、银、胜等州节度使，总领军事、民政；于麟、府等州设镇武军沿河 5 镇都知兵马使。中和四年（884），割麟州隶河东道，军政遂归河东节度使总领。五代

麟州故城冬景（2019 年）

时期，麟州设刺史或防御使主持军务。宋因袭唐制，麟州升为建宁军后，以节度使或留后并领军民政务。又设麟府路钤辖司，设钤辖、都监、监军事等官，统领驻泊兵马，或以他州钤辖管勾本路军马。至道（995—997）初，设夏绥麟府都部署指挥4州驻军，在麟州浊轮川（今神木市永兴街道）设副部署指挥麟府路军。州以下各寨设知寨，领兵驻扎。元至元元年（1264），麟州归附元朝，设都总管府，置总管、经历等官负责军务。宋代，麟、府二州厢兵及驻泊禁军合称麟府路军。其兵额据欧阳修《论麟州事宜疏》记载，庆历年间（1041—1048）"除分休外尚及二万"。其中，常驻建宁寨至清寨堡饷道五寨之兵为7500人，另有2500人运粮。唐宋时，麟州军需物资经河东转运司（驻山西）供给。庆历年间，筑建宁、镇川等五寨为饷道，以2500名军士转运粮饷。欧阳修《论麟州事宜疏》载："庆历三年一年用度，麟州运粮七万余石、草二十万余束；五寨用粮一十四万余石、草四十万余束。"元代驻军情况不详。

远眺将军祠（2017年）

## 古代战事

古代镇域是民族杂居之地，南北朝以来，突厥、党项、羌、契丹等民族在此纷争频繁。唐代，设置麟州，吐蕃多次挑起战端。其中，贞元十四年（798）七月的战事尤为惨烈，麟州城陷，刺史郭锋被杀，城郭被夷为平地。五代时期，麟州战火纷飞。宋代，宋与西夏隔窟野河对峙，重大战事时有发生。宋与辽、金与西夏也曾反复争夺，激战麟州。

**浊轮川之战** 北宋雍熙二年（985），夏州蕃落指挥使李继迁占据银州（今米脂、佳县一带），向北发展势力。五月，进攻麟州，被宋王侁所率军队在兔毛川（疑为今板兔川）、浊轮川（今永兴沟）挫败。

**松花岩之战** 北宋咸平二年（999），李继迁军由万户峪（今神木市万镇）进攻麟州，到达松花岩（疑为今神木市花石崖）。府州知州折惟昌率部堵截失利，李继迁兵临麟州城下，被知州韩崇训击退。

**咸平麟州之战** 咸平五年（1002）六月初八，李继迁率 2 万骑兵围攻麟州，切断城中水源。知州卫居实、麟府浊轮川副都部署曹璨凭险据守，向外求援，宋军多路驰援。夏军腹背受敌，又逢忽降暴雨，李继迁见形势不利，拔营撤退。

**庆历麟州之战** 北宋庆历元年（1041）七月，西夏李元昊率军进攻麟州，知州苗继宣抵抗 27 天。城中缺水，苗继宣让士兵用泥浆涂补城墙，迷惑敌人，又向外求援。夏军退兵，转而攻陷丰州。

**柏子寨之战** 庆历二年（1042）某月，并代都钤辖管勾麟府军马公事张亢与知州折继闵，领兵 3000 人护饷到麟州，在柏子寨（今址不详）与来袭的西夏李元昊数万兵马遭遇。宋军将士突围后，利用地形伏击，西夏军大乱，坠崖而死者不计其数。

**兔毛川之战** 庆历二年（1042）三月，西夏军经兔毛川袭击建宁寨。张亢命骁将张岜率精兵数千埋伏，自领万余兵力诱敌。双方展开激战，宋军大胜告终。经过此役，西夏军很长时间不敢进兵。

**嘉祐麟州之战** 嘉祐二年（1057）春，并州通判司马光在麟州巡边，与知州武戡达成一致意见，拟在窟野河西修筑两座城堡，以防止西夏人侵扰，且作麟州前哨。五月初五夜，麟州军卒1000余人赴河西筑堡，遭到西夏兵马突袭。武戡仓促出战大败，管勾麟州军马郭恩、内侍黄道元战死。

# 故城遗迹

**城址概况** 麟州故城位于杨城村，地理坐标北纬38°56′42.7″～38°57′09″，东经110°28′08.7″～110°28′26.1″。城址呈不规则长方形，地势东高西低，最高海拔点1160米，最低点1092米，平均海拔1120米。城筑在山上，北邻草地沟，西临窟野河悬崖，东接桃峁梁，南为麻堰沟。东南皆山陵沟壑地形。南北长1000余米，东西宽300米左右，总面积为69.30公顷。城垣依山而建，三面沟河环绕，多处悬崖绝壁，地势险要，易守难攻。北宋欧阳修称赞麟州城“城堡坚完，地形高峻，乃是天设之险”。

故城废弃以后，城墙坍塌倾圮。遗址大多为唐宋时期修建的夯土城墙，主要由夯土墙垣、门洞、瓮城、墩台、马面和29处房屋基址构成，形状基本完整，城垣屈曲蜿蜒，遗迹清晰可辨。整个故城分为东城、内城、西城3个相互联系又相对独立的部分。城墙整个残存高度在3～6米以上的有1450米，小于3米的有3200米，以上两部分占总长度的92%。城墙厚度8～10米，部分残存高度6～10米。故城的南段为断崖，一般修筑大约2米高的雉堞。

20世纪70年代修建杨城电灌站，从城垣东面到西北面修建1950米长的灌溉明渠，其中东段明渠穿破城垣进入城内，中段明渠利用城垣的高度造成占用性破坏，占压墙垣遗址两段共200余米。同期的农田基建工程将遗址东部30公顷土地辟为农田。由于故城遗址的城垣为黄土夯筑，在自然条件下不易保护，城垣本体长期遭受雨水冲刷、风力

麟州故城东门址（2019年）

剥蚀、重力塌落等自然慢性破坏，酥碱风化现象严重。

**东城**　位于东部，地势为大面积的缓坡地，面积约为10.82公顷。城垣依山而建，夯土筑城，悬崖处石块垒砌。东墙与西墙保存较好，西墙局部残高达18米，底宽40米。南墙破坏严重，杨城村若干户村民在东门至南门的城垣上挖掘窑洞。墙体内有纴木腐朽孔洞。城内地势开阔、平坦，东南和西北部有建筑基址。原有北、东、南三座城门，有三座瓮城、三处马面以及四处角楼遗迹。北门已成为冲刷沟。城东南角的东门是故城的主入口之一，附有马蹄状瓮城。南门城西南角，有椭圆形瓮城。东瓮城与南瓮城之间相

麟州故城南城墙（2019年）

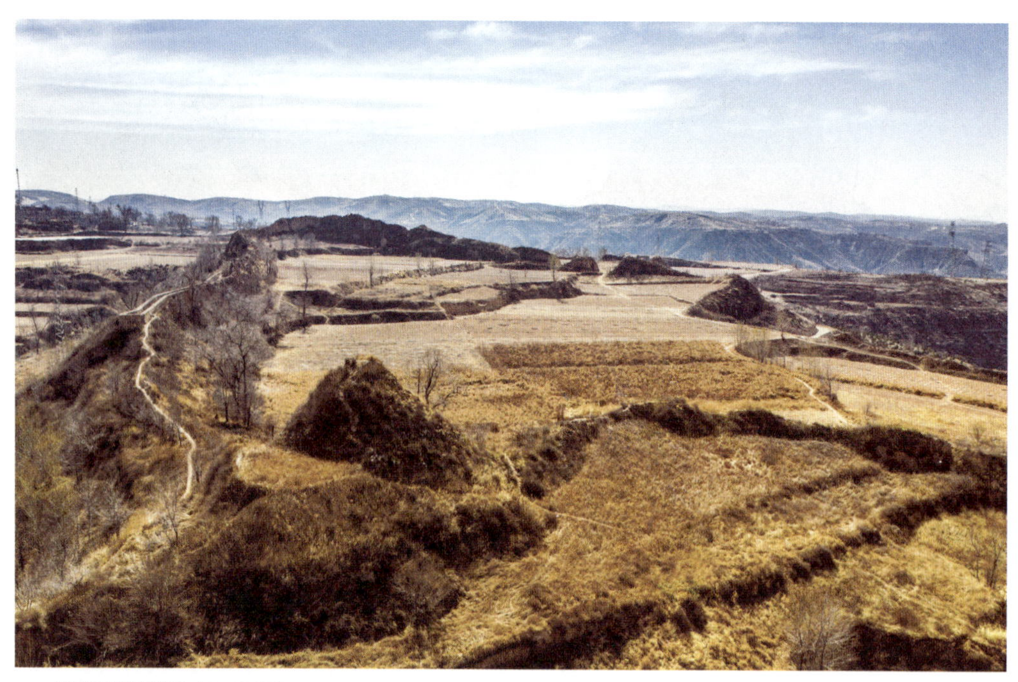

麟州故城西城墙（2019年）

距300米，有两处马面。

**内城** 俗称紫锦城。内城最小，面积约为6.01公顷，位于故城中部偏南，地势高敞，墙垣厚大，是麟州故城的中心。内城城垣保存状况最好，保存长度822米，残存高度10米以上。内城东墙也是东城西墙，全长300米。最大的残存高台高18.3米，是全城的最高点，《宋史·外国一·夏国上》记载的红楼疑是建在此处。

**西城** 规模最大，地形复杂，面积约为30.07公顷，辟两门，西城城垣大部分损毁。城内北部和西南部存有高低不等的夯土墙垣。西城外西北部与长城遗址交错的部分称为北外城，面积为22.4公顷。故城遗址的北外城与明代长城遗址相互交错，交错处为石砌墙体。因难以厘清，故公布故城周长约5千米。

## 链接：1972年史念海考察麟州故城

神木早在唐宋时期即已为边防要地。神木于唐时为麟州治所，府谷于宋时为府州治所。只是后来县城皆有所迁徙，并非当年的州治。唐麟州城在今神木县北杨家城。杨家城位于窟野河畔，唐时在这里设置麟州，就是为了控制窟野河谷。窟野河虽非大川，河谷却相当宽广，可以通行众多军马。明代在这里所筑的长城，即筑在麟州城的西城墙上。麟州城外的长城已为许多沟壑所切割，断断续续各自成其段落。麟州城内亦多为沟壑所隔绝，残缺不全，实已成为村落，而且还不是较大的村落。西城墙上雉堞犹存，可以想见当年麟州城的雄壮气派。其时，村民正在拆毁城墙，平整土地，若迟到数日，必将一无所见，就难于理解当年在此建立州城的缘由。

宋时府州治所在今府谷县城北黄河岸旁。府州和麟州不同。麟州的设置是为了控制窟野河谷，府州则为了控制黄河西岸。府州治所高踞原头，固然易于防守，却极为缺水，须由黄河中取水供应，如水源被切断，州城就难于防守。当年筑城为了巩固取水道路，就紧濒黄河，连城下也不留空隙，如果有意要切断城内水源，也是难于由城下通到河边。可见当年筑城确是用尽了心机。府州和麟州都有沟壑，具体情况却不尽相同。麟州治所即今杨家城，到处都是沟壑。

——史念海:《黄土高原考察琐记》,《中国历史地理论丛》，1999 年第三期

**衙署** 在故城西城西北部打井畔东，有柱础石、砖石砌筑平台、鸱吻、筒瓦等建筑遗存，疑为中晚唐时官衙所在地。

西城西关墩畔宋代官署，位于西城西关墩畔梯田式平台耕地上，中心地理坐标北纬 38° 56′ 53.1″，东经 110° 28′ 13.5″，海拔 1103 米。坐北向南，面积 700 平方米，建筑基址布局有序，高低错落有致，南北轴线布局，分为前殿、庭院甬道、后殿三部分，并有耳房等附属设施。前殿面阔三间，进深三间，后殿分为前后室，均为方砖铺地，甬道由砂条石铺就，有板瓦、筒瓦、“官”字瓦、“官”字方砖等遗物，柱础石、散水、下水道等建筑遗迹。

**将军祠** 宋代时为真武庙，在东城中部，地势突兀，地名将军山。有北宋绍圣五年（1098）三月二十七日冯惟寅所书碑文存世。2002 年，考古勘探发现建筑基址。2008 年，在原庙址建将军祠，有正殿及东西厢房。正殿门口楹联“铁马金戈志在燕云万里驱驰号无敌，伟业丰功肇于麟府千秋忠烈誉满门”。正殿内有杨信、杨业、杨重勋父子塑像，东西墙壁彩绘 24 幅杨家将故事图画，室内有麟州故城全景沙盘。东西厢房壁挂书法等作品。祠外广场前有石牌坊一座，横额“气挟风雷”，对联“众口成碑传奇数卷称无敌，

麟州故城将军祠

一门报国忠烈千秋有几家”。

**故城石窟** 位于故城遗址西约 2 千米处临窟野河的悬崖之上，地势险峻且隐蔽。为规模较小的砂岩石质单窟，开凿年代为唐代。

窟口向南，立面近方形，高 1.52 米，宽 1.5 米，窟口已经部分坍塌。窟平面近方形。窟进深 1.3 米，宽 1.5 ~ 1.7 米，高 1.52 米。顶部部分风化，残留有墨书北宋元丰和大观年间题记，最早为元丰二年（1079）。

全窟的造像题材组合为一佛二弟子二菩萨二天王或力士。后壁设坛窟，基坛上高浮雕一佛二弟子，主尊为善跏趺坐的弥勒佛。左右侧弟子呈站立状，踩于覆莲座之上，双手合十于胸前。东西壁造像均为高浮雕一菩萨一天王或力士，菩萨呈站立状，天王或力士表面基本残毁，仅具轮廓。造像风化破坏严重。

**杨城石窟** 位于杨城村西南桑树峁向南凸出的石圪堵东侧岩壁半山腰处，南临马牙沟。时代暂定为宋元时期。

石窟为方形单窟，周围乱石林立，宽约 340 厘米，高约 173 厘米，深约 320 厘米。

麟州故城石窟（2014 年）

杨城石窟藻井（2014 年）

窟内四壁风化严重，造像无存，壁均略呈弧形。拱券形窟口，窟口内侧各有安门槽。穹隆顶中央有直径 77 厘米的圆形藻井，分为内外 2 匝，内匝阴刻双凤图案，外匝阴刻忍冬纹。藻井样式及双凤图案与敦煌西夏时期洞窟类似。

古井亭（2019年）

**古井**　故城西北隅崖畔，地名打井畔，有东西相距大约 30 米的两个圆形低洼土坑，上口直径约 5 米。传说为深井 2 口，井深约 160 米，皆凿石而下，底通窟野河床，后被碎石沙土所填。

铁牛

白釉小瓷盏

高世忠墓志铭

墓室壁画——主人与侍从（2018年）

墓室壁画—— 武士与仕女（2018年）

### 墓群

遗址附近有多处墓葬区。2009 年，在故城东约 1000 米范围内发现墓葬 48 座，墓葬形制多为长方形竖穴土洞墓室或斜坡墓道的土洞石墓。年代多为宋明时期，也有部分汉墓。2018 年发掘的小庙高世忠墓和 2010 年发掘的草垛山徐德墓对研究北宋时期麟州的社会、军事、文化等有重要价值。

**草垛山徐德墓** 北宋墓葬，位于杨城村西北草垛山。2010 年 4 月，因古墓被盗，榆林市、神木县文物考古部门联合进行抢救性清理保护，出土墓志铭、铁牛、钱币、白釉小瓷盏等文物。

**小庙墓群** 宋代高氏家族墓地，位于杨城村小庙组。2018 年 3 月，神木市东过境公路店塔至张板崖段项目施工过程中发现。2018 年 4—11 月，陕西省考古研究院和榆林考古队联合发掘，共清理 11 座墓室，其中高世忠墓为砖砌墓室，出土墓志铭、陶器、壁画、钱币等文物。

**古柏树群落** 生长于杨城村庙石畔，生长地海拔 1086 米。古柏达到保护级别的共有 7 株。其中实施省级一级保护的 1 株，树龄 1000

五指柏（2018 年）

余年，树高 15.1 米，冠幅 11.6 米，胸径 0.9 米，生长旺盛，树分五杈，状如手掌，人称“五指柏”，民间传为杨业手植。实施省级二级保护的 6 株，树高 6 ~ 8 米不等，树龄 300 ~ 500 年。

## 出土文物

中华人民共和国成立后，麟州故城时有文物出土。1968 年 3 月，杨城村民杨启旺在故城西关耕地时，发现 1 条重 6 两 5 钱的金带，由银行收购。1972—1989 年，神木县文管所工作人员孙嘉祥协助陕西省考古研究所专家戴应新多次到杨城考察，收集文物碎片。1978 年 8 月，戴应新在杨城村居民院落瓦砾堆中发现宋代铭文墓砖五方，判定为漏泽园遗物。神木市文物管理办公室收藏部分故城的出土文物，神木市博物馆设古麟州城与杨家将文化专题展厅。

### 馆藏文物

**黑釉双耳瓷罐**　宋代，口径 9.6 厘米，腹径 12.2 厘米，底径 5.9 厘米，高 10.5 厘米，重 0.375 千克。直口，圆唇，颈部有双耳，圆鼓腹，圈足，通体饰黑釉至下腹部，

宋黑釉双耳瓷罐

宋兽面瓦当

明宣德炉

明铁刀

一耳残，其余完好。级别为一般。

**兽面瓦当** 宋代，直径 13.5 ~ 16.5 厘米，通高 3.2 ~ 5.5 厘米，重 1.7 千克。大口，呲牙，高鼻，环眼蚕眉，叶耳，中心兽面凸起。级别为一般。

**宣德炉** 明宣德六年（1431）铜炉，口径 14.8 厘米，腹径 17 厘米，高 11 厘米，重 1.15 千克。敞口，斜折沿，半圆形耳，扁腹，圜底，三乳足。外壁底部铭文楷书四行，内容为“大明宣德六年工部尚书吴帮佐监造”。保存完整，级别为一般。1983 年出土。

**铁刀** 明代，长 62 厘米，宽 6 厘米，厚 0.5 厘米，重 0.93 千克。刀呈长条形，弧刃厚背，无格，柄部穿两钉。刃残，锈蚀严重。级别为一般。

**遗址标本** 麟州故城虽经历千年风雨，遗址内仍然留下了大量唐、宋、元、明各时期的实物遗存，田间地头、城墙内外，残砖碎瓦俯拾皆是；村民院落，田埂墙头，建筑构件随处可见。采集、出土、征集的标本有砖瓦、陶瓷残片以及铜铁钱币、瓷器、陶器、铜簇、礌石、石磨、柱础、瓦当等物品，各处散见尺度不一的礌石。

陶片及器物主要为轮制素面泥质灰陶，质地细腻，可辨形器有晚唐至宋代的“风”字砚、双系罐、宋代大口卷沿罐等。

瓷片及器物分为粗胎、胎质略粗、细胎瓷三类。窑系有定窑、介休窑、霍州窑、耀州窑、磁州窑、灵武窑及当地民窑。釉色有白釉、青釉、酱釉、油滴釉、兔毫釉及纹胎釉等。花纹装饰有缠枝、牡丹、葵花、珍珠地、鸟纹等。装饰工艺有印花、刻花、划花、绘花等。可辨形器有碗、盘、杯、盏、盒、瓶、罐、壶、砚、炉等。时代为中晚唐、宋、金、西夏、元，其中宋代所占比例最大，辽代 34%，唐代 2%，金代 20%，西夏 2.1%，元代 14%。

石器有礌石、石磨、石臼、石碾、石磙、石夯、石砚等，时代为宋至明清。

铜铁器数量较少，主要有宋至晚清的铜簪、铁杈、铁簪头、铁券（西夏）、钱币（开元通宝、乾元重宝）、铜簇、铁刀。

建筑构件有陶质、石质两大类，陶质有方砖、条砖、瓦当、滴水、筒瓦、板瓦、脊兽，时代为唐至明。石质有柱础石、柱基石、水槽。

礌石　石磨　磨盘

瓦当　“官”字板瓦

陶范　旗杆石座

覆莲柱础石　兽面石器

## 发掘保护

**调查发掘** 1987 年 6 月 16 日，陕西省文物普查队对麟州故城开展调查。地面发现许多灰坑、瓦片及陶瓷片，瓷片有黑、青、白、黄褐色，以耀州窑为多，可辨器形为碗、罐。发现狮头瓦当 1 块、“祥符元宝” 1 枚。

1991 年 8—9 月，陕西省考古研究所和榆林地区文管所联合组成考古工作队，对城址进行考古调查、勘探和局部发掘，测绘地形图。考古工作队在紫锦城东北部，西城东部、北部三处局部发掘，发现最下层为唐代堆积，西城东北部有宋元房屋建筑 1 处，采集唐、宋、元各时期的钱币、陶器、石碑残块、礌石、磨盘、石臼、柱础、瓦当、“官”字板瓦等。

2002 年 4—6 月，受神木县政府委托，榆林地区文管办由康兰英主持，业务干部康宁武具体负责，郝建军、康卫东等参与，对麟州城全面进行考古调查、钻探和试掘。总钻探面积 40 万平方米，重点钻探面积 11 万多平方米。共布 6×6 米探方 20 个，总揭露面积近 700 平方米。发现殿宇、廊坊、长廊、墙基、城门等遗迹。采集、出土、征集陶、瓷、石、铜、铁、建筑构件等标本 444 件，器物 84 件（组），钱币 95 枚。陶器时代多为晚唐至宋，瓷器有定窑、耀州窑、磁州窑、灵武窑、介休窑、霍州窑以及当地民窑产品。时代大致在中晚唐、宋、金、西夏、元，其中宋、金两代所占比例较大。石器以生活用品为多。建筑构件以唐、宋为多，也有少量属明代。

2007 年 5 月 9—28 日，神木县文体事业局委托榆林市文物考古勘探工作队对处于麟州故城西北角打井畔区域进行考古调查、勘探，地表发现大量唐宋时期的砖瓦、脊兽、柱基石等建筑材料及唐、宋、金、元等时期的陶瓷残片，在打井畔西、北、南有 3 个墩台，三面陡峭山崖坡上有残高 1 ～ 4 米的 10 余处石墙遗迹，发现房址 23 处。

2009 年 7—10 月，陕西省考古研究院对城址进行考古调查、勘探和测绘。对城墙周边 10 平方千米进行航拍，历时 15 日对以故城为中心的 8 平方千米范围及重点区域的 2.4 平方千米进行航空无人驾驶机拍摄，形成准确、完整的故城遗址与外围环境关系图、故城正射影像图、高精度高程模型图，并在正射影像图的基础上形成等高线画图。对城址及城址北残存的墩台，东、南遗存的营堡进行调查，采集文物标本 132 件，发现遗址 85 处，其中门址 10 处、墩台 2 处、马面 5 处、角楼 3 处、石块范围 5 处、砖铺范围 1 处。

## 保护管理

**管理机构** 神木市文物管理委员会办公室负责麟州故城的文物保护管理工作。2006 年 6 月成立的神木市杨家将文化研究会是专门组织联络市内外杨家将文化研究的学者和杨家将问题研究爱好者的学术团体与群众性组织，协助开展文物保护管理工作。2011—2014 年，神木县临时设立杨城文管所和神木杨家将文化产业园开发管理办公室，开展麟州故城遗址保护项目设计等工作。

**保护规划** 2008 年，神木县委托相关机构编制《杨家城旅游开发总体规划》《杨家城景区旅游开发控制性详细规划》。

**保护措施** 神木市杨家将文化研究会按照规划恢复修建将军庙，建成停车场。2009 年，投资 500 万元建设杨城景区上山道路。2018 年，神木市文体广电局实施明长城—麟州故城抢险加固工程（一期），总投资近 500 万元，重点对墙体进行抢救性加固补救。

春到长城

# 风土民情

地处晋、陕、蒙三省（区）交会处的店塔，历史上是民族杂居之地，古老的长城见证着边塞民俗文化，杨家将故里留存着英雄的印记。神府煤田开发后，天南地北、五湖四海的建设者云集店塔，新风吹拂，唤醒古老的土地，融古汇今、兼容并包的新时代新风俗正在形成。

# 民间艺术

**二人台** 流行于陕、晋、蒙三省（区）交界处的一项民间艺术，剧目采用一丑一旦两人演唱形式，民间亦称为“打玩艺儿”“打坐腔”，1953 年正式命名为“二人台”，2006 年列入国家级非物质文化遗产名录。

镇域的二人台属于西路二人台，孕育于清代放垦“禁留地”时期，同治、光绪年间（1862—1908）初具雏形。走出长城口外垦种伙盘地的农民在劳作之余，相互交流传唱，不断编创加工，形成风格独特的融戏曲、歌舞、音乐为一体的多元素民间艺术形式。二人台吸收陕北民歌、晋剧、蒙古长调、秧歌调、佛教音乐、东北二人转等语言、配乐及装扮的特点。音乐分腔调和牌曲两部分，有宫、商、徵、羽四个调式，以商、徵调式为主体，并用装饰音、辅助音、滑音等技巧。乐器主要有笛子、扬琴、四胡、二胡、“四块瓦”[①]。唱腔大多分亮调、慢板、流水板、捏子板，有的剧目还有数板（又称呱嘴）。道具有扇子、手绢、霸王鞭等。剧目分为偏重于唱、念、做的“硬码戏”与载歌载舞、歌舞并存的“带鞭戏”两类。剧本体裁大致分为歌谣体、叙事体和戏剧体，本地牌曲有百余个，剧目 60 余个，代表作有《走西口》《拜大年》《挂红灯》《打金钱》《打樱桃》《打酸枣》《五哥放羊》等。表演时男角头挽白羊肚手巾，女角头顶大红花，分别穿白色、红色秧歌服，手持彩扇，对唱对舞。剧目情节相对简单，语言通俗易懂，大量吸收和运用方言语汇，时而粗犷豪放、起伏跌宕，时而婉转细腻、如泣如诉，听者如临其境；舞蹈动作幽默风趣、舒展大方，观者回味无穷。

中华人民共和国成立前，二人台没有女演员，女角全部由男演员反串扮演，用假嗓子演唱。家族传承的称为“窝班子”。1948 年，石拉沟、寨峁、陈家沟岔等村联合开办

① “四块瓦”：木质打击乐器，形状像房顶上的瓦片，兼具伴奏与领奏指挥作用。

规模较大的演艺班子。1949 年，石拉沟村刘候文、刘文刚、马进德等艺人组建的“玩艺儿”班子颇具规模。1952 年，石拉沟村“玩艺儿”班子参加神木县第一届民间音乐舞蹈会演。1954 年，寨峁村白凤翼被陕西省音乐工作组聘请为民间音乐搜集和创作员。刘文刚、马进德的参赛曲目《打樱桃》，1955 年获榆林地区第三届民间文艺调演第一名，1956 年获陕西省第二届民间音乐舞蹈会演小戏类第二名，会演后被陕西省人民广播电台录放，并由长安书店印刷出版剧目单行本。20 世纪 50 年代，碾房湾村宋昌仁编出《我心里有个毛泽东》《庄户脑犁弯》等深受群众欢迎的剧目。碾房湾村白狗扑与郭长才 10 岁开始学唱二人台，1955 年参加神木县第三届民间音乐舞蹈会演，20 世纪 70 年代应邀去草原牧场演出 10 余日。二人台扎根于黄土地，乡土气息浓郁，与信天游如同并蒂莲、姊妹花。改革开放后，其内容形式、音响技术均得到拓展，逐渐活跃于酒楼饭店、喜庆宴会和各类晚会。

## 链接:《挂红灯》歌词（节选）

男：正月里来是新年，
女：纸糊的灯笼挂在门前。
男：风刮灯笼嘟噜噜噜转，
女：我和我的三哥哥过新年。
男：曾本儿一本儿曾本儿曾儿，

二人台节目表演（2017 年）

女：红花儿一花儿红儿，

男：红花儿一花儿红花儿红儿，

女：绿盈盈，

合：那张生李生都是小亲人嗯哎哟。

男：六月里来热难挡，

女：二细草帽遮阴凉，

男：荫凉遮在我身上，

女：我问三哥凉不凉。

（衬句同上）

**信天游** 陕北民歌中最富有特色的民歌，其曲调悠长高亢，粗犷奔放，韵律和美，节奏自由明快，淳朴大方，艺术手法多用兴起，借景抒情。内容多以反映爱情、婚姻、日常生活为题材。旧时的店塔镇域，交通闭塞，地瘠民贫，率性高唱信天游，以歌自娱，排遣愁闷，表达心声。“羊（啦）肚子手巾（呦）三道道蓝，咱们见（个）面面容易（哎呀）拉话话难；一个在那山上（呦）一个在那沟，咱们拉不上个话话（哎呀）招一招（个）手；嘹得见那村村（哎呦）嘹不见个人，我泪（格）蛋蛋抛在（哎呀）沙蒿蒿（个）林……”，起源于当地的《泪蛋蛋抛在沙蒿蒿林》，逐渐成为广泛传唱的经典名曲。20 世纪 80 年代后，镇域群众生产生活方式变化较大，信天游演唱形式也变得丰富多彩，嘹亮的信天游更多出现在聚会庆典上，演唱风格变得敞亮、清新。

**酒曲** 当地人善饮，待客聚会，无酒不欢，俗语“有酒没菜，不算慢待”。喝酒则不喝闷酒，要么猜拳行令，要么唱酒曲活跃气氛，自嘲“不唱不喝”。主客对饮对唱，有时婆姨（妇女）们也即兴编唱助兴。“开了大门进二门，三门楼上挂着大红灯。红灯照得满院明，照见主家大酒瓮。前窑点灯后窑明，照见主家大酒瓮。三套两套尽你斟，套套上来底樽清。”“风尘尘不动树梢梢摆，野鹊鹊门上报喜来，梦也不梦贵客你今来，三杯杯烧酒表心怀。”如客人是亲戚，则将“贵客”改为“亲亲”，此为“迎客”。“敬酒”唱曲时遇老者则唱：“高高山上不老松，一年四季常青青，烧酒三盅请您喝，赛过神仙赛过松。”如遇年轻人则唱：“四方桌子八面棱，亲亲是个有前途的人，三杯烧酒全喝清，我的预言一定准。”“辞酒”则唱：“一垧高粱打八斗，高粱里边有烧酒。喝了四两又

酒曲歌表演（2017 年）

杨家鼓表演（2013 年）

四两，再喝四两也无妨。酒席再好终有散，岂可一醉才方休。”酒酣耳热，主客通过唱曲调侃逗趣、互相诘难，以将对方唱倒喝好为目的。

**杨家鼓** 又称杨家将八角鼓，相传是杨家将排兵布阵的战鼓，鼓身扁大，八角造型，多用于学校团体鼓乐表演。表演者头戴红缨帽，身着铠甲造型的红黄亮色服装，在“令”“杨”字旗指挥下变换队形。2003 年，杨家鼓亮相神木县举办的陕西省第五届农民运动会开幕式。此后，每年春节都会出现在秧歌队伍和重大节庆表演场合。2017 年，以杨家鼓表演为主体的大型武术秧歌剧《杨家将雄风》改编成功，分为《英雄出征》《挥戈沙场》《班师回朝》《铸就忠魂》四部分，完美再现了杨家将热血男儿和巾帼英雄驰骋疆场、奋勇杀敌的宏大场面。

**剪纸** 俗称窗花。镇域地处长城脚下，受黄土文化滋养，草原文化熏陶，剪纸风格粗犷古拙，构图简单明快，题材以人物、动物、花草为主，传统图案有《抓髻娃娃》《喜鹊踏枝》等。春节时，贴于门窗，增添欢乐祥和气氛。剪纸内容继承传统，反映现实生活，如煤田开发后的矿区生产、生活场景，杨家将人物故事也成为常见题材。

剪纸——《抓髻娃娃》

剪纸——《杨家将》

剪纸——《煤田开发前的农村生活》

剪纸——《新农村矿区生活》

# 风味饮食

**手把羊肉** 当地人多吃羊肉，尤喜食手把肉。手把肉讲究现杀、现煮、现吃。先将刚宰杀的羊肉沿骨缝卸成大块，清水煮沸，捞去浮沫。放入红葱、花椒、姜片、地椒等调料微火慢炖，以软嫩脱骨又不碎烂为宜。食时一手抓肉，一手拿刀，割挖剔片，故名“手把羊肉”。宴饮聚会，平添豪气。

手把羊肉

**杀猪菜** “小雪卧羊，大雪杀猪”，隆冬时节，农家宰杀肥猪，邻居亲友赶来帮忙。主妇将肥瘦相间的五花肉切成大块肉片，腌制的酸白菜切成细条，土豆切成大块备用。先舀一勺猪油在大锅里化开，放入葱、蒜爆炒，再把肉片入锅翻炒，加入适量水炖烩。肉快熟时，依次将土豆、酸菜放入，转小火慢熬。出锅前再撒入葱粒，用大盘盛装上席，肉味醇厚、酸菜脆爽、土豆绵软。杀猪菜是农民对自己辛苦一年的最好犒劳，村庄空气中弥漫着家的烟火味道。

杀猪菜

**剁荞面** 镇域山地贫瘠，多产荞麦。荞麦粉揉成面团，在宽大案板上擀开，然后操刀剁面。剁刀形制特别，长约 60 厘米、宽约 3 厘米的刀背两端装有两个木柄。剁面时提臂悬肘，双手持握两柄，刀落面开，急如骤雨。剁好的面条粗细匀称，棱角分明。面条出锅后，浇上用羊肉、土豆细丁熬成的“臊子”，食时佐以葱花、小菜。荞面性凉，羊肉性温，二者中和，相得益彰。

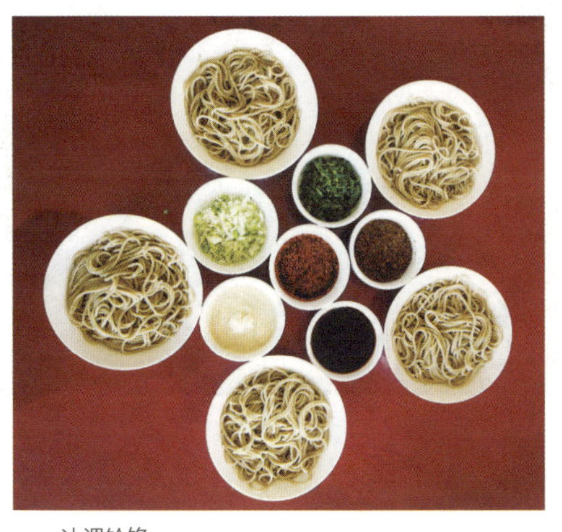
油调饸饹

**油调饸饹**　将专门压面的“饸饹床子”搭在开水锅上，放入和好的面团，挤压成面条，面汤沸腾即可捞出。细长的饸饹面条拌入猪香油、辣油、老黑酱、芝麻、葱花、食盐等调味品，油而不腻，光滑爽口，柔韧耐嚼，唇齿留香。红白事务，招待宾朋，烹饪方便，老少咸宜。

**蘸糕**　将脱壳的软糜子用水泡后，捞出沥干水分，碾成细面，俗称“糕面”。糕面置于蒸锅箅子加热，熟后用力揉成枕头状糕卷，再切成大小均匀、半寸见方的糕块。炖羊肉、猪肉或鸡肉八成熟时，加入糕块，文火慢熬收汁，糕的清香与肉的浓香互相渗透，肉酥糕绵、汤汁浓郁。旧时生活贫困，多食土豆蘸糕。

蘸糕（2019年）

**荞面灌肠**　冬季，过滤好的鲜猪血与荞麦面粉用温水调和成稠糊，拌入花椒、八角、姜等粉末佐料备用。再将浸泡洗净的整根猪大肠，一端用线绳扎牢，另一端撑开，灌注调配好的荞面糊，亦用线绳扎牢，然后放置笼屉蒸熟，称为“灌肠”。荞面灌肠制作简单，肠体饱满圆润，肠衣薄如蝉翼。灌肠无论切片热食，还是回锅炒食，均味美可口，筋道耐嚼。

荞面灌肠

**碗托**　新鲜荞麦面粉加水反复揉搓搅拌成糊，分别盛碗放入笼屉，旺火蒸熟后再晾凉。因由碗中托出而成，故名“碗托”。碗托切片或条，配姜、醋等调料汤汁即可食用，搭配猪肝的称为“肝子碗托”。碗托粉

碗托

小米凉粉

白微青，汤汁油亮，酸辣筋道，清凉爽口，是消夏解暑的大众小吃。

**小米凉粉** 夏日，将新碾的小米淘净，浸泡磨成米浆，入锅熬并搅动，快熟时放入蒿籽粉增加黏度。熬熟的米浆在高粱秸秆箅子上逐层摊成薄饼，晾凉后切成宽条，配黄瓜等菜码，佐以芝麻、芥末、辣椒油、香油、醋等调味品，酸爽香滑，消暑清火。

**黄酒** 冬季，玉米生芽后晾干磨成曲芽面，经发酵、封存加工制成，为年节必备饮品，亦称“浑酒”“米酒”。滚烫的黄酒色泽黄亮，气味芳香，绵润爽口，回味悠长。

## 岁时节俗

旧时，店塔居民仅重视春节、清明节、中元节、冬至等与农事、祭祀有关的重大传统节日。店塔设镇后，随着企业的增多，元旦、妇女节、劳动节 、青年节、建党节、农民丰收节、中秋节、国庆节等节日的庆祝活动逐渐增多，传统节日增添了新鲜时尚的内容。矿区企事业单位举办节日庆祝活动，或表彰奖励先进模范，或举办岗位竞技比赛；大型企业举办文艺晚会等丰富多彩的文体活动。

春节秧歌（2018年）

春节文艺晚会（2019年）

**春节**　进入腊月，开始过年的各项准备。腊月二十三后，扫房理发，讲究“有钱没钱，不能连毛过年”。自家制作各种过年食品，蒸馒头、压糕面、生豆芽、做豆腐、漏粉条、做黄酒、炒熟米、捏油圐圙[①]。除夕早晨，洒扫院落，张贴对联、窗花，挂红灯笼，在院中央用炭块垒“火塔子”。晚上，合家围坐聚餐，酒肉齐上，吃炖羊肉、炖猪骨头。饭后点燃“火塔子”，寓意一年红红火火。守岁，又叫“熬年”，在小孩枕头下放菜刀，在门上喷酒辟邪。黎明时放开门炮，接着到庙宇赶头炷香敬神祈福。正月初一，去长辈家中拜年，祝福、送礼品、斟酒，当日饮酒吃饺子。初二，同村、同事相互拜年。20世纪90年代，居民物质生活条件不断改善，过年风俗亦有所改变，过年食品多在市场购买，年夜饭菜品丰富，观看春节联欢晚会。2010年后，在酒店订餐吃年宴饭的人家增多。

**元宵节**　包括春节后的各项迎春文娱活动。正月初六过小年，从初七开始各村相继举办秧歌会或灯游会。白天挨门逐户扭秧歌，进行春节慰问，称为“排门子”，夜间演唱二人台，合称“闹红火”，元宵节达到高潮。2012年，神木滨河新区建成，交通便捷，镇村、单位的秧歌队多赴神木市区表演。镇区和北站新区大街小巷张灯结彩，广场等城镇重要节点装饰布置灯展，有的大型企业、单位还组织大型焰火燃放表演。

**清明节**　清明节前一天为寒食节，家家户户上坟、祭祖、扫墓，当日食用豆芽、摊圐儿，蒸制用白面捏成的青蛙、盘蛇、游鱼、飞雀，供孩子们玩食。从2009年开始，

① 油圐圙：圆环状糯米制成的油炸食品。

每年清明节均组织民祭杨家将活动。麟州故城的将军祠前香烟缭绕，恭诵祭文，人潮涌动，缅怀英雄。同时，举办杨家城徒步踏青和文艺表演活动。

**中元节**　农历七月十五是农村普遍重视的节日，隆重程度仅次于春节。节前，家家磨麦压米，村村杀羊分肉（旧时称为“分牲”）。改革开放前，食物短缺，每逢七月十五，生产队集体杀羊，按每人一二斤分配。一年中只在这天吃一顿白面馒头，有老人的家庭多蒸一个猪头样的馒头，留给老人在下顿吃，称为“蒸猪头”。男子、儿童采瓜摘果上坟祭祖，妇女盘坐炕头，捏千姿百态的面人。捏面人，也称面塑、捏面花，将面团捏制成花草鸟兽或人形，蒸熟后着色，再在炉膛烤干，主要供儿童食用，或节后走亲戚时将所捏面人互相馈赠。为传承民俗文化，镇妇联经常组织捏面人比赛，镇域巧妇颇多，她们通过家庭传承、邻里相互学习，技艺不断提升，被评为县级非物质文化遗产面花代表性传承人有：杜翻身（1958年生，第二代传承人）、李巧翠（1965年生，第二代传承人）、杨金霞（1983年生，第三代传承人）。

**农民丰收节**　2018年，中国农民丰收节首次举办。店塔镇多措并举开展“庆丰收”活动，在草垛山蔬菜大棚开展采摘评比活动，在农贸市场开展蔬菜义卖活动，在连家峁村组织开展千亩旱耕农作物收割活动，店塔村赴山东考察学习大蒜种植技术。9月26日，镇政府在集贸市场举办首届“中国农民丰收节”文艺晚会，通过歌曲、舞蹈、小品、朗诵、相声、武术表演、陕北说书、二胡独奏等节目，展示全镇农业农村新发展、脱贫攻坚新成果、乡村振兴新面貌。农民代表、干部职工共计3000余人观看晚会。

**重阳节**　俗语“九月九，家家有”。此时，黍子收获，农家吃米糕庆祝。在创建文明村镇活动中，尊老敬老、登高健身、亲近自然的重阳节得到重视。镇政府每年组织重阳登高节，开展亲子徒步活动，体验秋高气爽、层林尽染的大自然美景。同时，感受千

捏面花（2018年）

店塔镇首届“中国农民丰收节”文艺晚会（2018年）

重阳节杨家将武术表演（2017年）

年杨家城，宣传杨家将故里文化品牌。

**冬至** 清《(道光)神木县志》记载“邑人最重此节”，民间俗语“冬至大如年”。白天，上坟祭祖。晚餐为猪头、猪蹄一锅熬煮，称为“熬冬”。室外天寒地冻，朔风凛冽；室内热气升腾，肉香扑鼻。

## 民间礼仪

**婚嫁礼仪** 旧时，镇域婚姻讲究无媒不娶，明媒正娶。中华人民共和国成立后，自由恋爱逐步实行。男女双方相识，或经人介绍相亲，双方家长再互相了解对方家庭情况。然后，无论有无必要，均邀请介绍人牵线沟通。婚事得到双方家长认可后，男方即送聘礼至女方家，并宴请双方至亲密友，是谓订婚。当日，双方到商店选购衣料，俗称“扯衣服”。聘礼轻重不等，多为时髦穿戴及现金。随后，办理结婚登记，举行婚礼。

改革开放前，镇域经济落后，交通不便，婚礼仪式简单。婚礼当日，骡马娶亲，晚餐为油调荞麦饸饹。傍晚，众人将公婆用柳棍赶至新房门口，挂上铃铛，让婆婆念叨“白小子、黑女子，跟上奶奶吃扁食”。众人起哄逗笑完毕，通宵达旦饮酒作乐。次日，早餐为熬砖茶、熟米和油饼，午餐一般是炖羊肉和黄米捞饭。改革开放初期，生活条件宽裕，午餐改为红烧肉、蒸白肉、炸丸子、酥鸡等八个品种，俗称为“八大碗”。婚礼上公婆、新婚夫妇、老主家各敬一次酒，称为敬“三套酒”，主家以客人酩酊大醉为招待好的标志。

神府煤田开发后，居民经济条件改善，婚礼追求高档气派、喜庆浪漫。婚礼布置中西合璧，大量使用鲜花；迎娶时汽车数量不断攀升，且要求车辆豪华；洞房婚床被褥放满喜字，并用莲子、红枣、桂圆、花生分别摆放成“早生贵子”字样。镇区婚宴酒席在酒店举办，席间，新郎的父母用奇装异服打扮，让“喜公公”“喜婆婆”为众人敬酒，当日宴罢即散。

镇域大型企业年轻员工居多，企业组织年轻人移风易俗，新事新办。2012 年 11 月 8 日，神朔铁路公司为 60 对新人举办集体婚礼。

**民祭杨家将典礼** 从 2009 年清明节开始，神木市杨家将文化研究会、神木市户外运动协会等民间团体以及来自全国各地的杨氏宗亲和各界群众，每年均自发组织，在杨家城举行隆重、热烈、文明、淳朴的民祭杨家将活动，民祭典礼仪式程序逐渐形成。

清明节上午，参加典礼的群众按时赶到将军祠前广场。典礼开始，全体肃立，奏

民祭杨家将（2017 年）

乐。主祭人敬献花篮、恭读祭文、祭祀上香，全体行鞠躬礼。随后，专家讲述杨家将故事，群众代表发言，集体诵读经典诗文。礼毕，全体人员瞻仰将军祠，并在麟州故城自由参观。

## 链接：祭杨家将文

维公元二零零九年己丑清明，大地泛绿，春景怡人，会杨家城将军祠落成，神木县杨家将文化研究会邀宾朋，置鲜花，酹清酌，致祭于杨家将曰：

民族之魂，社稷干城，千秋忠烈，赫赫杨门。
华夏大姓，先祖汉震。公侯之家，瓜瓞绵荣。
支脉所至，麟州新秦。五代纷乱，信公英挺。
自为刺史，保境安民。其子继起，重贵重勋。
重贵杨业，弱冠从戎。所向克捷，名耀河东。
应势归宋，唯期一统。纵横朔方，铁血坚贞。
光复四州，凌烟纪功。人号无敌，德颂令公。
奸佞弄权，陈谷困兵。绝食尽忠，慷慨从容。
巨梁摧折，哀动殿廷。辽邦震叹，立庙示尊。
女中豪杰，折氏太君。妇承夫志，临危挺身。
巾帼十二，力退侵凌。令公七子，为将朝中。
六郎延昭，颇具父风。三关树帜，敌望胆惊。
孙辈文广，北战南征。岭表陇右，军声四振。
勋亦宏才，箕裘以承。留后麟州，节度保静。
带甲十万，一方藩屏。勋子光扆，镇西著功。
鞠躬尽瘁，劳卒兵营。扆子杨琪，好学思敏。
文武皆备，慧眼独存。杨家之将，灿若群星。
杨家精神，万古彪炳。诚坚金石，气激风云。
忠勇爱国，永励后昆。岁月沧桑，盛世今逢。
英雄故里，虎步龙腾。经济文化，双轨布虹。

科学发展，百强列名。重修庙祠，魂兮归宗。
俎豆锦扬，用聚人心。迎接挑战，众志成城。
构建和谐，共建奇勋。敬告天地，以慰威灵。
尚飨！

（撰稿：麻一美）

# 方言土语

神木方言属于中原官话晋语片区，店塔方言属于神木方言中北乡话方言小区。同时，受府谷方言影响也较为明显。

**方言** 存在分音词，如：卜拦（绊）、卜浪（棒）；存在大量“圪”头词，如：圪夹（用胳膊夹东西）、圪针（荆棘）、圪堵（拳头）；前后鼻音不分，如：分与丰、斌与兵；儿化韵较多，如孩儿、明儿、驴儿、花儿、燕儿。

清代，镇域属长城口外，开放伙盘地后，蒙古族牧民与汉族农民杂居，方言受蒙古语影响，有的词汇为蒙古语直译而成，有的词汇为汉语与蒙古语组合而成。有的蒙古语已失却原有的意义，融合于店塔方言之中，形成显著的地方特色，见证着这片土地曾经蒙汉杂居的历史事实。如：村庄名“板定梁”，“板定”在蒙古语中是“小和尚”的意思；再如：俗语“忽拉盖”，“忽拉”为蒙古语“强盗”的意思，引申为说大话之人；“乌兰忽烧”，蒙古语是“没买卖”的意思；“乌兰木伦河”，蒙古语是“紫河”的意思。中华人民共和国成立前，当地尚有一部分村民粗通蒙古语。

店塔镇部分方言词汇与普通话对照表

表 11

| 方言词汇 | 普通话 | 释义 |
|---|---|---|
| 驰爷 | | 外祖父，东部靠近府谷县区域称姥爷 |
| 驰婆 | | 外祖母，东部靠近府谷县区域称姥姥、姥娘 |

续表 11

| 方言词汇 | 普通话 | 释义 |
| --- | --- | --- |
| 和尚 | | 对男性的爱称、戏称 |
| 婆姨女子 | | 对女性的泛称 |
| 阳婆儿 | 太阳 | |
| 月儿爷爷 | 月亮 | |
| 星宿 | 星星 | |
| 天河 | 银河 | |
| 冷子 | 冰雹 | |
| 天毛了 | | 起风了，多指扬沙天气 |
| 而今 | 现在 | |
| 真年 | 今年 | |
| 年时 | 去年 | |
| 明儿 | 明天 | |
| 先前儿 | 大前天 | |
| 外后儿 | 大后天 | |
| 夜里 | 昨天 | |
| 早起 | 早晨 | |
| 擦黑 | 傍晚 | |
| 白儿 | 白天 | |
| 黑地 | 黑夜 | |
| 墩儿 | 烽火台 | |
| 边墙 | 长城 | |
| 炭毛儿 | | 煤矿工人。含贬义 |
| 灰着了 | | 弱智 |
| 凉棒 | | 外行 |
| 倒塌 | | 不成事 |
| 二潮潮 | | 喝酒快醉的状态 |
| 红火 | 热闹 | |
| 精 | 聪明 | |
| 紧让 | 礼让 | |
| 招呼 | | 招待客人；照应；招架 |
| 做假 | 客气 | |
| 拉话 | 聊天 | |
| 相好 | 帮忙 | |
| 恶扑 | | 侮辱 |
| 挨头子 | | 受训斥 |
| 下蛋 | | 反悔。含贬义 |
| 戳火 | 生气，发狠 | |
| 发毛 | 发脾气 | |

续表 11

| 方言词汇 | 普通话 | 释义 |
|---|---|---|
| 脱沙 | | 蒙古语音译，意为逃避 |
| 冒儿褟 | | 蒙古语音译，意为忘记、遗漏 |
| 浮梁 | | 蒙古语音译，意为上面 |
| 考考乌素河 | | 蒙古语音译，意为清水河 |
| 石拉沟 | | 蒙古语音译，意为黄色的沟 |

**俗语**　店塔俗语来源于日常生产生活，看似朴素无华却生动形象，生活气息浓郁，地域特色明显，具有极强的表现力，往往话粗理不糙，一语破的，令人会心一笑。

**店塔镇部分俗语释义表**

表 12

| 特色俗语 | 释义 |
|---|---|
| 耕地耕尖，碾场碾边 | 做事要抓住重点 |
| 实打实的庄稼，鬼捉鬼的买卖 | 面对不同的事情，持不同的处事态度 |
| 种地不上粪，等于瞎胡混 | 劝人务实 |
| 人亏地一季，地亏人一年 | 有因必有果 |
| 掏一个坡坡，吃一个窝窝（窝头） | 一分耕耘，一分收获 |
| 八斗的瓮，盛不下一担 | 能力有限 |
| 没有牛，使唤驴了 | 因陋就简 |
| 不怕天寒地冻，就怕懒汉不动 | 劝人勤奋 |
| 丑婆姨生的好儿子，圪崂地里长得好糜子 | 条件不好，并不意味结果不好 |
| 不在前炕，就在锅头 | 两相比较差不多 |
| 沟里一句，梁里一句 | 说话没有条理 |
| 好夫不打妻，好狗不咬鸡 | 劝喻夫妻和睦，丈夫要善待妻子 |
| 酒坏君子水坏路，神仙也出不了酒的彀 | 劝人不要贪杯 |
| 软糜子蒸不出硬窝窝（食品） | 条件差，难以达到预期效果 |
| 省油吃素糕 | 没有付出就没有回报 |
| 一场靡草铺就已 | 事已至此，覆水难收 |
| 荞麦皮皮打浆糊——其实不然（黏，读 ran） | 结果与预想的不一致 |
| 圪溜棍打地皮——有一下，没一下 | 做事不可靠，水平发挥不稳定 |
| 穿上皮袄喝烧酒——里外发烧 | 行事不够适度 |
| 大风地里吃炒面——张不开嘴 | 不好意思提出要求 |
| 炉坑里生豆芽——栽下灰根了 | 留有隐患，埋下祸根 |
| 麻花不在粗细——专寻圪柳（不端正） | 寻衅滋事 |

# 名人与名镇

古代的店塔镇域是中原王朝的极边之地，唐宋时期，麟州的英雄人物更仆难终。最为知名的英雄群体，莫过于前仆后继、洒血疆场的杨家将，他们践行保家卫国的理想信念，在中华民族的史册上谱写了一曲曲壮歌。具有特殊战略地位的麟州，也吸引了欧阳修、范仲淹、司马光等北宋政治精英、文化人物关注，在这方土地留下了足迹。

神府煤田开发后，成千上万的建设者在店塔辛勤奉献，建功立业。各行各业的佼佼者，值得铭记。

将军祠牌坊（2019年）

## 杨家将

宋朝与辽、西夏对峙，麟州新秦的杨家将几代人“弯弓驰马耀边陲”，浴血奋战、保卫边疆。杨家将第一代人物杨弘信，生子杨重贵（杨业）、杨重勋。杨家将由此分为

杨家将剪纸

两支，杨重贵生子杨延昭，杨延昭生子杨文广，该祖孙三人，是史书中杨家将的核心人物；杨重勋生子杨光扆，杨光扆生子杨琪，杨琪生子杨畋，该祖孙四代，则以将门进士杨畋最为知名。

**杨弘信**（？—952）又称杨信，世居麟州，《资治通鉴》中称其为“麟州土豪”。杨弘信趁五代十国混乱之际，果断割据麟州，未经朝廷任命而自立为刺史。出于保境安民考虑，先归附后汉。后周广顺元年（951），因府州折氏归附后周，孤立无援的杨弘信便归附后周。次年，杨弘信去世，其次子杨重勋继任麟州刺史。

**杨业**（一作邺）（？—986）本名重贵，杨弘信长子。《宋史》有传。杨业少时擅长骑射，每次打猎，收获总比别人多一倍，曾对同伴说：“他日为将用兵，亦犹鹰犬逐雉兔尔。”杨业年约二十岁时，接受其父杨弘信安排，前往太原充当北汉皇帝刘钧的养子，改名刘继业，任侍卫亲军都虞侯。杨业认为北汉的后援契丹贪利弃信，并不可靠，便劝皇帝刘继元奉国归宋。刘继元不听建议，杨业感遇刘氏之恩，仍舍命保北汉，多次

杨家将雕塑

壁画——《杨弘信父子》

杨业雕像

与宋苦战抗衡。太平兴国四年（979）五月，刘继元在宋军围攻下投降，宋太宗命刘继元派亲信劝降杨业。杨业“北面再拜，大恸，释甲来见”。太宗当即给予重赏，恢复其杨姓，单名业。宋灭北汉后，与辽频繁交战，以杨业“老于边事，洞晓敌情”，任其知代州兼三交驻泊兵马都部署，在山西与潘美共同担负防御契丹的重任。杨业以功升“领云州观察使，仍判郑州、知代州事，自雁门之捷，契丹畏之，每望见业旗即引去”。杨业以降将身份，立功边关，扬威朝野，受到重用，引起宋朝旧将们的妒忌。太平兴国七年（982）五月，契丹三万骑兵分三路攻宋，杨业在中路雁门大败辽军，战果最为辉煌。雍熙三年（986）正月，宋军分三路北伐，潘美、杨业率西路军攻克雁北诸州。五月初，东路军被辽军打败，辽军集中兵力压向潘、杨部。杨业提出的作战建议，遭到监军王侁反对，并说：“君侯素号无敌，见敌逗挠，岂有他志。”杨业气愤地说：“（杨）业非避死，盖时有未利，徒令杀伤士卒而功不立。今君责业以不死，当为诸公先。”杨业出发时，流着眼泪对主帅潘美说，这次出兵，必定失利，作为太原降将，蒙皇上大恩，愿以死报国，并请求在陈家谷部署兵力接应。七月初九，杨业率军在朔州东与辽军相遇激战，陷入重围。当日清晨，潘美、王侁在陈家谷北口布阵，得到杨业战败消息后便慌忙撤兵。黄昏时，杨业败退至陈家谷，“望见无人，即抚膺大恸”，对残部百余人说：“汝等各有父母妻子，与我俱死无益也，可走还报天子。”杨业平日与士卒同甘苦共患难，深受拥戴，面临生死关头，均无人肯离去。杨业遂“再率帐下士力战，身被数十创，士卒殆尽，（杨）业犹手刃数十百人”。杨业中流矢坠马后遂为辽军所俘，其子杨延玉亦战死。杨业在被押赴辽朝途中绝食三天而死。“天下闻其死，皆为之愤叹”，宋太宗深为痛惜，追赠杨业太尉、大同军节度使，还录用杨业的六个儿子，杨延朗（延昭）自供奉官升崇仪副使，杨延浦、杨延训由殿直升供奉官，杨延环、杨延贵、杨延彬录用为殿直。朝廷对主帅潘美只进行象征性惩罚，对王侁除名后配隶金州（今陕西安康）。

**杨重勋**（？—975） 本名杨重训，杨信次子，杨业之弟。由于其兄杨业在北汉，杨重勋在其父杨信死后继任麟州刺史，随后也归附北汉。此后，一度归附后周、北汉，再归附宋朝。乾德五年（967），麟州设建宁军，杨重勋升任建宁军节度留后。开宝五年（972）九月，宋太祖另委派麟州长官，将杨重勋移往安徽任保静军节度留后，后升任节度使。

**杨光扆**（？—979） 杨重勋之子。开宝八年（975）七月，杨重勋去世，杨光扆继承为麟州执掌军事的实权人物，任西头供奉官，监麟州兵马，曾在丰州打败辽军数千人，与府州折御卿联兵逐北至河套而还。杨光扆戎马劳累，死于边任。

**杨延昭**（958—1014） 本名延朗。杨业之子，称为杨六郎。《宋史》有传。杨延昭小时候沉默寡言，常以摆弄军阵为戏。杨业曾对人说：“此儿类我。”每次出征，都会带着杨延昭。杨业归宋后，杨延昭任供奉官，随父征战疆场。雍熙三年（986），杨业任攻

壁画——《重勋巡边》

辽西路军副统帅，杨延昭任先锋，在围攻朔州战斗中，“流矢贯臂”而“斗益急”。此后，杨延昭升为崇仪副使，任景州知州，后改任江南、淮南都巡检使，又升崇仪使、知定远军，改保州缘边都巡检使。杨延昭智勇善战，号令严明，身先士卒，深受士卒拥戴，镇守河北边关20余年，威震辽境。咸平二年（999）冬，辽圣宗、萧太后率军攻宋，围攻遂州城数日，杨延昭命士兵汲水注在城墙，冰墙坚滑，辽军无法进攻，只能撤围退兵。次年二月，宋真宗召见杨延昭讨论边事，杨延昭讲述得周详完备，真宗对诸王说：“延昭父业属前朝名将，延昭治兵护塞，有父风，深可嘉也。”景德元年（1004）十一月，真宗亲征，与辽军在澶州对垒，任宁边军部署的杨延昭“率兵抵辽境，破古城，俘馘甚众”。同年十二月，宋辽订立“澶渊之盟”。

**杨琪**（980—1050） 杨光扆之子。杨琪幼年丧父，由寡母韩氏独自抚育成人。杨琪先为发运使李溥部下低级武官，李溥以严刑峻法约束手下差吏闻名。一次，李溥深夜抽查账簿，见年少的杨琪所记账目井井有条，大加赞赏。杨琪历任河东、京西、淮南提典刑狱公事，“凡所任官，无不称职”，官至供备库副使。杨琪“独好儒学”，喜读史书，一生荐士两百余人，却自谦：“吾本武人，岂足以知士大夫哉！”语气里充满对士大夫的歆羡。皇祐二年（1050），杨琪去世，其子杨畋请同僚欧阳修为其撰写墓志铭。

**杨文广**（？—1074） 字仲容。杨延昭次子。《宋史》有传。杨文广以父荫入官。庆历三年（1043），杨文广参加平定陕西张海起义，后升殿直。次年六月，杨文广隶属宣抚陕西的范仲淹麾下。皇祐四年（1052）九月，随名将狄青赴广东讨伐侬智高起义，后任邕州（今南宁）知州等职。以“名将后，且有功”，升领团练使，任侍卫亲军龙卫（骑军）、神卫（步军）四厢都指挥使，后调任西北，升领防御使，任秦凤路副都总管。熙宁元年（1068），杨文广大败西夏军，修成筚篥、甘谷等城堡，受到朝廷诏书褒谕。此后，杨文广历任泾州（今泾川北）知州、镇戎军（今宁夏固原）知军、鄜州（今陕西富县）权知州。以后又移防河北，任定州路副都总管，升侍卫步军都虞侯。

**杨畋**（1007—1062） 字乐道，又字叔武，杨琪之子。《宋史》有传。明道二年（1033），杨畋进士及第，授秘书省校书郎。赴任并州录事参军时，好友梅尧臣赋诗《杨畋赴官并州》为其饯行。后历任大理寺丞、知岳州、殿中丞、提点荆湖南路刑狱、太常博士。庆历五年（1045），杨畋受命由太常博士转武职，以东染院使为荆湖路驻泊钤辖，由一位地方行政长官转任为坐镇荆湖路的禁军将领。由于常年在岭外领兵作战，杨畋染上瘴雾之疾，朝廷依其请求，改任屯田员外郎、直史馆，知随州。皇祐四年（1502），仁宗下诏起复在丁忧之中的杨畋，让其讨伐广西依智高叛乱，梅尧臣再次赋诗《赤蚁辞送杨叔武广南招安》为其壮行。然而，杨畋出师不利，战绩不佳，遭到御史弹劾，被连降数级。随后，杨畋由地方入朝，仕途上节节攀升，成为皇帝近侍大臣，官至龙图阁直学士、吏部员外郎兼侍读，知谏院。杨畋一生好学，喜写大字，尤工于诗，为人处世，有古君子风，“有文武器干”。嘉祐七年（1062）五月，杨畋病逝，独子祖仁尚未满周岁。其墓志铭记载杨畋“好贤乐士，闻一善言，终身敬其人。刚严自持，虽交亲至厚，不敢开一言干以私。家无宿储充如也，平生寒暑，所衣周身而已”，“视属部僚吏，温温如朋友，人人得尽其情。然奸贪承风畏缩，改心易节不敢犯”。杨畋与范仲淹、韩琦、欧阳修、王安石等北宋重臣为同僚和诗友，在北宋政坛和文坛均占有一席之地。杨畋去世后，其忘年小友苏辙作《杨乐道龙图哀辞并序》哀悼。杨畋遗稿《新秦集》20 卷，由其姻亲李寿朋整理、王安石作序，惜已失传。

杨畋塑像

## 名宦乡贤

**王吉** 麟州人，北宋将领。庆历初，西夏李元昊重兵围攻麟州城，知州苗继宣派王吉向府州求援。王吉精通西夏语言，经过伪装，路上轻易骗过盘诘他的西夏军士，请来援兵。麟州解围后，王吉被任命为麟州指使。王吉曾随都监王凯及中贵人领兵数千人，突遇敌骑数万。中贵人非常害怕，准备上吊自杀。王吉说：“官何患不死？何不且令王吉与虏战？若吉不胜，死未晚也。”并严令左右士兵保护中贵人。随后王吉身先士卒，射杀敌骑大将，敌军溃乱，四散奔逃，王吉乘胜追击，敌军坠崖而死万余人。王吉因功升任礼宾副使。一次，王吉带着十八岁的儿子王文宣与西夏军队大战。战斗停止后，不见王文宣，其下属请求到敌军阵营寻找，王吉制止说："此儿为王吉子，而为虏所获，尚何以求为？"不一会，王文宣携带两颗敌人的首级返回。王吉高兴地说："如此，真我子也！"王吉每次遇到敌人，只射一次箭，便迅捷冲入敌阵，赤膊手刃敌人。自称："及其张弓挟矢之时，直往抱之，使彼仓促无以拒吾，则成擒矣。我前后数入其阵，未尝两矢也。"王吉有勇略，颇受司马光、欧阳修推重。皇祐二年（1050）二月，宋仁宗听说时任河东沿边巡检使、北作坊使的王吉被流箭击中，伤口病发严重，特遣内侍送去金创药。

**李翼**（？—1125） 字辅之，麟州新秦人。《宋史》有传。李翼行伍出身，宣和二年（1120），随河东路同统制韩实屯驻马邑。宣和七年（1125），金军进攻代州，派宋叛将李嗣本到崞县劝降，时任代州西路都巡检使的李翼死意坚决，拒绝投降，并向儿子李宗周交代后事，要其尽忠尽孝。金兵攻破城后，李翼力竭被俘，金将完颜宗翰（又称粘罕）劝其归顺，李翼怒骂不屈而死。李翼行状载于《三朝北盟会编》。

**王文郁** 字周卿，麟州新秦人。《宋史》有传。以供奉官出任府州巡检，后受韩琦推荐，任麟府驻泊都监。熙宁年间（1068—1077），西夏军渡窟野河侵扰麟州，王文郁出兵阻击，西夏军据险反击。王文郁率部强渡，对部下说："前追强敌，后背天险，韩信驱市人且破赵，况尔曹皆百战骁勇邪？"士卒奋勇向前，大败夏军，俘获两千人。宋神宗召见王文郁，并命其知麟州。王文郁后调任兰州一带，西夏军围攻兰州，王文郁组织敢死队，深夜缒下城墙突袭，大败西夏军。王文郁坚壁清野，积极防御，西夏以倾国之兵向皋兰进军，王文郁率众抵抗，杀伤无数，西夏军在围攻 9 天后败走。王文郁历任荣州团练使、秦州防御使、冀州观察使，去世时 66 岁。

**杨震**（1083—1126） 字子发，代州崞县（今山西代县）人。杨震容貌魁梧，能文善武。宣和三年（1121），杨震跟随府州折可存镇压方腊起义，擒其将领吕师囊，因此升任麟州建宁寨知寨。靖康元年（1126）辽军攻陷太原后，与西夏联军围攻建宁寨。杨震矢尽力乏，与其子杨居中、杨执中等战死，封赠武经郎，谥号恭毅。有《宋故敦武郎知麟州建宁寨累赠太师秦国公杨公墓碑》碑文存世。

**麻一美**（1953—2015） 店塔镇梁家塔村麻家沟小组人。永兴人民公社高中毕业后在大柳塔人民公社兽医站工作，因其语文功底好，后调任神木中学担任语文教师。1992年，调神木县政府办公室从事秘书工作，后转任县教研室副主任、副书记。麻一美十分好学，博览群书，喜欢古典语文，在地方上颇有文名。遇有重大工程竣工，或是名胜古迹需要立碑刻石，几乎都是邀请其撰文拟稿，有时也应邀为故去的地方名人撰写祭文。麻一美善写旧体诗，部分发表于《榆林诗刊》《神木文学 30 年》等书刊，退休后准备潜心创作、著书立说，然不幸身染重疾而遽逝。麻一美为人孝顺、不拘小节、仗义执言，其诗酒风流、诙谐幽默的故事，在地方文化圈流传极广。

**杨买昌**（1945—2019） 店塔村人。杨买昌任店塔村党支部书记三十二年，先后多次当选县党代表、县人大代表和县政协委员，1989 年被神木县委评为优秀共产党员，1999 年被中华全国新闻工作者协会、中国广播电视协会、中华全国农民报协会联合评为第五届“中华大地之光”优秀主人公，2000 年被评为榆林地区劳动模范。20 世纪 80 年代中期，杨买昌敏锐地意识到神府煤田开发将带来的发展机遇，带领群众建设窟野河护岸，新增滩地 1500 余亩，为店塔镇引进大电厂创造了条件。20 世纪 90 年代，杨买昌带领群众发展村集体经济，投资兴办基建运输公司、煤矿、水泥厂、石料厂等企业，建成店塔农贸市场和工业品市场。店塔村很快发展成为远近闻名的富裕村，先后被命名为榆林地区小康村、小康示范村，村党支部被陕西省委评为小康村先进党组织。

## 名人与店塔

**张说奏请置麟州** 张说（667—730），字道济，一字说之，唐代政治家、文学家。原籍范阳（今河北涿州），世居河东（山西永济），后迁居洛阳。张说受封燕国公，时与许国公苏颋齐名，并称“燕许大手笔”，被誉为“开元名相”“一代文宗”。开元九年（721），突厥降将康待宾联合夏州党项部落反叛，进攻银城、连谷（今神木市域）。唐玄宗遣将征伐，张说参与军机，交战后大获全胜。对于如何处置俘虏，有人主张诛杀，张说上奏建议设置麟州，用以安抚投降的党项部落，朝廷予以认可。开元十二年（724），将胜州所属连谷、银城两县划分出来，正式设置麟州。

**王维新秦咏青松** 王维（701—761），字摩诘，蒲州（今山西永济）人。官至尚书右丞，唐代著名诗人、画家，著有《王右丞集》。天宝四年（745）春，任侍御史之职的王维，奉命出使新秦郡、榆林郡（今内蒙古自治区准格尔旗十二连城）。当王维进入新秦地界，那漫山连绵起伏的松林，让他眼前一亮，于是吟出著名的《新秦郡松树歌》。

**张咏任职麟州通判** 张咏（946—1015），字复之，号乖崖，山东鄄城人。北宋名臣，官至礼部尚书，世界上最早的纸币——交子的发明者，被誉为“纸币之父”。雍熙二年（985）六月，知制诰苏易简推荐张咏任太子中允，通判麟州。麟州地区党项等少数民族与汉族杂居，战乱频仍。张咏作《麟州通判厅记》，并刻于办公处的墙壁，表示要辅佐知州“辑兵绥民，御侮致饷”。张咏采取“缮起亭障，精明烽火”等举措，加强防御。当时，李继迁与北宋的战争集中于银州一带，麟州相对安宁。张咏在《答王观察书》信中，详细描述麟州任内的清闲生活。端拱元年（988）夏，张咏任满回京。张咏在麟州多有善政，其墓志铭记载“时夏台未安，边鄙方耸，公多以兵法从事。洎西戎即叙，亦公之有画焉”。张咏居官麟州期间，写下《麟州通判厅记》以及《登麟州城楼》《新秦遣怀》《新秦送人东归》《郡斋秋夕》《孟孟词》等诗作。

**范仲淹巡边至麟州** 范仲淹（989—1052），字希文，江苏吴县人。北宋思想家、政治家、军事家、文学家，朱熹誉其为“有史以来天地间第一流人物”。据范仲淹五世孙范之柔所编《范文正公年谱补遗》记载，庆历四年（1044）秋，范仲淹巡察河东路，十月十日到达麟州。其时，西夏军队经常侵扰麟府地界，百姓多逃至黄河东岸避难。麟州“孤悬河外”，许多当朝官员主张或移或废，如曾知并州的杨偕上疏《请建新麟州于岚州裴家山奏》。此前，范仲淹也赞同这些建议，及至亲赴麟州，才认识到麟州战略位置的重要。范仲淹在写给韩琦的书信中，坦承自己以前的错误，并上疏《乞于麟府修起城寨招蕃汉入户安居奏》《乞招纳嘉舒等七族奏》，建议朝廷设法安置流民，增修堡寨，巩固防守。同时，感于战乱后民生凋敝，又上奏请求在麟州创置榷场，繁荣商贸。麟州此行，范仲淹与当地文武将领登临州城，上红楼，时当薄暮，长烟飘散，大雁南去，远山重叠，清霜委地，羌管悠悠，边声齐作。诗人在这座孤城，切身体会到边疆将卒的艰辛，于是作《渔家傲·麟州秋词》两阕，又赋《留题麟州》诗一首。同年十二月十六日，范仲淹驻留三个多月后，从麟府路返回到岢岚军。

范仲淹雕像

## 链接：范仲淹在麟州

（庆历四年）九月，公在并州，……二十日，枢密院札子：奉旨令公就近差人知麟州。公与明镐商量，举閤门祇侯张继勋。……初，麟州无酒务，不榷酒利，宽假边民。自庆历二年十二月，榷起酒利。公恐居民贫困，出榜并札与麟州，令百姓依旧任便开沽。十日，公到麟州，体量二州四面边疆，并无城寨防护，人户不敢复业。遂与明镐商量申奏，乞修复城寨。是月，发遣散移往府州，与土田耕种。十三日，奏乞收赎麟、府陷破蕃界熟户百姓，依旧住坐耕作，出得粮草，方可却减下正兵，大段省得国家钱帛。……十六日，公自麟府路回到岢岚军。

——《范文正公年谱补遗》

**文彦博修复麟州粮道**　文彦博（1006—1097），字宽夫，号伊叟，山西汾州介休人。北宋政治家、书法家。出将入相五十年，为史上有名的长寿宰相。康定元年（1040），文彦博任河东转运副使，曾在麟州红楼题诗。当时，麟州运输粮饷道路迂回绕远，而唐代修筑的旧粮道，路程较短，且长期荒废。文彦博的父亲文洎，当年担任转运使时曾打算恢复整修旧路，未来得及完成便因病去世。文彦博继承父亲遗志，亲自带人修复这条便捷的运饷通道，为麟州城囤聚粮草。西夏军队包围麟州城十天无法攻下，只好撤退。

**欧阳修力排众议保麟州** 欧阳修（1007—1072），字永叔，号醉翁、六一居士，江西吉州永丰人。北宋政治家、文学家，世称欧阳文忠公。庆历四年（1044）四月，朝廷有关麟州的存废争论激烈，便派右正言、知制诰的欧阳修前往河东路考察。欧阳修深入调查，权衡利弊，上奏《论麟州事宜札子》，使朝廷认识到麟州的战略重要性。欧阳修体察民情，当了解到在麟州官营酒业后，上奏《乞放麟州百姓沽酒札子》，反对与民争利，建议取消酒榷政策。欧阳修此行，还注意察访地方官吏，向朝廷提出对麟州文武官员的考核意见。

**司马光屈野河边修堡垒** 司马光（1019—1086），字君实，号迂叟，山西夏县涑水人，世称涑水先生。北宋政治家、史学家、文学家。至和二年（1055），司马光受河东路经略安抚使、并州知州庞籍推荐，出任并州通判。当时，官方不允许在窟野河西耕种，西夏人便时常蚕食河西良田。嘉祐二年（1057）春，司马光受庞籍之命，赴麟州调研，与知麟州武戡、通判夏倚讨论后向庞籍建议，在河西筑堡募民，开垦荒地，解决粮食问题。庞籍采纳了建议，就在麟州军民兴修堡垒的时候，西夏军出来骚扰，麟州守将郭恩趁夜出兵，结果全军覆没，史称“麟州事件”。面对朝廷追责，庞籍主动承担责任。事后，司马光三次上书澄清事实，为庞籍、夏倚等开脱。

**冯森龄到店塔采访** 冯森龄（1921—1992），陕西渭南人，知名记者。曾任新华社陕西分社社长、陕西新闻学会会长。1984 年夏天，冯森龄深入神府煤田腹地调查采访，在店塔镇域看到窟野河、考考乌素沟河滩上比比皆是的煤堆，目睹了燕峁村村民们用钢钎在平坦的煤层上像切豆腐一样撬煤块后，他被这世界上“罕见的优质煤田”深深震撼，写出新闻稿《陕北有煤海　质优易开采》，于 1984 年 10 月 19 日在《人民日报》头版刊发，《经济日报》、中央人民广播电台等 35 家报刊电台随后转发。同年，《瞭望周刊》第 46 期刊发了冯森龄的通讯《神木—府谷煤海见闻》。这些新闻报道将陕北有丰富优质的煤炭资源的喜讯迅速传向全国乃至世界，这股“黑色旋风”吸引一批批建设大军投入神府煤田大开发。

# 人物表录

**镇域先进模范人物**　改革开放以来，镇域村庄和企事业单位先后涌现出一大批先进模范人物，获得优秀共产党员、劳动模范等荣誉称号的干部职工更是众多产业工人的代表。

店塔镇部分先进模范人物表

表 13

| 姓名 | 性别 | 出生年月 | 籍贯 | 单位职务 | 荣誉称号 |
|---|---|---|---|---|---|
| 贾承廷 | 男 | 1934.01 | 店塔镇水头村 | 店塔镇水头沟村党支部书记 | 1980 年陕西省先进生产者 |
| 王仙仙 | 女 | 1938.09 | 店塔镇店塔村 | 店塔镇店塔村村民 | 1955 年全国林业先进代表、1956 年陕西省青年水土保持造林护林积极分子 |
| 谢贵良 | 男 | 1941.12 | 河北省辛集市 | 神朔铁路分公司董事长、总经理 | 2003 年全国五一劳动奖章 |
| 朱育民 | 男 | 1953.01 | 内蒙古自治区包头市 | 神朔铁路分公司总经理 | 2009 年全国五一劳动奖章 |
| 张　剑 | 男 | 1960.01 | 河北省高邑县 | 神朔铁路分公司党委书记、总经理 | 2013 年全国五一劳动奖章 |
| 王翠娥 | 女 | 1961.08 | 店塔镇店塔村 | 店塔镇川龙大酒店总经理 | 2012 年全国先进个体工商户<br>2011 年陕西省巾帼创业先锋 |
| 辛文辉 | 男 | 1961.08 | 陕西省城固市 | 陕煤化集团神木电化公司党委书记、董事长 | 2000 年全国劳动模范<br>1997 年陕西省劳动模范 |
| 南　杰 | 男 | 1961.11 | 河北省唐县 | 神朔铁路分公司党委书记、总经理 | 2018 年陕西省五一劳动奖章 |
| 方　刚 | 男 | 1962.01 | 陕西省汉中市 | 陕煤化集团张家峁矿业公司董事长、总经理 | 2012 年陕西省劳动模范 |
| 刘宝元 | 男 | 1963.01 | 陕西省榆林市 | 榆林市杨伙盘煤矿党总支书记 | 2007 年全国煤炭工业系统劳动模范 |

续表 13

| 姓名 | 性别 | 出生年月 | 籍贯 | 单位职务 | 荣誉称号 |
| --- | --- | --- | --- | --- | --- |
| 杨永林 | 男 | 1964.08 | 山西省保德县 | 神朔铁路分公司机务段党委书记 | 2007 年陕西省劳动模范 |
| 高俊林 | 男 | 1964.09 | 陕西省韩城市 | 陕煤化集团张家峁矿业公司调度指挥中心主任 | 2007 年陕西省劳动模范 |
| 郭佐宁 | 男 | 1965.01 | 陕西省韩城市 | 陕煤化集团张家峁矿业公司董事长、总经理 | 2018 年全国煤炭工业系统劳动模范 |
| 郝　君 | 男 | 1965.06 | 陕西省榆林市 | 榆林市杨伙盘煤矿矿长 | 2012 年全国煤炭工业系统劳动模范 |
| 马引生 | 男 | 1967.06 | 神木市花石崖镇 | 中电国华神木发电有限公司副总经理、总工程师 | 1995 年全国青年岗位能手<br>1995 年全国煤炭系统杰出青年岗位能手 |
| 刘进贤 | 男 | 1967.09 | 陕西省榆林市 | 榆林市杨伙盘煤矿副矿长 | 2012 年陕西省煤炭工业系统劳动模范、2016 年度陕西省国有企业优秀共产党员 |
| 王　飞 | 男 | 1970.04 | 陕西省榆林市 | 榆林市杨伙盘煤矿矿长 | 2018 年陕西省国资委优秀企业家 |
| 朱志峰 | 男 | 1971.09 | 山西省五寨县 | 神朔铁路分公司机务段检修设备车间设备调度 | 2013 年全国能源化学工业系统五一劳动奖章 |
| 边利平 | 男 | 1975.01 | 陕西省府谷县 | 神朔铁路分公司调度指挥中心主任 | 2017 年陕西省劳动模范 |
| 方海涛 | 男 | 1976.03 | 内蒙古自治区鄂尔多斯市 | 神朔铁路分公司河西运输段神木北车站站长 | 2016 年陕西省五一劳动奖章 |
| 王飞宽 | 男 | 1976.04 | 陕西省府谷县 | 神朔铁路分公司机务段段长 | 2017 年陕西省劳动模范 |
| 丁文博 | 男 | 1982.05 | 陕西省榆林市 | 神东煤炭集团榆家梁煤矿综采一队队长 | 2016 年度中央企业优秀共产党员 |
| 陈喜柱 | 男 | 1984.11 | 甘肃省定西市 | 神东煤炭集团榆家梁煤矿综采二队队长 | 2013 年全国煤炭工业百名优秀青年矿工 |
| 苗彦平 | 男 | 1984.12 | 神木市西沙街道 | 陕煤化集团张家峁矿业公司采掘副总工程师、生产技术部部长 | 2017 年榆林市五一劳动奖章 |
| 连刘平 | 男 | 1985.01 | 神木市永兴乡 | 神东煤炭集团榆家梁煤矿综采三队副队长 | 2013 年全国百强班组长 |
| 邵海洋 | 男 | 1985.05 | 陕西省西安市 | 陕煤化集团张家峁矿业公司机运队党支部书记 | 2015 年陕西省第二季“最美青工” |
| 王小利 | 女 | 1986.06 | 店塔镇辛伙盘村 | 陕煤化集团张家峁矿业公司团委书记 | 2016 年全国煤炭行业优秀共青团干部 |

**镇籍在外先进模范人物** 为了新中国的解放和社会主义建设事业，走出家乡的店塔人也在各行各业为国家和社会做贡献，选录部分镇籍在外先进模范人物。

镇籍在外部分先进模范人物表

表 14

| 姓名 | 性别 | 出生年月 | 籍贯 | 单位及职务 | 荣誉称号 |
|---|---|---|---|---|---|
| 郭摆英 | 男 | 1929 | 店塔村 | 解放军某部战士 | 1949 年解放太原战役二等功 |
| 刘登荣 | 男 | 1951.06 | 倪家沟村 | 榆林市委驻神木工委书记 | 2003 年榆林市优秀党务工作者 |
| 王凤荣 | 男 | 1954.12 | 梁家塔村 | 铜川军分区参谋长 | 1987 年中国人民解放军第二届英雄模范代表 |
| 王凤君 | 男 | 1962.09 | 梁家塔村 | 陕西北元化工集团董事长、总经理 | 2008 年第二届陕西省优秀中国特色社会主义事业建设者 |
| 王永明 | 男 | 1971.01 | 梁家塔村 | 陕西省生态环境厅主任科员 | 2016 年陕西省环保系统优秀共产党员 |
| 刘拴荣 | 男 | 1973.07 | 倪家沟村 | 神木市能源局局长 | 2017 年陕西省煤矿安全工作先进个人 |
| 王　嘉 | 男 | 1974.05 | 倪家沟村 | 陕西省发改委副调研员 | 2008 年陕西省直属机关抗震救灾优秀共产党员 |
| 刘长春 | 男 | 1976.01 | 倪家沟村 | 佳县国税局党委副书记、副局长 | 2012 年陕西省地税系统优秀共产党员 |
| | | | | | 2008 年榆林市优秀共产党员 |
| 张利军 | 男 | 1977.09 | 梁家塔村 | 武警部队交通第三支队后勤处处长 | 参加 1999 年川藏线雪灾保通、2008 年汶川抗震救灾、2013 年四川雅安抗震救灾、2015 年尼泊尔抗震救灾，各荣获三等功一次 |

# 艺文杂记

唐代，著名诗人王维写下《新秦郡松树歌》，为店塔、也为神木留下第一首传世诗作。北宋，孤悬河外的麟州战略位置重要，朝廷名臣、文学巨匠写下许多相关的诗词文赋和信函、奏疏、人物墓志等珍贵的历史文献，其中最知名的是范仲淹《渔家傲·麟州秋词》，被后人视为边塞词之滥觞。明清以后，历代文人雅士，仰慕杨家将英名，在杨家城追古怀今，咏物寄情，为镇域历史文化增光添彩。

# 诗词文赋

## 诗歌

### 新秦郡松树歌

〔唐〕王维

青青山上松，数里不见今更逢。

不见君，心相忆。

此心向君君应识。

为君颜色高且闲，

亭亭迥出浮云间。

——《王右丞集》

红墩古松（2019年）

## 出塞曲

〔唐〕贾至[①]

万里平沙一聚尘，南飞羽檄北来人。
传道五原烽火急，单于昨夜寇新秦。

——《贾至研究》

## 麟中寓居寄蒲中友人

〔唐〕薛能[②]

萧条秋雨地，独院阻同群。
一夜惊为客，多年不见君。
边心生落日，乡思羡归云。
更在相思处，子规灯下闻。

——《全唐诗》

## 登麟州城楼

〔宋〕张咏

莫问戎庭苦，高栏是夕攀。
时清官事少，边静戍人闲。
雉堞临寒水，穹庐倚乱山。
皇恩正无外，不拟更移还。

——《乖崖先生文集》

## 新秦遣怀

〔宋〕张咏

貂褐久从戎，因令笔砚慵。
梳中见白发，枕上忆孤峰。

---

① 贾至（718—772），字幼邻，河南洛阳人。《唐才子传》有传。

② 薛能（约 817—约 882），字大拙，汾州（今山西汾阳）人。晚唐著名诗人。

风动沙昏昼，寒多雪折松。
此心无与问，长愿酒盈钟。

——《乖崖先生文集》

## 新秦送人东归

〔宋〕张咏

郡斋空古塞垣西，才喜相逢又解携。
若值山东豪侠问，嵇生慵更作书题。

——《乖崖先生文集》

## 郡斋秋夕

〔宋〕张咏

久负嵩云约，年来半白头。
风惊落叶夕，雨滴戍城秋。
调古将谁合，心狂谩自愁。
迟回不能寐，重起凭危楼。

——《乖崖先生文集》

## 题留麟州

〔宋〕范仲淹

宣恩来到极西州，城下羌山隔一流。
不见耕桑见烽火，愿封丞相富人侯。

——〔清〕沈清崖《陕西通志》

麟州故城雪景

## 忆红楼[①]

〔宋〕文彦博

昔年持斧按边州，闲上高城久驻留。

曾见兵锋逾白草，偶题诗句在红楼[②]。

控弦挽粟成陈事，缓带投壶忆旧游[③]。

狂斐更烦金石刻，腼颜多谢镇西侯。

——清《（道光）神木县志》

## 次韵和运使杨畋舍人登麟州城见寄

〔宋〕韩琦[④]

关河皆我旧，羌虏岂吾邻。

未泱庙中筭，可伤山后民。

戍兵闲自费，胜策默难陈。

世论安无事，吁哉老塞臣。

——《宋诗纪事补正》

## 丁酉五月郭守恩战殁武戡走入壁守恩勇将有智略[⑤]

〔宋〕刘敞[⑥]

敌兵得汉巧，五月战西河。

---

① 据《（道光）神木县志》，文彦博于该诗前写有一段小引："麟州知郡作坊以彦博昔年所题红楼拙诗刻石复以墨本见寄，辄成五十六字致谢，且寄怀旧之意云尔。"据《（雍正）神木县志》，文彦博此诗刻石时间为北宋嘉祐六年（1061）十月十三日。

② 原注：楼在城上，对白草坪。

③ 原注：皆昔日新秦事也。

④ 韩琦（1008—1075），字稚圭，自号赣叟，相州安阳（今河南安阳）人。北宋政治家、名将。著有《安阳集》。

⑤ 郭恩，开封人，北宋将领，官至管勾麟府军马事。《宋史》有传。嘉祐二年（1057）五月，渡过屈野河，与西夏军交战，被俘自杀。

⑥ 刘敞（1019—1068），字原父，或作原甫，新喻（今江西新余）人。北宋史学家、经学家、散文家。著有《公是集》。

壮士平原死，孤城杀气多。
犹闻疏勒守，无复鲁阳戈。
不反东流水，滔滔奈尔何。

——张廷杰《宋夏战事诗研究》

## 新秦登红楼

〔宋〕谢卿材[①]

极塞登临略解颜，红楼高对玉门关。
四围山色讴歌内，万里羌情指顾间。
坐甲恐令飞骑老，卷帘欲贺白星闲。
细思故地方嗟愤，拍遍栏杆未忍还。

——明《(万历)延绥镇志》

## 麟州叹

〔宋〕郭祥正[②]

边兵不觉西人至，麟州仓卒城门闭。城中带甲仅防城，城外生灵任凋毙。
元戎底事不防秋，千里郊原战血流。漫说知兵范仆射，未免君王西顾忧。

——张廷杰《宋夏战事诗研究》

① 谢卿材，字仲适，临淄（今山东淄博东北）人。元祐间为河北、河东、京东等路转运使。累官朝散大夫。

② 郭祥正（1035—1113），字功父，一作功甫，当涂（今属安徽）人。史传“其母梦李白而生”，少年即倜傥不羁，诗文有飘逸之气。有《青山集》。

### 按部道中（其一）

〔金〕萧贡 ①

窟野河津水没腰，管岑官路雪封条。
一年乐事能多少，强半光阴马上消。

——〔金〕元好问《中州集》

### 翻范仲淹《题麟州》

〔明〕范联芳 ②

一统山河万里城，愿封丞相亦何轻。
若无烽火忧明圣，未必耕桑乐太平。

——清《（雍正）神木县志》

### 登杨家城得神松旧处

〔清〕王致云 ③

欲寻神木识根由，直上巉崖到此游。
好溯金时初建寨，还征宋相旧题楼。
勋传柱国杨家将，说误槎仙博望侯。
更莫浪称松见处，山城改徙自云州。

——清《（道光）神木县志》

---

① 萧贡（1158—1223），字真卿，京兆咸阳（今陕西咸阳）人。金世宗大定二十二年（1182）进士，历官陕西转运使、河东北路按察转运使、户部尚书等职。有《注史记》《公论》等。

② 范联芳，字桂岑，山东黄县人。明万历二十二年（1594）举人，万历四十五年至四十七年（1617—1619）为神木县令。有《塞上吟》。

③ 王致云（1782—？），字裔庭，浙江萧山人。清道光十四年至二十四年（1834—1844）任神木知县，主编《（道光）神木县志》。

## 词赋

### 孟孟词

〔宋〕张咏

党项妇女卷苇叶吹之，名曰孟孟。寄情托意，近类桑间。

胡中不识春时节，门外春回花未发。奴家闻道汉宫春，遥望南天拜新月。

拜新月，攒双眉。别部胡笳声亦悲，低头自叹胡无知。

——《乖崖先生文集》

### 麟州秋词·调寄渔家傲

〔宋〕范仲淹

塞下秋来风景异，衡阳雁去无留意。四面边声连角起，千嶂里，长烟落日孤城闭。

浊酒一杯家万里，燕然未勒归无计。羌管悠悠霜满地，人不寐，将军白发征夫泪。

——清《(道光)神木县志》

雕塑——《四面边声连角起》

## 散文

### 麟州通判厅记

〔宋〕张咏

今之通判，古之监郡。郡政之治，助而成之；郡政之戾，矫以正之。此足以宣天子之风，达穷民之志也。我国家开疆八荒，列郡五百，皇德所被，人用胥悦，皇威所加，罔不震恐。故使一儒者鞭制荒外，何其壮耶！

麟州旧壤，寔曰新秦。按：秦武王转徙东民，以实此土，久用滋富，因以名之。汉隶朔方之郡，唐为胜州之域。匈奴接荒，在河一曲。党项部族，汉民混居。长城其前，屈野川其右；左带楼烦之境，南遍赫连之乡。惟府由兹，唇齿相辅。开元年中，群蕃构逆，燕公[①]致讨，请城麟州，所以安余种也。显德之末，刘崇不宾，杨侯作藩，移垒斯堡，所以护并寇也[②]。

通判之职，殆未尝设。雍熙二年夏六月，始某拜命，倅莅是邦。其辑兵绥民，御侮致饷，利与守牧，相为表里。爰卜安堵，以宅厥处，取材因旧，不夺民力。厅事敞闲，独首阳位。故厅，停也，使停息其间；又厅，听也，欲听行其教。盖礼之攸属，民之是依，得不慎哉。于戏！君道惟艰，艰于审贤；臣道惟艰，艰于克官；民道惟艰，艰于能安。若是厅也，帝王之诏令存焉，千里之刑政系焉。苟职君之务，如饥嗜食，待君之民，如子俟息，则明恕中出，刑政用清，内杜擅权之吏，外绝无告之民，谓斯厅也，宇覆疆内，人用休息。若忽君之令，寇君之政，掠民膏腴，为妻子谋，则志辱于贪，事成于滥，既厚蕴椟之责，亦速覆舟之咎。谓是厅也，丑甚屠肆，其何游焉。

贤行难著，仁心易隳，敢镂厅壁，取为政规。后之君子，勿为妄也。时皇宋雍熙二年八月日记。

——《乖崖先生文集》

---

① 作者原注：燕公张说。

② 作者原注：显德五年，移州小堡。

## 麟州异俗

〔宋〕上官融[①]

麟州府在黄河西，古云中之地。与蕃汉杂居，黄茆土山，高下相属，极目四顾，无十步平坦。廨舍庙宇，覆之以瓦，民居用土，止若棚焉，架险就平，重复不定。上引瓦为沟，虽大澍亦不浸润。其梁柱榱题，颇甚华丽，在下者方能细窥。城邑之外，穹庐窟室而已。人性顽悍，不循理法，事公惟吏，稍识去就，降兹而下，莫我知也。俗重死轻生，侮法忘义。凡育女稍长，靡有媒妁，暗有期会，家不之问。情之至者，必相挈奔逸于山岩掩映之处，并首而卧，绳带置头，各悉力紧之，倏忽双毙。二族方率亲属寻焉，见而不哭，谓男女之乐何足悲悼。用缯彩都包其身，外裹之以毡，椎牛设祭，乃条其革，密加缠束。然后择峻岭架木，高丈余，呼为女棚。迁尸于上，云于飞升天也。二族于其下击鼓饮酒，数日而散。予大中祥符七年随侍至彼，闻他人多言，都不之信。是时王师折惟中，出巡边徼，拉余偕往。遂深入不毛，往往见女棚置于岭上，而新者毡角宛然，异俗如此，且低帏昵爱又如此。呜呼！州境去京不及二千里，而风俗差殊，可骇耳目。则邕州溪洞，戎泸之蛮蜑，前达名公书其怪，以此思彼，真为实录。

——《友会谈丛》

## 杨乐道文集序

〔宋〕王安石[②]

《新秦集》者，故龙图阁直学士、尚书礼部郎中、知谏院虢略杨公之文。公以嘉祐七年四月某日甲子卒官。而外姻开封府推官、度支员外郎中山李寿朋廷老，治其稿为二十卷。

公讳畋，字乐道，世家新秦。其先人以忠力智谋为将帅，名闻天下，至公，始折节读书，用进士起家。尝提点荆湖北路刑狱，数自击叛蛮有功，得士卒心，故侬智高反时，自丧服中特起之往击。其后，为三司副使、天章阁特制、侍读、知制诰，数以言事有直名，故迁龙图阁直学士、知谏院。又数言事，于大臣无所顾望，其所言有人所不能

① 上官融（995—1043），字仲川，华阳（今四川成都）人。著有《友会谈丛》。事迹见范仲淹《太子中舍致仕上官君墓志铭》。

② 王安石（1021—1086），字介甫，号半山，封荆国公，世称王荆公。临川（今属江西）人。北宋著名文学家、政治家、改革家，“唐宋八大家”之一。

言者。故其卒，天子录其忠，赙赐之加等。而士大夫知公者，为朝廷惜也。公所为文，庄厉谨洁，类其为人。而尤好为诗，其词平易不迫，而能自道其意。读其书，咏其诗，视其平生之大节如此。嗟乎！盖所谓善人之好学而能言者也。

——《王安石全集》

## 麟州沙泉

〔宋〕魏泰[①]

麟州据河外，扼西夏之冲，但城中无井，惟有一沙泉，在城外，其地善崩，俗谓之抽沙，每欲包展入壁，而土陷不可城。庆历中，有戎人白元昊云："麟州无井，若围之，半月即兵民渴死矣。"元昊即以兵围之，数日不解，城中大窘，有军士献策曰："彼围不解，必以无水穷我。今愿取沟泥，使人乘高以泥草积，使贼见之，亦伐谋之一端也。"州将从之。元昊望见，遽诘献策戎人曰："尔言无井，今乃有泥以护草积何也？"即斩戎人而解去。此时虽幸脱，然终以无水为忧。熙宁中，吕公弼帅河东，令勾当公事邓子乔往相其地，子乔曰："古有拔轴法，谓掘去抽沙，而实以炭末，墐土即其上，可以筑城，城亦不复崩矣。愿用是法，包展沙泉，使在城内，则此州可守也。"吕从之，于是人兴板筑，而包沙泉入城，至今城坚不陷，而新秦可守矣。

——《东轩笔录》

## 神木—府谷煤海见闻

冯森龄

有谁见过这样的景象，在几个县的广阔的土地下面，浅埋着丰富的煤田，有些地方仅仅覆盖着一层薄土，或者裸露在河滩上。许多村庄象煤海之舟，房舍之下便是煤田，墙壁、猪圈、厕所都是用煤块垒起的；用煤时，人们拿着锄头在河边煤矿露头处，挖上几块就够用了。

最近，我们到陕西北部的神木、府谷县采访时，深为这里的煤海所震惊。我们一行三人，沿黄河支流窟野河逆流而上，在考考乌素沟，看见许多村庄农户门前屋后堆放着大堆煤块，河滩上煤堆比比皆是。

---

① 魏泰（生卒年不详），字道辅，襄阳人。著有《东轩笔录》。

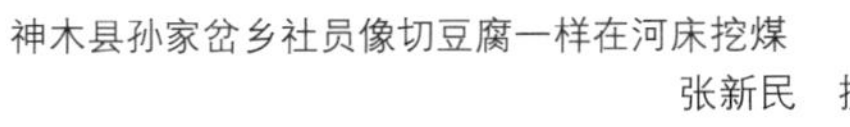

神木县孙家岔乡社员像切豆腐一样在河床挖煤 张新民 摄

社员用拖拉机往河床外运煤 张新民 摄

我们到店塔乡雁毛（燕峁）村时，农民正在河滩挖煤。涓涓的河水，就从煤层上面流过。从已经挖开的煤坑看，整个河床下面是七、八米厚的煤层。孙家岔乡柠条塔村，裸露在河床下面的煤层更为明显。农民们把河床表面薄薄的一层流沙和碎石清理到一旁，大片的、厚厚的煤层就出现在面前。这里的煤层近似水平面，这在其它地方也是少见的，因为那里大都是倾斜的。

我们看到，农民们先在平坦的煤层上纵横挖几条一尺多宽的深槽，然后就象切豆腐一样，把钢钎打进煤层，一撬煤块就下来了。在中鸡乡我们看到的又是一番喜人景象。站在乌兰木伦河河滩，看见河岸土层下，是一条带状的煤层横断面，厚度足有七、八米！赶着毛驴拉的架子车运煤的农民告诉我们：埋在河床下面的煤还有四、五米厚呢。这里的窟野河，也是这般情景。陪同我们的神木县顾问张凤翼说，有一年这一带发洪水，一块约二十八立方米大的煤块，硬是被冲到县城附近哩！他说，发洪水是下游群众捞煤的好机会，贺家川有个村庄一次就捞煤四千多吨。

说这里是煤山煤海，那是一点也不夸张的。河水冲出来的只是露头的，在这几县广阔土地下面尽是煤。即使没有露天煤的地方，煤也很便宜。神木县办的大砭窑煤矿，一吨煤卖七元四角。

记者在这几个县巡行，看到绿色的田野上，已经高高地竖起红色的钢铁井架——地质队正在打孔勘探，进行详查。几位工程师告诉记者，经过六年多的普查，已有的数据表明，神府一带是个了不起的大煤田。神府原煤的特点是：含灰分、硫、磷等有害物质特别少，属于中、高发热量的无烟煤、弱粘结煤和不粘结煤，是优良的工业动力用煤和化工用煤。这个煤田的另一特点是，地质结构简单、埋藏浅、煤层倾斜度近似水平，易于开采。据地质队勘查，活鸡兔地区千米内可供开采的煤有九层，煤层厚度分别为十一米、十三米，有的煤层厚度达十八米！

神府一带大煤田储量初步探明后，震动了煤炭界。应邀来考察的外国企业代表对这样大面积的露天煤层，赞不绝口，说这是世界上“罕见的优质煤田”，称之为“神木煤海”。

——《瞭望周刊》1984 年第 46 期

## 陌生的乡愁（节录）

王嘉[①]

我把这个北方小镇当作故乡来认同，其实是长大以后的事情。

我的老家是依偎在㹀牛川河东岸的一个小村庄，原本隶属于神木县的大柳塔镇，与府谷县的大昌汗、老高川两个乡镇山水相连。二十世纪八十年代初，县上新成立店塔镇，以河为界，河东的我们村被划归到店塔，村庄在全镇的最北端，是一个边缘化的地方。

很长时间，我对店塔的认知和亲近都远不如邻近的乡镇。我在孙家岔读完了小学和初中，六年时光已然成为我人生中的绝代芳华。每到秋天，放牧了一夏的动物伙伴，就要被大人们赶到府谷老高川的集市上卖掉了，心里不免涌出一种莫名的忧伤，而天快黑的时候，大人们从集市上带回了新衣服和好吃的东西，心情便也好转了。

有两件事，让我和店塔真正相遇了。第一件事是中考结束，因公路雨毁严重，我只好徒步二十多公里从县城走到店塔，打算搭个农用三轮车回村，四处找寻却不能如愿。时间已过晌午，又累又饿，就又硬着头皮，沿着河边崎岖泥泞的道路继续步行二十多公里回家。那年我十六岁，人生第一次用脚步丈量了店塔和我们村的距离，对两地的空间关系有了清晰的认知。第二件事是上大学之前，我去镇上办理“农转非”的粮户关系，相关印章需要新刻，我才知全镇考上大学的人实在不多，以至于这样的业务会荒疏至此。

大学毕业后，我回到了神木县城工作，去过镇上的很多地方，了解慢慢多了起来。店塔，山梁沟峁遍布全境，不利于发展农业，但境内煤炭资源异常丰富，陆续建起了很

① 王嘉，店塔镇人，学者、影视制片人。

多厂矿，很快就发展成为了闻名遐迩的明星乡镇。

后来，我离开神木，去了西安、北京，每当看到店塔两个字，由不得要关注。随着年岁渐增，莫名的乡愁竟像野草一样蔓延疯长，我慢慢厌倦了诗和远方，厌倦了霓虹闪烁。我甚至在心里做好从店塔溯流而上重回村庄的打算，而就在几年前，我还一心想着要闯荡世界。

——《榆林日报》2019 年 4 月 3 日

# 历史文献

## 书信

### 答王观察书（节选）

〔宋〕张咏

弟少年无思算，好陪狂徒高谈极饮。致逾壮岁，方遂策名。洎于登朝，又倅边郡。塞外清帖，公中事稀，日与虎侯杂戏为乐。五木未止，六博已兴；投壶弈棋，排象旋子。斯实眇末，无足快心。其祈至者，蹴鞠引强，击射算帖，攘袂掣肘，嗥呼争赢。有以壮临军之容，资佳会之具。其或八月草枯，比日纵猎，寒风吹面，则皴裂皮肤；惊尘随人，则缁黑衣屦。渴饮已冰之酒，饥餐连血之肉。马不绝驰，弓不下臂，知得俊为快，不知劳筋为苦也。又若天清气和，列坐畅饮，乐奏繁剧，貔貅引前，盘槊击剑以电转，奔骑角觝以虎争。余兴未穷，则巨觥相罚，非倒瓮，非颓冠，略未云止。

——《全宋文》第 3 册

### 与韩魏公书

〔宋〕范仲淹

某启：递中捧台诲，至荷勤切。河东今岁俱罢支移，边上粮草，中糴自办。西北勒兵久之，于今未战，亦报和解。次幸其不来，来则可忧处多。宪州岢岚，城小而低，矢石可交，火山孤绝，城中无水。今冬无事，来春须力修川原控扼处，所济来路极多。旧闻麟州当移，兼曾上言，及往视之，知前言之失。始谓无民，今问得当时西贼急攻府州，谓麟可自下，而不甚虏掠，百姓属户皆东渡，多免。今存八分，在河内旅寄，惟俟脩城寨，即来复业。本州已抄到一千四百户，续陈奏次，乞留意再造此方。自重自重。

——谭邦和主编《历代小品尺牍》

## 与夏秘丞倚别纸

〔宋〕司马光

诏狱所竖中立事尝亦剽闻，立寨斫木则有之，辰巳之差，则告者过也。但谓所申郭、武出巡为虚，及状内无武侯入城一节事耳。然以光观之，皆中立忠于朝廷，信于上司，笃于僚友之事，而治狱者集以为过，当如之何？此盖措意不在中立故也。书云“又有余忧”，此则虑之过者。光去夏自麟还，并悉述所闻众人之议，不出五策，以白庞公。其最下听其侵耕，置而勿问（凡浅识偷安者，其言皆如是也）；次则力战，以决胜负（勇悍不思者，其言如是也）；次则诱其耕民，徙之内地，使彼自惧，失亡而去（陈怀顺之谋也）；次则绝其私市，使彼自计，侵耕所得，不偿所云，必来分割（光与邢舍人所议也）；次则乘间筑堡以扞之，借使不尽得其田，亦足为麟州耳目藩蔽（光与武侯、中立所议也）。庞公幸用其二而舍置其三（诱民、决战、勿问）。今日思之，始知当日下策，乃上计也。嗟乎！事难豫知，无可言者。所惜者，国家边臣姑息之弊久矣。今止欲自于汉地内立一小堡，已谓之引惹生事，罪及元帅，则后来者所为可知，益使戎狄轻汉矣！次则庞公垂老，孜孜为国，更获欺罔之名；次则中立才美操坚，而横罹此咎，虽不足为异日之累，而亦暂致淹回；次则光罪当为首，而不蒙诛戮贬窜，使国家有同罪异罚之讥，此皆光所慊慊者也。以此之故，光今虽强颜出入朝省，每有人正视其面，则惭不敢仰。凡以上累知己，而旁负朋友故也。其他一一，非书所尽。盛暑中，倍自保辅！

——《司马温公集编年笺注》

## 奏疏

### 请建新麟州于岚州裴家山奏　庆历元年十月丁亥

〔宋〕杨偕[①]

麟、丰二州及宁远寨并在河外，与贼接界，无尺帛斗粟之输以佐官用，而麟州岁费缗钱百万。今丰州、宁远寨已为贼所破。惟麟州孤垒，距府州百四十里，远在绝塞。虽宁远介二州之间，可以为策应兵马宿顿之地，又其中无水泉可守，若议修复，徒费国用。今请建新麟州于岚州合河津黄河东岸裴家山，其地四面绝险，有水泉，河西对岸又有白塔地，亦可建一寨，以屯轻兵。又河西俱是麟州地界，且不失故土。见利则进，否则固守之。盖旧州势危而兵寡，多屯则粮不继，少则难守，所以迁远而就近，非为蹙国之疆土也。若谓麟州既迁，则贼压吾境，是不知夷狄迁徙鸟举，不能以久处。设其来居，必须耕凿其地，我于河西出偏师以挠之，彼安能持自完之策哉。故以谓不迁有五利，不然，则有三害。省国用，惜民力，利一也。内御岢岚、保德、火山及岚、石、府州沿河一带所出路，利二也。我据其要则河冰虽合，贼不敢逾河而东，利三也。商旅来往，以通财货，利四也。方河冻时，得所屯兵马五七千人，沿河以张军势，利五也。今麟州转输束刍斗粟，费直千钱，若因循不迁，则河东之民困于调发，无有已时，害一也。以孤垒饵敌，害二也。道路阻艰，援兵难继，害三也。且州之四面，属羌遭贼驱胁，荡然一空，止存孤垒，犹四支尽废而首面心腹之独存也。今契丹又与西贼共谋，待冰合必攻河东。若朝廷不思御捍之计而修宁远寨，是求虚名而忽大患也。况灵、夏二州，皆唐汉古郡，一旦弃之，一麟州何足惜哉？帝谓辅臣曰：麟州，古郡也。咸平中，尝经寇兵攻围，非不可守。今遂欲弃之，是将退而以黄河为界也，其宁远寨宜谕偕速修复之。

——《全宋文》第8册

### 论麟州事宜札子　庆历四年五月

〔宋〕欧阳修

臣昨奉圣旨，至河东与明镐商量麟州事。缘臣未到间，镐已一面与施昌言等先有奏

---

① 杨偕（980—1048），字次公，坊州中部人（今陕西黄陵）。生平见欧阳修撰《杨公墓志铭》。

议。如此，则经久之谋，庶近御边之策。已有奏议。寻，再准枢密院札子，备录镐等所奏，令臣更切同其从长相度。

臣遂亲至河外，相度利害，与明镐等再行商议。乞那减兵马人数，可以粗省兵费，已具联署奏闻。此外，臣别有短见，合尽条陈其利害措置之说，列为四议，一曰辨众说，二曰较存废，三曰减寨卒，四曰委土豪。谨具画一如后：

一曰辨众说。臣窃详前后臣寮起请，其说有四：或欲废为寨名，或欲移近河次，或欲抽兵马以减省馈运，或欲添城堡以招辑蕃汉。然废为寨而不能减兵，则不若不废；苟能减兵而省费，则何害为州？其城堡坚完，地形高峻，乃是天设之险，可守而不可攻。其至黄河与府州，各才百余里。若徙之河次，不过移得五七十里之近，而弃易守难攻之天险。以此而言，移废二说，未见其可。至如抽减兵马，诚是边议之一端。然兵冗不独麟州，大弊乃在五寨。若只减麟州，而不减五寨，与不减同。凡招辑蕃汉之民，最为实边之本。然非朝廷一力可自为，必须委付边臣，许其久任，渐推恩信，不限岁年，使得失不系于朝廷之急，而营缉如其家事之专，方可收其远效。非二年一替之吏所能为也。臣谓减兵添堡之说，近之而未得其要。

二曰较存废。今河外之兵，除分休外，尚及二万。大抵尽河东二十州军，以赡二州五寨，为河外数百边户，而竭数百万民财，贼虽不来，吾已受困。使贼得不战疲人之策，而我有残民敛怨之劳。以此而思，则似可废。然未知可存之利。今二州五寨，虽云空守无人之境，然贼亦未敢据吾地，是尚能斥贼于二三百里外。若麟州一议移废，则五寨势亦难存，兀尔府州，便为孤垒，而自守不暇。是贼可以入据我城堡，耕牧我土田，夹河对岸，为其巢穴。今贼在数百里外，沿河尚费于防秋。若使夹岸相望，则泛舟践冰，终岁常忧寇至，沿河内郡，尽为边戍。以此而虑，则不可不存。然须得存之之术。

三曰减寨卒。臣勘会庆历三年一年用度，麟州用粮七万余石，草二十一万余束。五寨用粮一十四万余石，草四十万余束，其费倍于麟州。于一百二十五里之地，列此五寨，除分兵歇泊外，尚有七千五百人，别用二千五百人负粮，又有并、忻等十州军百姓输纳，外及商旅入中往来，其冗长劳费，不可胜言。逐寨不过三五十骑，巡绰伏路，其余坐无所为。盖初建五寨之时，本不如此。寨兵各有定数，建宁置一千五百人；其余四寨，均各三百至五百。今之冗数，并是后来增添。臣谓今事宜稍缓，不比建寨之初，然且约旧数，尚不至冗费。臣请只于建宁留一千人，置一都巡检。其镇川、中堠、百胜三寨，各留五百。其余寨兵所减者，屯于清寨堡，以一都巡检领之。缘此堡最在近东，隔河便是保德军，屯兵可以就保德军请粮，则不烦输运过河供馈。若平日路人宿食诸寨，五百之卒巡绰有余。或些小贼马，则建宁之兵，可以御捍。若贼数稍多，则清寨之兵，不失应援。盖都不去百里之内，非是减兵，但那移就食而已。如此，则河外省费，民力可纾。

四曰委土豪。今议麟州者，存之则困河东，弃之则失河外。若欲两全而不失，莫若择一土豪，委之自守。麟州坚险，与兵二千，其守足矣。况所谓土豪者，乃其材勇独出一方，威名既著，敌所畏服，又能谙敌情伪，凡于战守，不至乖谋。若委以一州，则其自视州如家，系已休戚，其战自勇，其守自坚。又其既是土人，与其风俗情接，人赖其勇，亦喜附之，则蕃汉之民可使渐自招集。是外能捍贼而战守，内可辑民以实边，省费减兵，无所不便。比于命吏而往，凡事仰给于朝廷，利害百倍也。必用土豪，非王吉不可。吉现在建宁寨，蕃汉依吉而耕于寨侧者，已三百家。其材勇则素已知名，况其官序，自可知州。一二年间，视其后效，苟能善守，则可世任之，使常为捍边之寄。

右，臣所陈，乃是大计，伏望圣慈特赐裁择。若可以施行，则纾民减费之事，容臣续具条列。取进止。

——《欧阳修集》

## 乞放麟州百姓沽酒札子

〔宋〕欧阳修

臣伏见麟州元是百姓沽酒自经事宜，后来转运司擘画，官自开沽。臣昨令本州勘会一年，自去年十二月开沽，至今年六月，用米、曲本钱三千五百贯，所收净利只及一千八百贯。然官私劳费不少，自并、岚等州造曲，千里般运，又配百姓造酒黄米。远行输纳。麟州自经贼马，后来人户才有三二百家，又榷其沽酒之利，市肆顿无营运，居者各欲逃移。今来麟州既不移废，则凡事却须葺理。其沽酒之利，宫中所得不多，而劳费甚大。臣今欲乞令百姓依旧开沽。所贵存养一州人户，渐成生业。今取进止。

——《全宋文》第16册

## 乞招纳嘉舒等七族奏　庆历四年十月壬子

〔宋〕范仲淹

据麟府路兵马都监张岊状，西界唐龙镇嘉舒、克顺等七族去汉界不远，可因西北交争之际，量援以兵马，而预为招纳之。兼体问得七族蕃部旧属府州，比因边臣不能存恤，逃入西界，在今府州东北缘黄河西住坐，其地面与火山军界对岸。昨西贼大掠麟府界，人户悉居于彼，遂分为十四族。近有内附首领香布言：“契丹领兵在宁仁静寇镇，待河冻即过唐龙镇劫之。”若契丹遂取七族，则府州河外又生一契丹。兼七族既有惊疑之心，必逃入火山界，契丹因而袭逐入汉地，则一带蕃、汉人户，必定遭驱虏。又麟府残破，难以守御。今若因此机会，先行招诱，使七族率其所掠麟府属户，复自来归，纳之不为无名。已令张岊与府州部署王凯、折继闵等商议，密行招引。今先次画到七族地图以闻。

——《范仲淹全集》

## 乞于麟府修起城寨招蕃汉入户安居奏　庆历四年十月

〔宋〕范仲淹

麟、府二州，山川回环五六百里，皆蕃、汉人旧耕耘之地，自为西贼所掠，今尚有三千余户散处黄河东涯。自来所修堡寨，只是通得麟、府道路，其四面别无城寨防守，使边户至今不敢复业。地土既荒，故粮草涌贵，官中大费钱帛籴买，河东百姓又苦馈运之役。今重屯不解，久则自难供亿，此实西贼困中原之策，谓如灵武，必须弃之。今二州之人皆愿修起城寨，若只以河西兵马粮草般移应用，自可办事。况折氏强盛之时，府州只屯汉兵二千，今虽残破，兵马常及万余。如向去招辑蕃、汉人户，从而安居，强人壮马又可得数千，却减屯汉兵，兹诚守御之长计也。

——《范仲淹全集》

## 乞于麟州创置榷场奏　庆历五年九月四日

〔宋〕范仲淹

河西麟府田野空荒，城市穷困，使河东一路供馈粮草钱帛，未有休期。若置一榷务，一则招诱蕃部牛羊鞍马行货，供河东一路官税要用；二则麟府路收得客旅税钱，大段出得货利，就近供军；三则止绝得私下与外界交易，免犯令。

——《范仲淹全集》

## 论屈野河西修堡状

〔宋〕司马光

窃以为人臣者，事君不避难，有罪不逃刑。臣先任通判并州军州事，准经略司牒差，往麟州勾当公事。其屈野河西一带田土，积年以来，为夏人所侵。臣委曲询访本州当职官吏，以夏人侵盗，为日已久。谕之以理，则不肯退缩；逼之以兵，则动成战斗；召之重定界，至期偃蹇不来。春种秋获，无有已期。如何区处，可以不战而得所侵之地？其本州官吏为臣言：州城之西临屈野河，自河以西直抵界首五六十里，并无堡障斥堠，以此夏得恣耕其田，游骑往往直至城下，或过城东，州人不知。去岁已于河西置一小堡，以处斥堠之人，亦曾申经略司，乞于西增置二堡。会今春以来，虏骑屯聚，遍满河西，经略司牒令：候西人退散，别申取指挥。今夏众尽已退去，自州城以西至大横水浪，爽平数十里间，绝无一人一骑。若乘此际，急于州西二十里左右增置二堡，每堡不过十日可成，比至夏人再行点集，此堡已皆有备，寇不能为害。如此，则麟州永无侵轶之虞，州兵出入，有所宿顿，堡外先侵之田，夏皆不能耕种。臣之愚心，亦为国家固争屈野河西田者，非少此尺寸之地，盖以夏侵耕至河，则麟州孤危。果能成此二堡，以为麟州耳目藩蔽，于事诚便。遂归，具以官吏所言，白于庞籍。籍用臣言，即牒麟州，令依前申，修筑二堡，仍令精加探候，广设堤备，戒谕约束，莫非叮咛。盖欲乘间急修，故不暇取旨俟报，但曾奏知而已。不期牒到之后，元未兴修，夏人已复大集，于五月五日，彼处官兵引一千许人，夜开城门，径往屈野河西。前无探候，后无策应，中无部伍，但赍酒食，不为战备，以此逢敌，如何不败！遂令所谋之事，悉皆无成。此乃诸将恃勇轻敌临事无备之所致，本非修堡之过。况自元昊纳款以来，麟州修建堡寨，及出兵过屈野河西，前后非一。虽与寇遇，未尝败北。明知今日之败，在于无备，不在修堡与过河也。然臣窃闻，议者乃以庞籍为擅修堡寨引惹边事。臣伏自惟省，本因臣与麟州官吏商量，传道其言，达于庞籍，籍未尝身至河西，周知利害。皆臣愚戆，思虑不熟，轻议大事，当伏重诛。今乃使议者悉归咎于庞籍，臣岂敢宴然不言，苟求自脱？上负圣朝，死有余责。臣虽小人，义不忍为。伏望陛下，察庞籍本心，欲为国家保固疆圉，发于忠赤，不顾身谋，过听臣言，以至于此。独治臣罪，以正典刑，虽蹈鼎镬，亦无所憾。谨具状上呈。

——《司马温公文集》

## 臣论屈野河西修堡第二状　嘉祐二年

〔宋〕司马光

臣先曾奏陈为麟州修堡事，乞独治臣罪，至今未奉朝旨。今窃知庞籍移知青州，夏倚等各有责降。臣伏自惟念：若朝廷不以修堡为非，庞籍等必不受责；若以为非，则庞籍先已指挥麟州罢修此堡，因臣至彼见虏骑退散，方议再修。武戡、夏倚等虽建此策，因臣至彼传道其言，方得达于庞籍。由是言之，修堡之事，皆臣所致，若治其罪，臣当为首。今庞籍等先受其责，而臣未蒙谴罚，臣实内惭，无以自处。臣在并州日，受经略司牒管勾本司要重公事，庞籍凡处置边事，未尝不询及于臣，采用其说。臣亦夙夜竭尽愚虑，知无不言，庶几协心裨补国家有万一之益。今乃以智识浅短，思虑不精，上为朝廷之忧，下为庞籍之累。若复苟求自脱，不即大诛，是臣以蕞尔之躯，亏国家至平之法，罪衅愈重，不容于死。伏望圣慈察臣前后所陈本宗事理，严赐诛谴，以正刑书，臣不胜幸甚。

——《司马温公文集》

### 墓志

## 供备库副使杨君琪墓志铭

〔宋〕欧阳修

君讳琪，字宝臣，姓杨氏，麟州新秦人也。新秦近胡，以战射为俗，而杨氏世以武力雄其一方。其曾祖讳弘信，为州刺史。祖讳重勋，又为防御使。太祖时，为置建宁军于麟州，以重勋为留后。后召以为宿州刺史、保静军节度使，卒赠侍中。父讳光扆，以西头供奉官监麟州兵马，卒于官。君其长子也。君之伯祖继业，太宗时为云州观察使，与契丹战殁，赠太师、中书令。继业有子延昭，真宗时为莫州防御使。父子皆为名将，其智勇号称“无敌”，至今天下之士，至于里儿野竖，皆能道之。

君生于将家，世以武显，而独好儒学，读书史。为人才敏，谦谨沉厚，意恬如也。初以父卒于边，补殿侍。后用其从父延昭任，为三班奉职，累官至供备库副使，阶银青光禄大夫，爵武原伯。

李溥为发运使，以峻法绳下吏。凡溥所按行，吏皆先戒以备。而溥至，多不免，其黜废者数百人。其闻溥来，辄惶惧自失，至有投水死者。君时年最少，为奉职，监大通堰，去溥治所尤近。溥尝夜挐轻舟猝至，按其文簿，视其职事，如素戒以备者，溥称其才。

君所历官，无不称职。其后，同提点河东、京西、淮南三路刑狱公事。君叹曰：“吾本武人，岂足以知士大夫哉！然其职得以荐士，亦吾志也。”其所举者二百余人，往往为世闻人。尝坐所举一人罚金，君喜曰：“古人拔士，十或得五，而吾所荐者多矣，其失者一而已。”

君少丧父，事其母韩夫人以孝闻。后以恩赠其父左骁卫将军，母夫人南阳县太君。初娶慕容氏，又取李氏。有子曰畋，贤而有文武才，今为尚书屯田员外郎、直史馆。君以皇祐二年六月壬戌卒于淮南，年七十有一。皇祐三年十月甲申，畋以其丧合慕容氏之丧，葬于河南洛阳杜泽原。铭曰：

杨氏初微自河西，弯弓驰马跃边陲。桓桓侍中国屏毗，太师防御杰然奇。名声累世在羌夷，时平文胜武力衰。温温供备乐有仪，好贤举善利岂私？恺悌君子神所宜。康宁寿考顺全归，有畋为子后可知。

皇祐三年十月，庐陵欧阳修撰

——逸凡点校《唐宋八大家全集·欧阳修》第3卷

## 宋故内殿承制閤门祗侯麟州俄儿族巡检高君墓志铭并序

〔宋〕张仲通

乡贡进士张仲通　撰

内殿崇班权麟州同都巡检横阳堡驻札张世永　书

内殿崇班前麟州同都巡检横阳堡驻札张仪　篆盖

元丰五年四月九日，内殿承制閤门祗侯高君，感疾终于第之正寝，享年六十有七。部族闻君沦亡，匍匐往吊，相踵盈门。君讳世忠，字卫臣。其先著姓，镇西人。曾大父移；大父兀考嵬崖，故义军都军主。

军少以骑射为乐，藉名俄儿族中。康定初，从将领讨荡穹庐，乃遇西寇，摧锋逐北，因获一级，补义军副兵马使。明年，羌人犯边，鼠窃狗盗，日夕不暇。君应卒驱逐，屡战屡胜，复获一级，再补副兵马使。虽旌赏未厚而不言其功。人人服其器度。庆历中，募胆勇知向导者，求索虏情。而君首预其选，出入戎庭，智谋周密，无所畏惮。生擒伪酋领吭唆崖山讹，尽得虚实之状，因升本族军使，补副指挥使。及元昊纳款，王关静柝，几十五年。

嘉祐中，腥膻复侵，疆场贼马数万，首鼠境上。君先觇见其实，入报郡将□御带，而郡守然其说，乃谋守御之计。当时偏师郭公者疑君生事，反沮怒之，君辩论不屈。无几，郭侯中夜领兵渡河，之忽李骨堆，欲起堡寨，以固疆土。师行才一舍，果见举燧鸣鼓，已报贼至，郭侯尚未之信。而黄承受者，尤笑其为妄。遂叱兵而前，黎明，断道嫣逢贼，势颇众，时以仓卒，小有不胜，皆因忽君之言，边人于今惋叹。是时，君力战愈坚，连中流矢，经略庞丞相笈君，探报之；审以状，叙劳特霈，囊封乞赐殿侍，充本族巡检，以为奖劝，上可其奏。时方疆议未平，君辩折羌人，无不中理。及兴复丰州，君职预巡防，为力尤多，由是连升两阶，覃恩转三班奉职。戎兵刘俊，越疆逃掳，逾时复来，乃为西人之探报。君遂擒焉，贼计稍挫。叛羌将，犯大顺城。君亦预知，飞檄开报，已肆剽掠。谅祚亲领胡鹘，势甚猖狂，不虞我师素有其备。直冲城下，伏兵四出，贼穷蹙气丧，无路逃生，谅祚中矢而卒。亦君预报之力也，特升一资。两路进师，会合于罗兀城。君为先锋，杀获甚众，招降生口五十余户，弓矢器甲、牛马橐驼不可胜计。进升右侍禁兼閤门祇侯，被召赴阙赐见。上嘉其忠勇，赐名世忠，仍转两资，及赐对衣一袭，副之甲马兵器。宠锡优厚，里巷莫不荣之。

越十年八月十三日，伪钤辖魁默集虏人，欲暮夜来犯杏嘴浪，盗取秋禾。君午报西出，率供奉官李保忠，同领甲马，直趋隘路，为三覆以待之。方莫，果逢贼，迎战掩杀，折馘八级，多夺鞍马器械。转东头供奉官，叙年荣升内殿崇班，领职如故。去秋西鄙乱常，王赫斯怒，命将攻讨。君从偏帅张钤辖，路分王礼宾，接战于俄枝军营。率先破敌本族，斫七十五级，夺衣甲鞍马名数极多。又进一官。九月复从厝置王昭宣开拓疆土，君为前军部将，宥州之捷，又获二百余级，降附百六十余户，牛马驼畜，莫知其数。厝置王公，命君先入宥州，搜索隐伏，特支袍中金帛，先众授赏，以答其劳。君深入西域，冲冒大寒，因以婴疾。扶病还里，未及赏功，遂至奄忽。

君赋性沉毅，长于智数，于边事尤所练达，居常似不能言，及临境上，辩析明白，颇有气势，西人莫能措一辞。边机动静，君多谋奇计，探赜预闻，故名公良将欲知边事，非君无可使者。

教子皆以边功自立，启手之辰，乃语诸子曰：我生之日，汝忠而孝。我没之后，惟忠而已。尽忠报国，慎勿辞难。吾恨不能宣力以报君恩。吾将终矣，汝其勉之！是夕，果卒。呜呼！君于死生之际，不惑如此。可谓明也已。君娶苗氏、继室折氏皆即世，再继雷氏。生子四人：长曰永宝，三班借职，早亡；次曰永翼，内殿崇班；次曰永坚，东头供奉官、经略司准备差使；次曰永年，三司军将。一女适折令仪。孙男十一人：曰思正；曰思仁，早亡；曰思义；曰山□，下班殿侍；曰思温；曰思言；曰思成；曰思化，早亡；曰思道；曰思纯；曰思恭。孙女二人在室。子孙诜诜，后将有望焉。传曰：不在于躬，其后必大。顾不验耶！卜其年七月六日举君之丧，启穴而葬焉，礼也。永翼与子乡交旧。乃曰：吾父葬有期。尝闻葬而不铭，与不葬同。敢固请铭。予感其意，义不得辞，乃为之铭。铭曰：

天地劲气，付于忠直。惟君禀之，发为战力。果毅其材，钢明乃德。厥初立身，隶于军籍。喜事弓刀，欣胄矢石。密伺敌情，常为己职。出入虏庭，莫窥其迹。屡从□讨，遇贼必□。累就迁升，时加充锡。未及褒功，大数斯极。启手之辰，方见性识。遗子之言，了然不惑。以贻后昆，惟忠于国。立铭九泉，以贲窀穸。

——店塔镇小庙出土北宋墓志石

## 宋故寿阳县君杨夫人[①]墓志铭

〔宋〕张峋

左朝奉大夫、管勾西京嵩山崇福宫、上柱国、赐紫金鱼袋张峋　撰

右朝奉郎、监兖州东岳庙、轻车都尉、赐绯鱼袋程公孙　书

右宣义郎、签书崇信军节度判官厅公事、赐绯鱼袋杨祖仁　篆盖

夫人姓杨氏，其先麟州新秦人。王大父曰重勋，保静军节度使，赠侍中；王父曰光扆，赠左骁卫将军；考曰琪，供备库副使，赠左武卫将军。妣曰李氏，延安郡太君。杨氏世将家，夫人元兄畋，独以文章经术为仁宗皇帝识，擢任龙图阁直学士，当时称为名臣。夫人幼失所怙，年十八，龙图选所宜归，遂适张氏，为太子中舍讳景儒之妻。遇郊祀恩，封寿阳县君。以□氏宗妇光国夫人尝朝谒禁中，为夫人请命服，乃赐冠帔。夫人生而警慧，智识过人，德性敦厚，诚心悫固，虽刚介高洁，而济之以慈恕，故持己以严，待人以和，事先舅光禄公恪尽妇道，上承下御，一以礼法，闺门肃然。中舍府君累佐大府，所至以材能称，俾悉心外事，而不以家为恤者，繄夫人之为内也。暨捐馆舍，夫人尽屏珠玑簪珥之饰，而自奉养愈俭薄，日阅佛书、教训子弟为事。居常寡言笑，而莫见其喜愠之色。与家人处，如对宾客，恭庄俨恪，靡有惰容。张氏，大族也，内外敬惮，服其有常德。□□□□□□□□难□贫□□□□□□恻不懈□心，随其力而赒之。

① 杨夫人：张景儒妻，杨琪女。

□□□□诚意，平生景慕节义，喜诸子从乡里贤者游，延安君深所钟爱，未尝随子□之官，□不欲一日舍夫人而去。方延安君寝疾，至劳辱之事必躬焉。及其寿终，执丧哀□□若不胜。

晚年默悟禅观，颇达其宗旨，家虽窭狭，未尝经其心，一□倏然焚香宴坐，□如也。始婴□，自谓曰："此疾殆非常□，及中春，吾其逝矣。"果如其言。后事纤悉皆自□处。逮至终，神识不乱，宛若平□。呜呼！妇人之美，止于幽闲和淑、柔顺静专而

水头沟敌台（2018年）

已。至于□命慎独，学士大夫之所难也。乃知夫人高明之操，贤于人远甚。以绍圣二年二月戊辰考终于家，享年六十。

男四人，曰浩、曰□、曰澄、曰涣，皆举进士。女四人，长适孟州观察推官李□，次适进士王格。澄、涣与适王氏而下三女，先夫人而亡。孙男五人，曰□、曰绘、曰纶、曰绛、曰续。孙女一人。以其年三月癸卯葬于河南府洛阳县杜翟原，祔中舍府君之穴。前期，诸孤状其行事来谒铭，乃为之铭曰：

新秦之杨，□出弘农。重侯世将，既盛而隆。猗欤夫人，行茂□尊。靡矜靡盈，来嫔卿门。克媲其德，□□□名。顺其姑章，宜尔子孙。积善有贻，滥浚其源。报施之丰，逮于云昆。昭以铭诗，□藏诸原。

——《千唐志斋藏志》下册

## 宋故秉义郎徐府君墓志铭

〔宋〕张仲愈

上舍张仲愈　撰

学正王天佑　书丹

将仕郎行兵曹事李及时　题额

君讳德，字得之，世为麟州新秦县人也。父智，故赠率府副率。君起家微贱，奋身行伍，善骑射，精击刺，勇冠军中，人以骁锐称之。自朝廷用兵西南，君无一战不在其间。富良之役，宥州之师，青岗、斯罗之战，龙横、青鱼之讨，君用命斗贼，摧锋夺隘，累以功迁府州威远都虞候。崇宁四年，换授右侍禁，差充保德军沙谷渡巡检，在任，盗贼股栗，不敢入境。当以夹岸有江乡雅趣，秩满，遂谋居焉。大观元年，朝廷以君有兜和川斩首之功，转左侍禁。大观二年，该八宝赦恩，转西头供奉官。政和三年改授秉义郎。君向从军富良江日，尝冒瘴气，几于不救。后以年老旧瘴再发，医不能疗，政和四年十一月二十六日卒于家之正寝，享年七十一。君先娶刘氏，内殿承制刘公之女也，故赠崇德县君。继娶董氏，今封永寿县君。男五人：长为僧，法名道隐，受业于府州天宁寺；次曰知常，武艺精绝，宛有父风；次亦为僧，法名惠净，落发于保德军承天院，系名表白；次曰衡幼，居学校，升为外舍生；次曰徽尚；稺女一人，早亡，皆刘氏所出也。孙二人。卜以政和五年正月初一日，葬于麟州新秦县石堡岭之原，妻刘氏祔焉。君之行事，余熟知之。其子有请，义辞不克，因走笔为之铭云：

猗欤徐公起寒微，门闾高大生光辉。战功屡立闻帝阍，荣曳朝服脱戎衣。赤心报国天弗违，寿逾七十人亦稀。就葬先茔得其归，庆流子孙有所依。

——店塔镇草垛山出土北宋墓志

# 民间传说

**神松的传说** 神木市在唐宋时期为麟州，之后以“神木”为县名，据明《(嘉靖)陕西通志》记载：“神松在县西十五里杨家城内，松有三株。”清《(道光)神木县志》记载：“县东北有杨家城，有神松三株，枝柯相连，故曰神木。”

传说汉代张骞出使西域路过此地，烈日炎炎，人困马乏，看见路旁山坡上有几棵高大的松树，便下马解鞍，在树荫下枕石而卧。朦胧中驾舟泛游天河，见琼楼玉宇，奇花异石，隐隐有轧轧织机声，循声而往，来到织女机房。织女们好奇地问他人间之事，他都一一解答。临别时，一位年龄较大的织女从机下抽出支机石一块相赠，他便藏于袖筒。张骞一觉醒来，时已过午，举手整冠，方觉得袖里沉重，原来织女所赠支机石仍在袖中，抬头见松树荫翳扶疏，深感神奇。

唐代著名诗人王维出使麟州新秦，曾写下《新秦郡松树歌》诗一首，可见当年神木青松挺立，植被良好。此外，在麟州故城东南有一株千年古柏，树枝如掌，俗称“五指柏”。相传是杨业离开故里时亲手所植，寓意根留麟州，树在人安。

**七星庙比武订亲** 五代十国时期，麟州与府州（今府谷县）是西北地区的军事要地，两州地土相邻，唇齿相依，镇守麟州的杨家将和镇守府州的折家军在历史上均有威名。杨业是杨家将最有名的代表人物，相传其妻是折氏家族的巾帼英雄折赛花，即后世文学戏曲作品中的佘赛花。杨业与折赛花在七星庙比武订亲、喜结良缘的故事，在神府地区广为流传。

杨业为麟州刺史杨信长子，从小练就一身好武艺，“杨家枪”枪法尤其精湛。折赛花出身府州将门豪族，是府州知州折德扆的千金。她喜欢骑马射箭，能使兵器“走线铜锤”。在地方势力割据中，杨家将和折家军不免发生争斗。有一次，小将杨业与女将折赛花对阵，交战数十回合仍不分胜负。眼看天色近晚，折赛花佯败策马而逃，躲进七星庙殿内。杨业紧追进殿，不料反被从门后闪出的折赛花擒拿。折赛花早听说杨业英武超群，杨业见折赛花才貌出众，双方爱慕之心萌生，于是二人跪拜神像，订下百年之好。从此，杨、折两家结为军事联盟，共同保卫边关。

七星庙坐落在府谷县孤山镇孤山堡北门外山梁上，距麟州故城约 40 千米。七星庙始建年代没有明确记载，民间相传建于唐宋时期。明万历五年（1577）开工重修，万历六年（1578）完工，重修后建筑规模大为缩小，改称“昊天宫”。因其单檐歇山式大殿室内墙壁底部四周直立，后变为八面收缩，到顶时又变为圆形收缩，一砖盖顶，无梁无柱，故又称“无梁殿”。七星庙闻名遐迩，入选《中国名胜辞典》，1981 年被确定为府谷县文物保护单位，1993 年被确定为陕西省文物保护单位，2013 年入选第七批全国重点文物保护单位。

# 大事纪略

新石器时代寨峁遗址是陕西省文物保护单位，店塔村出土的汉代雁鱼灯是国宝级文物，可证在唐宋时期麟州设置前镇域曾有的灿烂文明。战国时期秦长城、明代长城和麟州故城等底蕴深厚的文化遗产资源，丰富了镇域边塞文化，彰显了店塔镇的历史文化魅力。

20 世纪 70 年代建设的杨城电灌站，为当时全县最大的农田基建工程。神府煤田大开发后，店塔发展成为西部能源经济强镇。工业集中区建设、客运火车开通、浮法玻璃生产项目建设、店塔中学重建、文明村镇和全国卫生镇创建等前文未及详细记述的大事，从不同侧面反映了镇域经济、文化、社会各领域日新月异的变化。

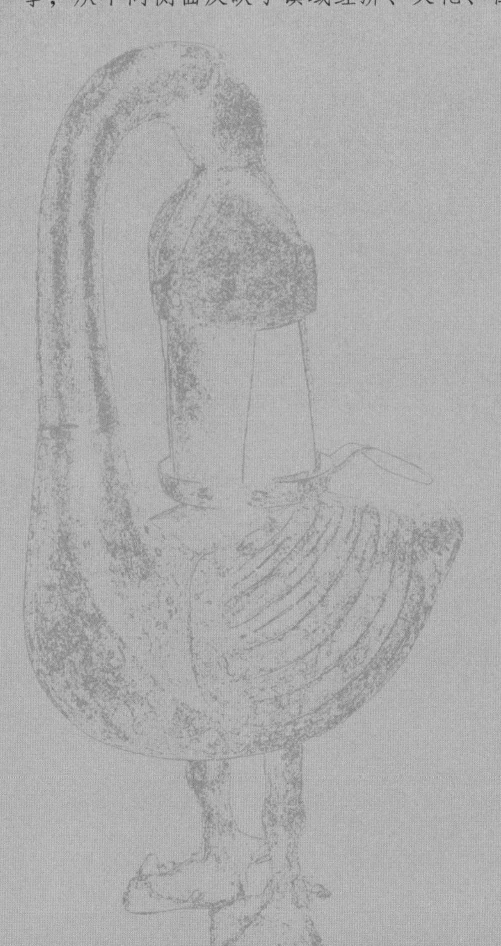

## 战国时期秦国在镇域修筑长城

约秦昭王二十八年至三十五年（前 279—前 272），秦国为了抵御匈奴，在北方边境修筑长城。长城大致走向从内蒙古自治区与陕西省边界进入神木市域，沿着㹀牛川西岸向南延伸进入店塔镇域，随后向西南越过乌兰木伦河，经寨峁山后跨考考乌素沟，再沿窟野河西岸山梁继续向南延伸。

## 唐开元十二年（724）镇域设置麟州

唐开元十二年（724），朝廷平定党项、羌族的叛乱后，经燕国公张说奏请，割连谷、银城县（今神木市域），设置麟州，治所在店塔镇域窟野河东岸山上（今杨城村）。由于镇域地处边塞，战事不断，麟州虽屡有兴废，但五代和北宋时期基本沿袭麟州建置。金皇统八年（1148），麟州被西夏占据。兴定元年（1217），麟州被金兵攻占，改为神木寨。

## 明正统五年（1440）神木县治迁至麟州故城址

明洪武十四年（1381），复置神木县。正统五年（1440），县治由麟州故城以南15千米处的窟野川东山上（今神木市麟州街道旧城村）迁至麟州故城。正统八年（1443），因居山顶不便，再迁建县城于窟野河平川（即今神木市区老城），麟州故城废弃。

## 明成化十年（1474）再筑镇域长城

明成化十年（1474）春，延绥镇巡抚余子俊开始修筑“东起皇甫川、西至定边营，长垣九百二十余里，……墩堡勾连，横截河套之口”的“大边”长城。隆庆四年至六年（1570— 1572），神木兵备道副使张守中又对该段长城整修重建。镇域长城时属延绥镇东路永兴堡所辖。

# 1973 年兴建杨家城电灌站

1973 年 5 月，杨家城电灌站动工兴建。电灌站抽窟野河水上山，设计流量每秒 0.4 立方米。分 8 级抽水，总扬程 307 米，一级抽水扬程长达 100 余米。配套电动机 19 台，总装机容量 2526 千瓦，最大水泵直径 46 厘米。渠道经过杨城、关地、樊庄、连家峁、丰台山等村，最后到达乔庄（今属神木市永兴街道），各种输水管道长 1307 米，最大管径 529 毫米。建设电灌站，国家投资 122 万元，群众自筹 56 万元，投工 44 万个，完成土方 39.3 万立方米、石方 5.2 万立方米，混凝土浇筑 640 立方米，开挖砌护干渠 12.5 千米、支渠 2.4 千米，挖砌容积 5000 立方米的高山蓄水池 1 座，架设 6 千伏高压线路 3 条 12 千米。1975 年 7 月，电灌站工程竣工上水，1976 年在灌区推行试验流动式小面积喷灌技术，1977 年 10 月建成试水。建成后灌地 2000 亩，经营电力政府补贴 70%，群众负担 30%，每年每亩耗电费 10 元以上，向用户每亩征收水费 2 元。1980 年，由于用水成本高、效益差，电灌站停止运行，大多数工程设施和设备已经报废。

施工期间，永兴人民公社成立工程建设指挥部，公社副书记武利功任工程总指挥，指挥部办公地址设在杨城村白浩善家，指挥部 10 余人住 2 孔窑洞。千余名民工按 10 余个连编制，每连设连长、指导员，连以下编为排班。其中，有 1 个女子连和 1 个石工连，女子连的铁姑娘队有七八人，都是 20 余岁特别能吃苦的未婚青年。工程土石方全部使用人力，河边一级抽水站站房全部用青石砌成，每块青石由三四名民工才能抬动。山上工程使用的石料全部从山下拉运，一辆平板车只能拉一块石头，后公社调拨两台拖拉机专门运输石料。其时，山上红旗飘扬，场面壮观。

民工口粮每人定额为 1 斤，通过公社筹、生产队带的办法解决，粮食品种为高粱、玉米、黑豆。早餐以玉米糁子汤为主，有时偶有高粱、玉米、黑豆面蒸制的窝窝头。午餐一般为窝窝头或小米捞饭，晚餐一般为小米稀饭，少数时候也有窝窝头。山上风大，且劳动强度大，民工易患感冒。由于住宿卫生条件差，卫生员常用 666 粉、敌百虫消灭臭虫。施工过程未发生大的安全生产事故。

杨家城电灌站一级泵房（2019 年）

汉彩绘雁鱼铜灯

## 1985 年发现汉彩绘雁鱼铜灯

1985 年 8 月，店塔乡店塔村店塔小组的连治元（1945 年生，在店塔最早开旅店的连全的曾孙），在其家窑院南用镢头打贮藏马铃薯的土窖时挖出 1 件中空铜制彩绘雁鱼灯及其他器物。

雁鱼灯，也称鹅鱼灯，汉代，一级文物，青铜质地。灯通高 54 厘米，长 33 厘米，宽 17 厘米，壁厚 0.1 ~ 0.2 厘米，重 4.25 千克。灯的整体造型为 1 只鸿雁回首衔鱼站立状，由雁颈上部及口衔之鱼、雁下颌和雁身、两片弧形屏板、带鋬灯盘四部分组成，雁身两范合铸，两腿分铸焊接。雁颈及鱼身、体腔均中空相通，灯柄可控制灯盘转动，两块铜屏板灯罩可左右转动开合，能调节灯光和挡风。雁腹内盛清水，灯烟由鱼腹经雁颈溶入水中，减少油烟对环境的污染。铜灯整体构思设计合理，造型精巧别致，简约地施以红、白、黑、绿四色漆彩绘，实用功能和外形完美结合。

彩绘雁鱼铜灯出土地古墓很多，出土文物较多，当地群众将这一带墓葬区称之为

汉彩绘陶壶

汉带盖铜扁壶

汉笼形罩曲柄铜灯

汉双系铭文铜鍪

汉四叶形铜饰件

汉卧虎形铜镇

汉五铢铜钱

汉肖形铜印

"葬湾"。随同雁鱼铜灯出土的还有铜钟、铜釜、铜甑（残）、带盖铜鼎（残）、十二生肖铜镜（残）、肖像形印各 1 件，西汉五铢钱 28 枚，四叶形铜饰 47 件以及铜泡、铜环、铁剑（残）、鹿头形的金铂残片、耳杯（残）、漆器（残）、蚌壳、马头骨、棺板朽木及铁钉等。同期，在店塔村出土的汉代文物有笼形罩曲柄铜灯、带盖铜扁壶、双系铭文铜鍪和彩绘陶壶等。

国宝级文物雁鱼铜灯发现后，先由神木县文管办收藏，后藏于陕西历史博物馆。1985 年，山西省朔县照十八庄村也出土了另外 1 件相似的彩绘雁鱼灯，被中国国家博物馆收藏。2011 年，江西南昌海昏侯墓又出土两件类似的雁鱼灯。

## 1986 年考古调查发现寨峁遗址

新石器时代寨峁遗址位于店塔镇寨峁村，坐落在窟野河与其支系考考乌素河交汇处的三角形阶地上，距店塔镇区约 1 千米。遗址东西宽 250 余米，南北长 700 余米，总面积 17 万余平方米。东侧是窟野河，西、南面是考考乌素河，阶地东、西、南三面是陡峭的石崖，高出河床 100 余米。阶地上地势较为平坦，略呈南低北高。由于地处毛乌素沙漠东侧与黄土高原丘陵山地交界地带，植被稀少。遗址的中南部有一道东西向的石墙，将遗址分割成南北两部分。石墙以北文化堆积呈窝状分布，堆积层薄，面积小，几乎无发掘的价值。石墙南部地势较北部宽阔平坦，文化堆积丰厚，深达 3 米左右，为遗址的中心区。

寨峁遗址保护碑

1986 年，考古调查时发现寨峁遗址。1991 年，对寨峁遗址进行试掘。1993 年，陕西省考古研究所对其进行正式发掘。寨峁遗址考古发掘是中华人民共和国成立后在陕北北部开展的较有规模的考古发掘工作。发掘面积 700 余平方米，遗迹有房址、窖穴、墓葬，出土遗物有陶、石、骨器等。房址有石块围墙房和半地穴式两种，局部残存有白灰地面。墓葬均为窄长方形竖穴土坑墓。葬式以仰身直肢为主，其次为侧身直肢，再次为俯身直肢。陶器的陶质有泥质和夹砂两大类，其中泥质灰陶为大宗，夹砂陶次之。颜色有灰色、褐色、白色、红色四种，其中以灰陶为主。器形有单把鬲、斝、尊、盉、甑、杯、瓮、豆、尖底瓶、罐。除素面外，纹饰有篮纹、附加堆纹、方格纹、锥刺纹、绳纹、弦纹等，篮纹数量居于首位。石器有斧、铲、刀、环、纺轮和石贝等其他细小石

寨峁遗址——房址

寨峁遗址局部

陶豆

三足瓮

陶鬲

陶斝

器。骨器有锥、锯、凿、镞、针、笄、牙饰、骨管等，其中骨锥最多见。

从遗存的文化面貌和特征看，寨峁一期与内蒙古阿拉善郑则峁类型相似，距今4800年前后。寨峁二期与石峁文化类型相似，大约距今4200—4100年。2003年9月，陕西省人民政府公布为省级重点文物保护单位。

## 1993年神府经济开发区成立

1993年3月23日，经榆林地区行署研究，将店塔能源综合开发试验区更名为陕西省神府经济开发区。同时，成立陕西省神府能源综合开发总公司，与开发区管委会“一套人马，两块牌子”。1994年9月，经陕西省人民政府批准，神府经济开发区成为陕北第一个经济开发区，为榆林市政府直属的省级经济开发区。开发区在神木县域设店塔、锦界、神树塔和燕家塔4个工业园区，其中店塔园区面积2平方千米。1996年9月2日，神府经济开发区规划调整为店塔、燕家塔、锦界和新城川4个小区，总规划面积16平方千米。其时，店塔工业园区有电厂、电石厂、玻璃厂、淀粉厂等多家工业企业。

2009年，陕西省政府为加快陕北能源化工基地建设，新设立榆神工业区，与神府经济开发区实行“一套机构、两块牌子”管理。开发区工作重心逐渐转移至锦界，在一片荒漠中建成引领榆林能源化工基地发展的现代化工业园区。2013 年 2 月，经国务院批准，神府经济开发区（榆神工业区）升级为榆林第一个国家级经济技术开发区。

从 2013 年开始，店塔工业园区交由镇政府管理。2018 年，园区内有神东电力和陕西煤化集团电化公司两家大型企业。

## 1998 年神木北站开通火车客运业务

1998 年 10 月 16 日，包头至大柳塔客运列车延伸至神木北站，镇域首次有了火车客运业务。包神铁路公司开通的 4695/4696 次、4697/4698 次（包头—神木北）客运列车，车底编组为 9 辆。

1999 年 9 月 28 日，包神铁路公司与大同铁路分局协商，由大同铁路分局开通 834/833 次（大同—神木北）客运列车。是日上午，在神木北站举行隆重热烈的开通仪式。

2005 年 9 月 5 日，由于国铁机构调整，L827/L828 次客车停运。2005 年 9 月 23 日，

1998 年，神木北站客车开通

神木北站（2016年）

神木北站（2019年）

神朔铁路公司开通神木北—朔州西路用通勤客车，车底编组为 5 辆。2006 年 9 月 28 日，由呼和浩特铁路局开通 L159/L160 次（神木北—北京）客运列车，车底编组为 17 辆。同日，4695/4696 次、4697/4698 次客车停运。2006 年 3 月 1 日，太原铁路局恢复运行 L827/L828 次客车。同日，路用通勤客车停运。2015 年 7 月 11 日，K8203/4 次（安康—神木北）旅客列车开行。

2018 年，旅客列车每日开行 3 列；通勤路用列车每周五发，每周日接，分别发往府谷、大同、安康、朔州西。发往大同的每趟车约坐 500 人，发往安康的每趟车约坐 200 人，通勤路用列车每趟车约坐 150 人。

## 2002 年浮法玻璃生产线建成

2001年2月，注册资本6000万元的陕西神木晶牛玻璃有限责任公司成立。同年6月，投资 1.3 亿元，占地面积 20.3 万平方米的陕西省第一条浮法玻璃生产线在店塔工业园区开工，为当时榆林市最大的招商引资项目之一。2002 年 6 月，项目正式投产运行。浮法玻璃生产线日熔化量 320 吨，年设计生产能力 220 万重量箱，生产 2 ~ 15 毫米厚度的白色、茶色、欧洲灰系列优质浮法玻璃及镀膜玻璃。企业先后通过 ISO 9001 质量管理体系认证和 ISO 14001 环境管理体系认证。2006 年，浮法玻璃系列产品荣获陕西省名牌产品称号。产品行销北京、河北、内蒙古、陕西、山西、宁夏等省（自治区、市）。从此，玻璃产业成为镇域乃至神木县域经济的支柱产业。

2009 年 8 月，晶牛玻璃公司转让股权给陕西德林能源投资公司，更名为陕西德林玻璃制造有限公司。2012 年，职工达 300 人。2017 年，因国家化解产能过剩、淘汰落后产能，德林公司玻璃生产项目停止运营，建材工业在镇域经济中不再占优势地位。

## 2006 年石窑店产业融合示范园区兴建

2006 年 3 月 27 日，神木县决定成立石窑店工业园区管理委员会。2007 年 4 月，更名为神木县石窑店工业集中区。2018 年 12 月，再更名为神木市石窑店产业融合示范园区，园区总占地面积 15.73 平方千米。

2007 年 7 月，神木县政府协调解决石窑店煤矿井田内府谷县 3 座小煤矿问题，开工建设[illegible]牛川防洪堤护岸工程、㹀牛川大桥和主车道宽 18 米的沿河道路。2011 年，店塔至石窑店公路河堤和道路建成通车。2017 年，加大对店石公路绿化美化。2018 年，投资 681 万元安装公路沿线照明路灯。

2009 年，石窑店矿业有限责任公司成立，其在园区建设神木县最大的县属国有煤矿，成为园区的龙头企业。2018 年年底，入驻园区的规模以上企业有丰瑞能源公司、兴德运输公司、准神铁路集运公司、远兴煤业化工公司和石窑店物流公司等。

## 2012 年店塔镇统筹城乡发展协会成立

2012 年 2 月 24 日，由店塔镇党委、政府倡议，店塔镇籍企业界人士与驻店塔企业共同发起，捐资 1600 余万元成立店塔镇统筹城乡发展协会，为非营利性社会团体组织。出席第一次大会会员 80 余人，选举产生理事 25 人、监事 5 人。协会以促进产业转型、市政基础设施改善和扶贫济困为宗旨。按照章程的规定，资金主要用于扶持农业种养殖户等非煤产业补贴、弥补城镇管理费用支出、资助大学生和贫困家庭。同时，协会也是镇域企业合作沟通的平台。

# 2012 年店塔第一小学建成全市首个乡村学校少年宫

2012 年 10 月，店塔第一小学获中央专项彩票公益金支持，建成神木市第一个乡村学校少年宫。少年宫坚持公益性、普及性、资源整合和贴近当地实际原则，鼓励学生全员参与，组建 40 个活动社团，依托兴趣小组活动，开展技能培训、经典诵读等各类文娱体育活动。2012—2018 年，店塔第一小学连续 7 年被评为陕西省乡村学校少年宫运营管理先进学校。

店塔第一小学少年宫（2019 年）

# 2017 年神木市第十二中学成立

1970 年，永兴人民公社草垛山初级中学成立，为镇域最早成立的中学。校址位于草垛山山梁，教室、办公室、宿舍共 32 孔石砌窑洞。初中有 3 个单设班，每班 30 人左右，与草垛山小学统一管理，师资力量薄弱，仅有 17 名教师，首任校长王永胜。

1985 年 7 月，学校迁址店塔，更名为店塔初级中学，县教育局直属管理。时有学生 100 余人，教师 12 人。20 世纪 90 年代以后，学校新修教学楼、实验楼、宿舍楼、餐厅，占地面积达 21380 平方米，建筑面积达 7609 平方米，教学设施和设备齐全。2001 年，

神木市第十二中学（2019 年）

学校有 16 个教学班，教职工 42 人，学生 1000 余人。后因学生人数逐年减少，学校周边企业较多，影响教学环境，2017 年秋季停止招生。

2017 年 9 月，新成立的神木市第十二中学开工建设，校址位于店塔第一小学东侧，项目投资约 1.1 亿元，总占地面积 36 亩，总建筑面积 2.6 万平方米，包括教学楼、办公楼、实验楼、宿舍楼、餐厅、报告厅、地下车库、塑胶操场等附属设施等。2019 年 4 月，学校工程竣工，计划 2019 年下半年招生 1200 人，设 24 个教学班。

# 2017 年店塔镇获“全国文明村镇”称号

2015 年，店塔镇成功创建陕西省文明村镇后，镇党委、政府提出创建“全国文明村镇”新目标，并制定创建工作三年行动规划实施方案。2016 年 10 月，调整领导小组成员，由镇党委书记杨剑任组长。创建工作得到神木市委、市政府支持和市文明办的具体指导。全镇同步开展创建全国文明镇和国家卫生镇，作为提升城镇建设品质、改善镇村人居环境、提高居民幸福指数、促进经济社会全面发展的重要举措。创建过程中，累计

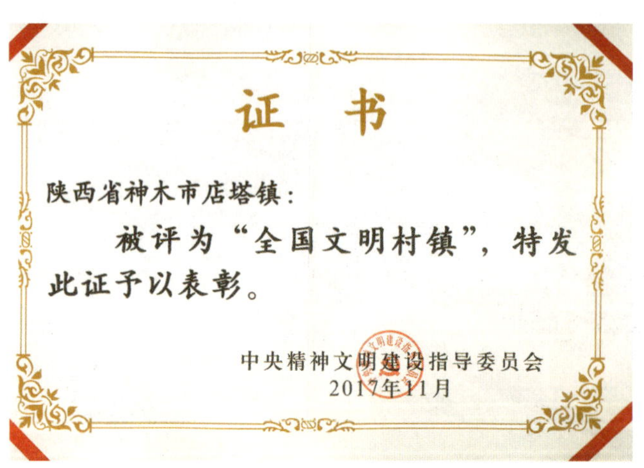
证书

陕西省神木市店塔镇：

被评为“全国文明村镇”，特发此证予以表彰。

中央精神文明建设指导委员会
2017年11月

“全国文明村镇”荣誉证书

投资 2.46 亿元用于市政基础设施建设，着力推进店塔镇区与神木市区一体化发展，建设新型农村社区、美丽乡村，打造文明家园；实施供暖、供水、天然气、污水处理、垃圾处理等多项民生工程，实行镇村环卫保洁一体化和社会综合治理网格化管理，提高政府管理服务水平；广泛开展社会主义核心价值观宣传教育，表彰先进模范，培育道德新风尚；优化志愿服务，开展各类主题鲜明、内容丰富的志愿活动；推动农村移风易俗，修订完善村民公约等制度；落实 40 个企事业单位与 12 个行政村结对帮扶工作。2017 年 11 月，中央精神文明建设指导委员会授予店塔镇“全国文明村镇”称号。同年 12 月，陕西省委在西安举行隆重的授牌仪式。

## 2018 年店塔镇开展国家卫生镇创建工作

在 2015 年成功创建省级卫生镇的基础上，2016 年，店塔镇开始创建国家卫生镇。坚持以创卫为抓手，以神店一体化建设为目标，不断完善市政基础设施，加大环境卫生整治力度，提高居民文明卫生意识。在 2018 年的冲刺迎检阶段，镇党委、政府构建起村、社区、驻镇企事业单位多方联动，全社会广泛参与，同创共建的工作格局。成立 11 个专项工作组，联合食药监、工商、派出所等部门综合执法，动员企业投入资金 1800 万元参与环境卫生整治。推进市政、环卫保洁托管，大幅降低市政公共环卫服务的运行成本。完善环卫设施，新建污水管网 3000 米，对污水处理厂提升泵站进行改造。新增流动厕所 7 座，新建固定公厕 3 座，新增环卫工人休息室 30 个、执法岗亭 4 个，在镇区街巷摆放果皮箱 180 个、钩臂式垃圾箱 100 个，使镇容村貌发生极大变化。2018 年 11 月 29 日，创建工作通过陕西省爱国卫生运动委员会办公室考核验收。

# 2019 年开通滨河新区与店塔镇区公交车

2017 年，店塔镇政府与神木市交通局、公交公司多次协商调研，拟开通店塔镇区至神木市区的公交线路。2018 年，镇政府协调在镇区黄羊城河桥头以南征地 5.9 亩，修建公交车调度站。其时，从滨河新区通往店塔镇区须经过碾房湾大桥，因该线路属省级公路，暂不能开通公交线路。2019 年 5 月，连接神木市滨河新区与店塔工业区的窟野河大桥建成通车，专线公交线路开通，神木市区与店塔镇区之间实现城市公共交通一体化。

# 附录

# 麟州与杨家将文化研究综述

麟州是唐宋时期西北地区重要的边关重镇，宋代杨家将是妇孺皆知的保家卫国的历史英雄群体，麟州因杨家将而又被称为杨家城。那么，威名赫赫的杨家将与麟州城有什么关系？历史真实的杨家将与我们在文艺作品中看到的杨家将艺术形象一样吗？今日重提杨家将的意义何在？现对有关麟州考古与杨家将的历史资料研究成果进行简述。

**麟州故城的沿革与考古**　唐代，统治者解决了边境党项等族反叛的问题，为安置降众，开元十二年（724），取“麒麟降瑞”之意设置麟州，城址设在窟野河东岸山崖上，即今神木市店塔镇杨城村。关于麟州的建置，史籍多有记载。《旧唐书·地理一》记载，开元十二年，割胜州的连谷与银城，始置麟州，开元十四年（726）又废弃。天宝元年（742），重置麟州，改名为新秦郡。乾元元年（758），复置麟州，领属新秦、连谷、银州三县。《宋史·地理二》记载，麟州领属新秦县，政和四年（1114），将银城、连谷两县并入新秦县。2010 年 4 月，在麟州故城附近的草垛山村出土徐德墓志石一块，从志文中可知，秉义郎徐德“世为麟州新秦县人”，政和五年（1115），“葬于麟州新秦县石堡岭之原”，可以确认新秦县的具体位置，杨城也是当时麟州的中心。北宋时期，由于麟州处于宋与西夏、辽对峙的前沿，多次发生惨烈的战事。文献记载，对于麟州的存废，朝廷中一直存在不同意见。欧阳修在《河东奉使奏章》中说“今议麟州者，存之则固河东，弃之则失河外”，强调麟州的战略意义，最终北宋并未主动放弃麟州。在经年累月的战争烽火中，明正统八年（1443），麟州故城才彻底废弃。因此，研究麟州的建置沿革，有助于了解古代西北地区的政治、经济、军事和民族关系的历史。

至迟在明代，麟州故城就被称为杨家城，据《明英宗睿皇帝实录》卷八十六记载，正统六年（1441），“杨家城”这一称呼就已经出现。其原因是北宋英雄群体杨家将的故里就在麟州新秦县。司马光主编的《资治通鉴》记载“麟州土豪杨弘信自为刺史，受命于周，信卒，子重训嗣”，“若欲两全而不失，莫若择一土豪，委之自守。麟州坚险，与兵二千，其守足矣”。对此，清道光《神木县志》进行说明，“麟州城建于唐，历五代至宋，以州刺史杨弘信世守麟州，俗又称为杨家城”。

麟州故城的考古工作始于 1992 年，2002 年陕西省考古研究所和榆林市文物管理委员会办公室再次对麟州故城进行调查和试掘。2010 年 7—10 月，陕西省考古研究院与榆林市文物考古勘探工作队对故城遗址进行详细的考古调查、勘探与测绘，故城的面积、布局和构造更加清晰。由于故城遗址规模宏大，且为全国少数保存较为完整的唐宋城址，2006 年 5 月 25 日，国务院公布麟州故城为全国重点文物保护单位。

**杨家将的籍贯及世系** 麟州与赫赫有名的杨家将密不可分，那么历史上的杨家将真实情况如何？从史料来看，五代时，麟州土豪杨弘信自立为刺史，此后杨家将分为驻守麟州和南征北战两支。杨弘信的长子杨业（杨重贵）最为人们熟知，得“杨无敌”美名。杨重贵生子杨延昭，杨延昭生子杨文广，该祖孙三人长期戍边于今山西、河北北部，战功卓著，是史书中杨家将的核心人物。杨弘信的次子杨重勋驻守麟州，杨重勋生子杨光扆，杨光扆生子杨琪，杨琪生子杨畋。以前，对于杨业是杨弘信的长子还是次子，其籍贯在哪里？史学界多有争论。后来，发现了欧阳修于北宋皇祐三年（1051）撰写的《供备库副使杨君墓志铭》，墓志铭中明确记载：“君讳琪，姓杨氏，麟州新秦人也。新秦近胡，以战射为俗，而杨氏世以武力雄其一方，其曾祖讳宏信，为州刺史，祖讳重勋，又为防御使，……君之伯祖继业，太宗时为云州观察使，与契丹战役，赠太师中书令”，该墓志成为杨家将籍贯与世系的实证，杨家将的籍贯是麟州新秦县不再是争议问题。值得一提的是“杨家将”群体中的杨畋，《宋史・杨畋传》记载“杨畋，字乐道，保静军节度使重勋之曾孙。进士及第……畋出于将家，折节喜学问，为士大夫所称”。杨畋以将门之后，由进士之途官居显位，与范仲淹、韩琦、欧阳修、王安石、梅尧臣等北宋重臣为同僚和诗友，在北宋的政坛和文坛上都占有一席之地。杨畋与以武功立身当朝的族叔杨文广，共同开创了北宋“杨家将”文武双星辉耀门庭的局面。而且，得益于“将门进士”杨畋在政坛和文坛上的影响与推广，杨家将这一“弯弓驰马耀边陲”的英雄群体的传奇故事，流传越来越广。

**杨家将题材的文艺作品与艺术形象** 欧阳修《供备库副使杨君墓志铭》记载：“继业有子延昭，……父子皆名将，其智勇号称‘无敌’。至今天下之士，至于里儿野竖，皆能道之。”可见，杨家将的故事滥觞于北宋中期，千年以来一直流传不绝，故事内容不

新编晋剧《杨家城传奇》剧照

断丰富，文学艺术体裁更加多样，也演绎出佘太君、杨宗保、穆桂英、杨排风等虚构的艺术形象。中国戏曲研究家赵景深认为，宋、元、明、清时期的杨家将艺术作品有宋人话本、金人院本、元曲、明清杂剧和小说。宋金时期话（院）本有《杨令公》《五郎为僧》《打王枢密》，元曲有明人臧晋叔《元曲选》中的《昊天塔孟良盗骨》《谢金吾诈拆清风府》，杂剧有《孤本元明杂剧》中由明初人所作的《开诏救忠》《活拿萧天佑》《破天阵》、明代传奇《三关记》《祥麟现》，清人王廷章等撰的《昭代箫韶》，小说有明代《杨家府演义》《杨家将》。中华人民共和国成立后的影视剧作品有《杨家将》《杨门虎将》《穆桂英挂帅》《杨门女将之军令如山》《忠烈杨家将》等，戏曲作品有《杨门女将》《杨家城传奇》等，虽然以杨家将为题材的艺术作品层出不穷、体裁多样，但主题均是歌颂杨家将爱国忠勇、保家卫国。

**杨家将故事的传承与发扬** 传颂杨家将，演绎其英雄故事，是时代之需，力量之源。

麟州故城是神木市的一项重要历史文化遗产，杨家将是神木市珍贵的文化符号。2006年，在政府支持下，神木县杨家将文化研究会成立，是负责组织联络县内外杨家将文化研究的学者和杨家将问题研究爱好者的学术团体与群众性组织，开展杨家将文化研究，调研杨家城遗址开发与保护，组织有关杨家将文化的群众活动。神木市博物馆专门设置麟州故城与杨家将文化展厅，相关部门也在积极探索麟州故城与杨家将文化的开发与利用。我们只有以科学严谨的态度，处理好麟州故城保护与开发的关系，才能擦亮杨家将文化名片，合理利用好丰厚的文化资源。

（黄小龙 整理）

# 店塔镇的伙盘地

清顺治六年（1649），清朝将蒙古族鄂尔多斯部落分为鄂尔多斯左翼中旗（原郡王旗）、鄂尔多斯左翼前旗（今准格尔旗）、鄂尔多斯左翼后旗（今达拉特旗）、鄂尔多斯右翼中旗（今鄂托克旗）、鄂尔多斯右翼前旗（今乌审旗）、鄂尔多斯右翼后旗（今杭锦旗）6 个旗。乾隆元年（1736），增设鄂尔多斯右翼前末旗（原扎萨克旗）。其中郡王旗和扎萨克旗（1958 年合并为伊金霍洛旗）与神木县接壤，店塔镇域长城以外部分时属神木县与郡王旗的傍界地。

清代初期，朝廷沿陕北长城北侧与鄂尔多斯高原之间划定了一条南北宽 25 千米、东西延伸 1000 余千米的长条禁地，作为内地与鄂尔多斯之间的“缓冲”地带，蒙古族不能南下牧马，汉族不能出长城耕种，由于土地多年不耕作，“穑草腐朽，地面色黑”，故被称为“黑界地”。开放“黑界地”对沿边蒙汉民众均具有极大吸引力。康熙二十一年（1682），蒙古贝勒达尔查以当地蔓生药草、不宜畜牧为由，奏请在接近边界地 20 千米之外的空闲地区暂借游牧，得到朝廷准许。

康熙三十六年（1697），康熙皇帝西征噶尔丹经过陕北，伊克昭盟盟长松拉普向康熙建议将“黑界地”开放，伙同汉民耕种，以达到蒙汉两相裨益的效果，得到准许。从此，山西、陕西两省的边民相继越出边墙从事农业活动。康熙五十八年（1719），鄂尔多斯贝勒达西拉布坦以汉民种地侵占游牧地，奏请设立界址。随后，朝廷派钦差前往踏勘，确定“各县口外地土，即于五十里界内，有沙者以三十里立界；无沙者以二十里立界，准民人租种”。界石按隔 1.5 千米或 2.5 千米垒砌，称为“牌界”。地租由蒙古各旗王爷收取，按牛一犋（长城口外计算地亩，以牛计犋，每犋约二百七八十亩。神木县境内共一千三百四十八犋半），征粟一石、草四束，折银五钱四分。雍正八年（1730），理藩院规定禁留地内所征地租归地方官仓。雍正十年（1732），蒙古地方遭遇旱灾，朝廷

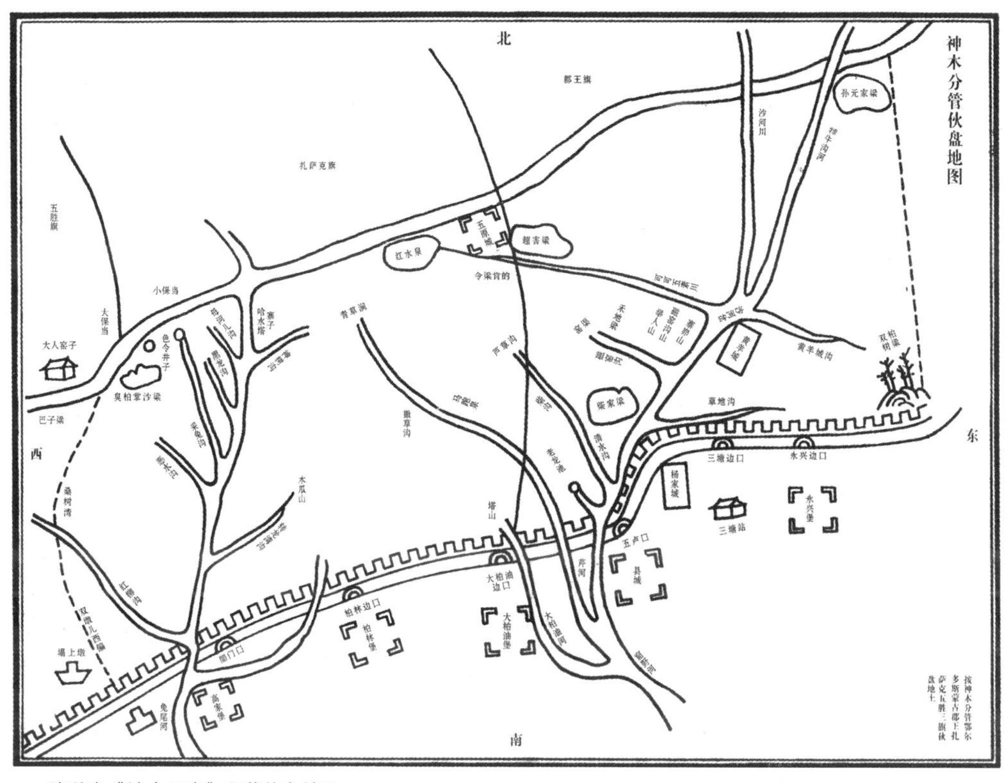

清道光《神木县志》所载伙盘地图

决定所收粮草重归蒙古各旗，并照旧界交租。乾隆八年（1743），各旗以汉民种地越界、游牧地狭窄等为由呈报理藩院。随后，理藩院尚书班第与川陕总督庆复前往榆林与各旗会商，决定再向旧界外扩展 10 ~ 15 千米，旧界仍按原有规定交租，新界按牛一犋加收糜子五斗、银五钱。各旗设立“收头”，按期赴各伙盘地收租。内地官府不向该区域征租，冬季向归来的农民采买草束，以供饲养驿马。同年，为便于处理蒙汉事务，理藩院在神木设立理事司员署。乾隆九年（1744），设理事同知。理事司员和理事同知隔年到伙盘地秋巡一次，稽查耕种事宜，登记地亩册籍，处理蒙汉民族事务。

汉族农民出边墙口外种地，初为春出秋归，后改为春出冬归，被称为“雁行人”或“跑青牛犋”。凡边墙以北，牌界以南地方，农民暂时伙聚盘居，故得“伙盘”地名。神木县分“四路、四堡、八甲、三十二牌、三百五十伙盘”。光绪二十八年（1902）以后，陕西与内蒙古的边界划定，长城以北区域移民垦殖活动更加增多，传统的畜牧业逐渐演变为以种植为主、农牧融合的产业模式。伙盘地人口由流动型向定居型转变，村庄逐渐形成。2018 年，神木市以伙盘、伙场命名的村庄尚有 30 余个，其中店塔镇 14 个，分别为：郝二伙盘、张家伙盘、康伙盘、李六伙盘、史家伙盘、单家伙盘、白彦伙盘、阴伙盘、大伙盘、杨伙盘、任伙盘、苏伙盘、当中伙盘、辛伙盘。

（曹斌　整理）

## 神府煤田开发大事年表

**1980 年**　陕西省决定对榆林、神木、府谷地区开展全面地质普查，组织煤田地质勘探大会战。陕西煤田地质勘探公司一八五队、一八六队、十四队等勘探队 200 余人进入陕北开展工作，揭开发现陕北侏罗纪大煤田序幕。

**1982 年**　12 月 28 日，《人民日报》头版报道《榆林地区发现一个大煤田》。

12 月，陕西煤田地质勘探公司一八五队提交《陕北侏罗纪煤田榆神府物探区普查找煤地质报告》。

**1984 年**　7 月，国家计委和国务院能源规划办在北京召开神府煤田开发利用讨论会，酝酿成立中国精煤公司。从此，神府煤田和东胜煤田一起被列入国家开发规划，合称为神府东胜煤田。

10 月，新华社发出电讯《陕北有煤海，质优易开采》。

**1985 年**　6 月，中共中央总书记胡耀邦考察神木、府谷县，提出“要把地下的黑色宝库挖出来，把地上的绿色宝库建起来”。

11 月，国务院副总理李鹏考察神府煤田，题词“资源丰富，大有希望，实事求是，稳步前进”。

**1986 年**　6 月，国务院印发《关于加速神府煤田开发的决定》。

**1987 年**　9 月 17 日，神东矿区第一座大型骨干矿井——大柳塔煤矿开工建设。

**1988 年**　神朔铁路开工。

**1989 年**　7 月，华能精煤神府公司成立。

10 月 9 日，包神铁路在神木县大柳塔火车站举行通车典礼，国务院总理李鹏出席后考察神府矿区。

10 月 17 日，中共中央政治局常委、中纪委书记乔石考察神府煤田。

**1991 年** 10 月 21 日，包神府二级公路建成通车。

**1992 年** 8 月 16—19 日，中共中央政治局常委、国务院副总理朱镕基考察神府东胜煤田、包神府公路、神木自备电厂、神朔铁路。

9 月 15 日，包神铁路客运列车正式开通，结束了榆林地区无铁路客运的历史。

**1993 年** 1 月 4 日，陕西神府经济开发区成立。

7 月 17 日，国务院副总理邹家华考察神东矿区。

**1995 年** 8 月 8 日，国务院批准成立神华集团有限责任公司，神华集团是《中华人民共和国公司法》颁布以后首家由国家按照现代企业制度原则组建的国有独资公司，负责开发经营神府东胜煤田以及铁路、电厂、港口、船队等基础设施配套建设。

**1996 年** 1 月 6 日，中国现代化程度最高的特大型矿井——神华集团神府精煤公

神东矿区鸟瞰（2013 年） 刘会祥 摄

司大柳塔矿井通过验收投产。

7月1日，举世瞩目的神府煤田第二大外运通道——神朔铁路正式通车运营。同月，被誉为神府煤田“白菜心”的榆神矿区被列入国家“九五”计划及2010年远景目标开发计划。

9月17日，神华神府精煤有限责任公司成立。

11月，神华神东电力有限责任公司成立。

**1998年**　国务院批准榆林为国家级能源化工基地。

是年，神华集团公司决定撤销神府精煤公司和东胜精煤公司，组建神华神府东胜煤炭有限责任公司。

**1999年**　7月28日，神华神朔铁路有限责任公司成立。

**2000年**　2月14日，陕西省委、省政府确定，陕西煤炭战略重心将从渭北“黑腰带”向陕北转移，在陕北建设大型现代化的榆神矿区。

6月21日，榆林完成撤地设市。

**2001年**　7月1日，1998年开工的神延铁路建成。

**2002年**　1月16日，神府矿区煤炭东运的重要通道——神盘公路建成通车。

3月26—29日，中共中央总书记、国家主席江泽民考察榆林，并到锦界工业园区和神木县城考察。

**2003年**　3月，陕西省第一次陕北能源化工基地座谈会在榆林召开，确定“煤向电力转化、煤电向载能工业转化、煤油气盐向化工产品转化”战略。

6月5日，陕西国华锦界煤电项目4×60万千瓦机组工程在神府经济开发区开工，标

锦界工业园区（2018年）

志着国家“西电东送”工程北通道重要电源点之一的陕北煤电基地建设工程正式启动实施。

8 月 22 日，榆林市第一条高速公路——包茂高速公路榆林至靖边段建成通车。

9 月，陕西神府经济开发区管委会迁至锦界工业园区，园区扩大到 45 平方千米，并成立神木县锦界园区管理委员会。

是年，神华集团煤炭产销突破 1 亿吨，成为中国煤炭行业首家实现产销过亿吨的大型企业集团，在国际同行中排列第五位。神东公司原煤产量 7384 万吨，月产原煤最高达 719 万吨（12 月），日产原煤最高达 26.6050 万吨（12 月 22 日），创国内煤炭产业企业年产、月产、日产原煤量最高纪录，全年百万吨死亡率为 0.097。

**2004 年** 6 月 11 日，中共中央政治局常委、国务院副总理黄菊在神东矿区考察。

8 月 26 日，中共中央政治局委员、国务院副总理曾培炎在神东矿区考察，表扬神东为满足国家经济发展需要做出的重大贡献。

**2005 年** 1 月，陕西煤业化工集团确定投资建设柠条塔、红柳林煤矿及清水川—冯家塔煤电一体化项目。

4 月 25 日，中国神华能源股份有限公司神东煤炭分公司设立。

5 月 23—24 日，全国人大常委会副委员长李铁映在神东矿区检查工作，题词“立潮头、争第一”。

11 月 30 日，神朔铁路年煤炭外运突破 10010 万吨，成为中国继大秦线之后又一条年运量超亿吨的铁路。

**2006 年** 2 月 24 日，神朔铁路电气化复线建成通车。

6 月 2 日，中共中央政治局常委、国务院总理温家宝在神东矿区考察。

9 月 30 日，陕蒙高速公路榆林段建成通车。

**2008 年** 4 月 10 日，榆林榆阳机场正式开始营运。

5 月 3—4 日，中共中央政治局委员、国务院副总理张德江在神东矿区考察，指出神华、神东为中国煤炭工业争了光，为国家经济发展做出巨大贡献。

10 月 28—29 日，中共中央总书记、国家主席、中央军委主席胡锦涛考察榆林，在锦界工业园区考察。

**2009 年** 5 月 20 日，神华神东煤炭集团成立。

12 月 8 日，榆神高速公路建成通车。

**2011 年** 11 月，柠条塔、燕家塔工业园区成立。

12 月 16 日，神府高速公路建成通车。

**2012 年** 5 月 23 日，经国务院批复同意，榆林纳入《陕甘宁革命老区振兴规划》。

11 月 12 日，国务院批准《呼包银榆经济区发展规划（2012—2020）》，将榆林定位为国家历史文化名城、国家重要能源煤化工基地、国家循环经济试点市、商贸物流中心和现代特色农业基地。

12 月 9 日，红柳林至神木西铁路专用线项目竣工验收。

年底，榆神工业区升级为国家级经济技术开发区。

**2013 年** 兰炭产业经过整合提升，神府地区成为国内最大的兰炭生产基地。

神木市人民广场（2017年）

**2015年**　11月24日，神佳高速公路建成通车。

**2016年**　9月27日，神木县大柳塔镇被确定为陕西省镇级小城市综合改革试验区。

**2017年**　7月23日，神木撤县设市。

11月28日，经党中央、国务院批准，中国国电集团公司和神华集团有限责任公司合并重组的国家能源投资集团有限责任公司（国家能源集团）正式挂牌成立。

（张亚军　整理）

与麟州故城隔河相望的神木滨河新区街景（2017 年）

# 主要参考文献

〔清〕王致云编纂，神木县县志红军史编纂委员会校注：《神木县志》，内部资料，1982年1月。

神木县志编纂委员会编：《神木县志》，经济日报出版社，1990年12月。

曾枣庄、刘琳主编，四川大学古籍整理研究所编：《全宋文》，巴蜀书社，1991年4月。

榆林地区地方志指导小组编：《榆林地区志》，西北大学出版社，1994年4月。

〔元〕脱脱等撰：《宋史》，中华书局，2000年1月。

郁贤皓著：《唐刺史考全编》，安徽大学出版社，2000年1月。

〔宋〕张咏著，张其凡整理：《张乖崖集》，中华书局，2000年6月。

李之亮撰：《宋代郡守通考》，巴蜀书社，2001年5月。

〔宋〕范仲淹著，李勇先、王蓉贵校点：《范仲淹全集》，四川大学出版社，2002年9月。

〔宋〕欧阳修著：《中国古代名家诗文集·欧阳修集》，黑龙江人民出版社，2005年11月。

蔡向升、杜雪梅主编：《杨家将研究（历史卷）》，人民出版社，2007年2月。

《神朔铁路分公司志》编纂委员会编：《神朔铁路分公司志》，中华书局，2007年12月。

白至德编著：《白寿彝讲历史·五代宋元卷》，中国工人出版社，2009年1月。

陕西省考古研究院编著：《陕西省明长城资源调查报告·营堡卷》，文物出版社，2011年7月。

〔明〕郑汝壁等纂修，陕西省榆林市地方志办公室整理：《延绥镇志》，上海古籍出版社，2011 年 12 月。

陕西省第三次全国文物普查丛书编委会编:《神木文物》，陕西旅游出版社，2012 年 6 月。

〔清〕谭吉璁纂修，陕西省榆林市地方志办公室整理:《康熙延绥镇志》，上海古籍出版社，2013 年 1 月。

陕西省考古研究院、西北大学文化遗产院编著:《陕西省早期长城资源调查报告》，文物出版社 ，2015 年 11 月。

陕西省考古研究院编著:《陕西省明长城资源调查报告》，文物出版社 ，2015 年 12 月。

《张家峁矿业公司志》编纂委员会编:《张家峁矿业公司志》，陕西人民出版社，2016 年 8 月。

李玉亭编:《神木古树》，陕西科学技术出版社，2016 年 12 月。

神华集团党建史编纂委员会编:《神华集团党建史（神东篇）》，红旗出版社，2017 年 6 月。

《陕西石窟内容总录》编纂委员会编:《陕西石窟内容总录（榆林卷）》，陕西人民出版社，2017 年 7 月。

赵雄编注:《神木历代诗词精选集》，中国文史出版社，2018 年 12 月。

# 编纂始末

2019年1月，在中国地方志指导小组办公室、陕西省地方志办公室、榆林市地方志办公室、神木市史志办公室的指导与支持下,《店塔镇志》有幸成为神木市继《高家堡镇志》之后，入选中国名镇志文化工程的又一部镇志。

店塔镇经过30余年的发展，已经成为西部能源工业强镇、全国文明村镇和国家卫生镇，其发展历程是神府煤田大开发的缩影，也是西部地区工业化、城镇化的缩影。同时，店塔镇历史文化底蕴厚重，文物古迹众多，是北宋英雄群体“杨家将”的故里，深入梳理地方历史文化脉络，准确记述店塔镇巨大发展变化，编纂一部堪存堪鉴的《店塔镇志》，对促进店塔镇经济社会发展具有深远意义。

镇党委、政府高度重视《店塔镇志》编纂工作，按照《中国名镇志文化工程实施方案》要求，加强组织领导。全体编纂人员加快工作进度，广泛收集资料，精心选配图片，反复修改志稿，重点记述神府矿区交通枢纽、煤电产业基地、镇村建设状况以及麟州故城、历代长城和杨家将等文化资源，努力突出能源工业重镇和历史文化名镇的特点与特色，记述下限将一般资料收集截止时间定为2018年12月，重要事项止于2019年5月。

2019年3月,《店塔镇志》进入审查验收阶段，榆林市地方志办公室和神木市史志办公室对志稿通过两级评审，榆林市地方志办公室主任韩凤杰、神木市史志办主任谢元绍等领导与专家对志稿编写提出了宝贵的意见与建议。2019年5月8日，陕西省地方志办公室主任雷湛、副主任史天社、副巡视员李保国、副调研员袁欣昌，地方志专家刘建国、倪坪等专程赴神木参加终审会。中国地方志指导小组办公室方志处对志稿编写全程给予指导，并组织专家对终审稿进行审读。在出版审核阶段，店塔镇新任党委书记郝光青、镇长赵宏博重视支持，经过责任编辑精心审核，志书得以定稿。

在编纂过程中，神木市有关部门、镇域大型企业、市博物馆等单位均给予积极的配合与帮助，杨汉元、孟向平等店塔镇原任领导关注支持，奥惠忠、梁志刚、刘建平等对志稿提出修改意见，贺文忠、王四洋、苏存龙、连保华等主动提供资料、积极配合采访。志书中的大部分照片由若谷文化公司和镇政府提供，文物照片全部由市博物馆提供，企业生产场景照片一般由相关企业提供，刘赫、刘会祥、高步刚、乔志强也提供了部分照片。志书还采用了冯秀兰、张桂林、李淑琴等民间艺术家的剪纸作品。在此，对于提供资料、照片及关心支持《店塔镇志》编纂的广大干部群众再次表示感谢！需要说明的是，个别转载作品与照片的作者未能及时取得联系，在此一并致谢，并将按规定付酬。

编纂《店塔镇志》过程历时较短，虽然编写人员倾心尽力，但能力有限，志书中难免有不少错误与缺点，诚请专家与广大读者批评指正。

编　者

2019 年 7 月